生活様式の変化に対応しなければ生き残れない（課題①）

視点　コロナ禍で生活様式が一変、小売業界は勝ち組と負け組に分かれた。テレワーク、非接触でデジタル化は想定以上に進展。コロナ禍による制限などの緩和で、各業態は活気を取り戻しつつあるが…

新型コロナウイルス感染拡大の影響が徐々に薄れてきた一方、原油価格高騰やロシアのウクライナ侵攻で国際情勢が不安定化。国内の産業界にとって先行き不透明な状況が続いています。一難去ってまた一難。経営の創意工夫が一段と求められています。

勝ち組

スーパー、ドラッグストア、家電量販店、ホームセンターは、巣ごもり需要、郊外立地でコロナ禍の中でも売上増を果たす。

負け組

コロナ禍が百貨店を直撃。インバウンド激減も痛手となった。コンビニは都心部でテレワークの波かぶる。

コロナ制限の緩和でコンビニ業界は2022年に過去最高の売上高を記録して復調、百貨店も回復基調に。

原油高騰

ロシアのウクライナ侵攻

コロナ禍による経済停滞で原油価格は乱高下、資源国ロシアのウクライナ侵攻で物価高が長期化。政治経済の情勢は混迷を深めている…。

底上げVS強み特化～流通２強（課題②）

視点❶ イオンの2022年度売上高は約8.7兆円。日本一の小売業グループだが、巨艦ゆえの悩みもある。事業による収益力の違いも目立ってきた

総合スーパー（GMS）と多彩な専門店を組み合わせた大型ショッピングセンターを各地に展開してグループの規模を拡大してきましたが、売上はスーパーGMSがトップでも利益は金融事業が断トツ。事業収益のバランスがとれていないのが悩みの１つです。

イオンの事業別営業利益（2022年２月期） 単位：百万円

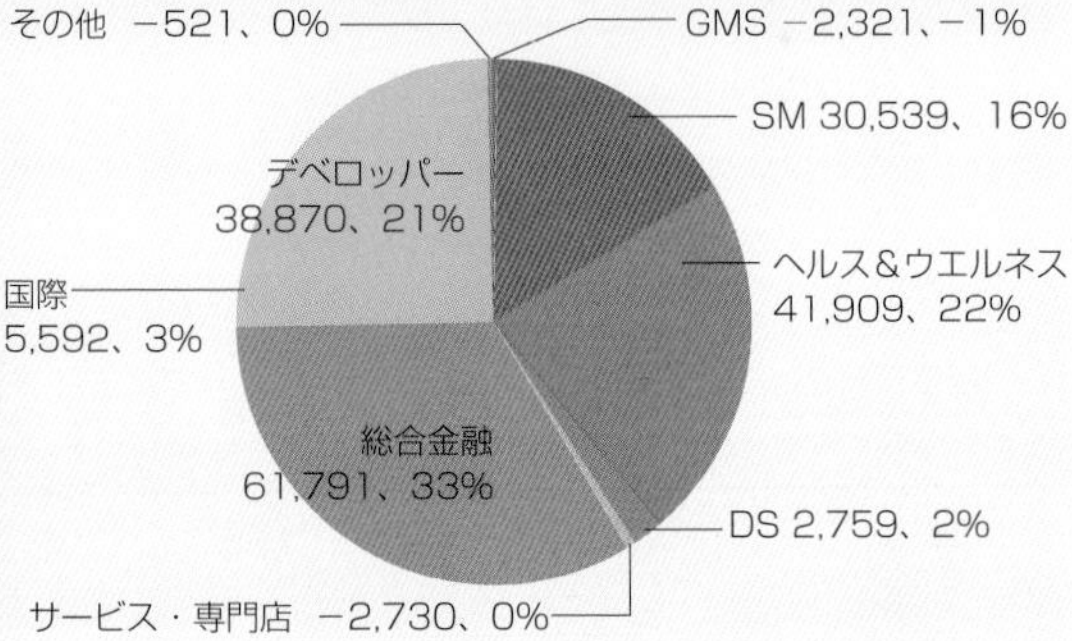

➡詳細は2-1節

視点❷ 「イオン生活圏」を形成し、地域の実情に合致した店舗づくりを展開中

食の変化に対応するため、地域ごとに売上高5000億円をメドに再編統合を実施。新業態の店舗やショッピングセンターと医療施設がつながった地域拠点の構築などに取り組んでいます。

グループ内に有力なドラッグストア企業を抱えるだけに、医療施設との連携は今後も続く？

▲新業態店舗

▲SCと病院がつながる

➡詳細は2-3、4節

視点❸　海外コンビニ事業がグループ収益をけん引。強みを前面に出して業容拡大へ

セブン＆アイHDではコンビニ事業（特に海外）の存在感がますます強くなっています。百貨店事業に見切りをつけ、事業資産の再構築に着手。得意分野で確実に稼ぐ戦略志向に変わりはないようです。

セブン＆アイHDの事業別営業利益（2022年2月期）　単位：百万円

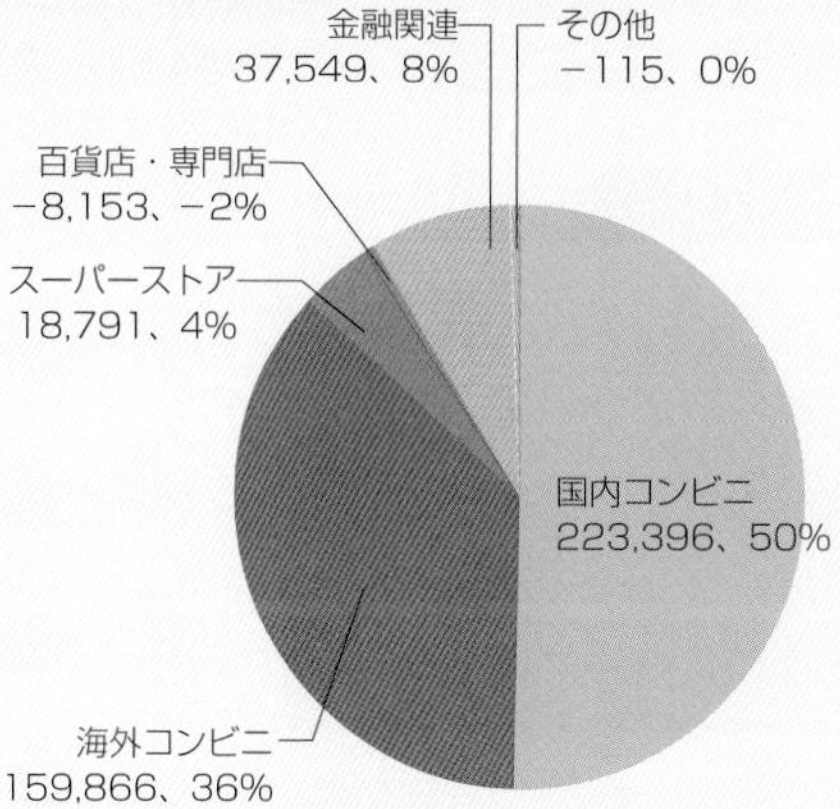

➡詳細は2-6節

視点❹　新常態への対応、少子高齢化にも通じる「ラストワンマイル戦略」を展開

顧客が希望する日時と場所に商品を届けるため、変化する顧客接点に対して「オンデマンド型サービス」「配送サービス」「移動販売」の３方式を掲げました。利用者が最終的に商品を受け取る「ラストワンマイル戦略」で、2025年度売上6000億円を目指します。

ヨーカドーの移動販売車は八王子市で１号車が2020年４月に運行を開始した。

▲イトーヨーカドー　とくし丸

▲イトーヨーカドーネットスーパー新横浜センター

➡詳細は2-9節

不動産開発に活路～百貨店業界（課題③）

視点❶　インバウンド需要去り「爆買い依存」脱却、不動産業化が本格化

コロナ禍で休業・時短営業が長期化。訪日客が激減し、爆買いがなくなった業界は、不動産事業に強く傾斜。店賃を売上加算方式から定額方式に転換。嗜好品の売れ行きに左右されない利益確保策に変わってきています。

2017年4月に開業したJFRの「ギンザシックス」は、定期借地方式で運営。百貨店事業を展開しない不動産開発事業のシンボルともいえる。

爆買い依存をやめて不動産開発に注力

➡詳細は3-5、9節

視点❷　他業態との競合激化、独自色を出していかに差別化を図るかが勝負の分れ目

スーパーマーケット業界は、食品の品揃えを強化するドラッグストアやディスカウントショップとの競合が激化。業界の中でいかに差別化を図るかが重要課題の1つです。

メキメキと力をつけてきたのが、神戸物産がFC展開する業務スーパー。「業務」の2文字が購買意欲を刺激する!?

スーパー売上高トップ10（2021年度）　単位：億円

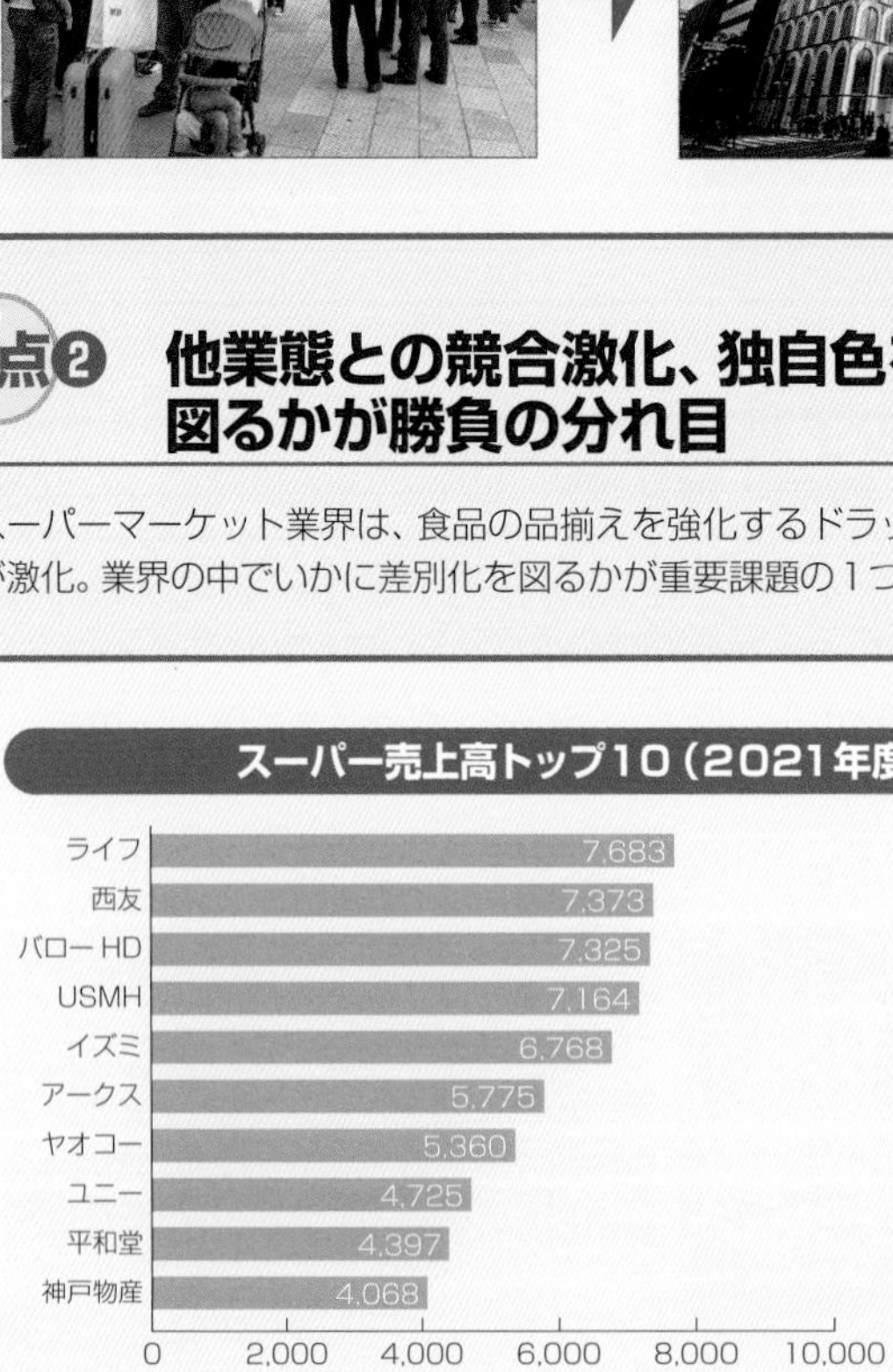

▲新興勢力　FCで伸長

➡詳細は4-10節など

決め手は海外事業、2位以下は低迷〜コンビニ業界（課題④）

視点 海外事業の優劣で業績に格差、セブン-イレブンを除く大手3社は迷走している

コロナ禍で業績不振に陥りましたが、2022年には回復。絶対王者セブン-イレブンは海外事業が業績をけん引、その地位は不動です。ローソンは子会社の上場見送り、ファミマは上場廃止、ミニストップはベトナム重視に転換など、退潮傾向にあります。

コンビニの客数と客単価の推移 単位:百万人、円

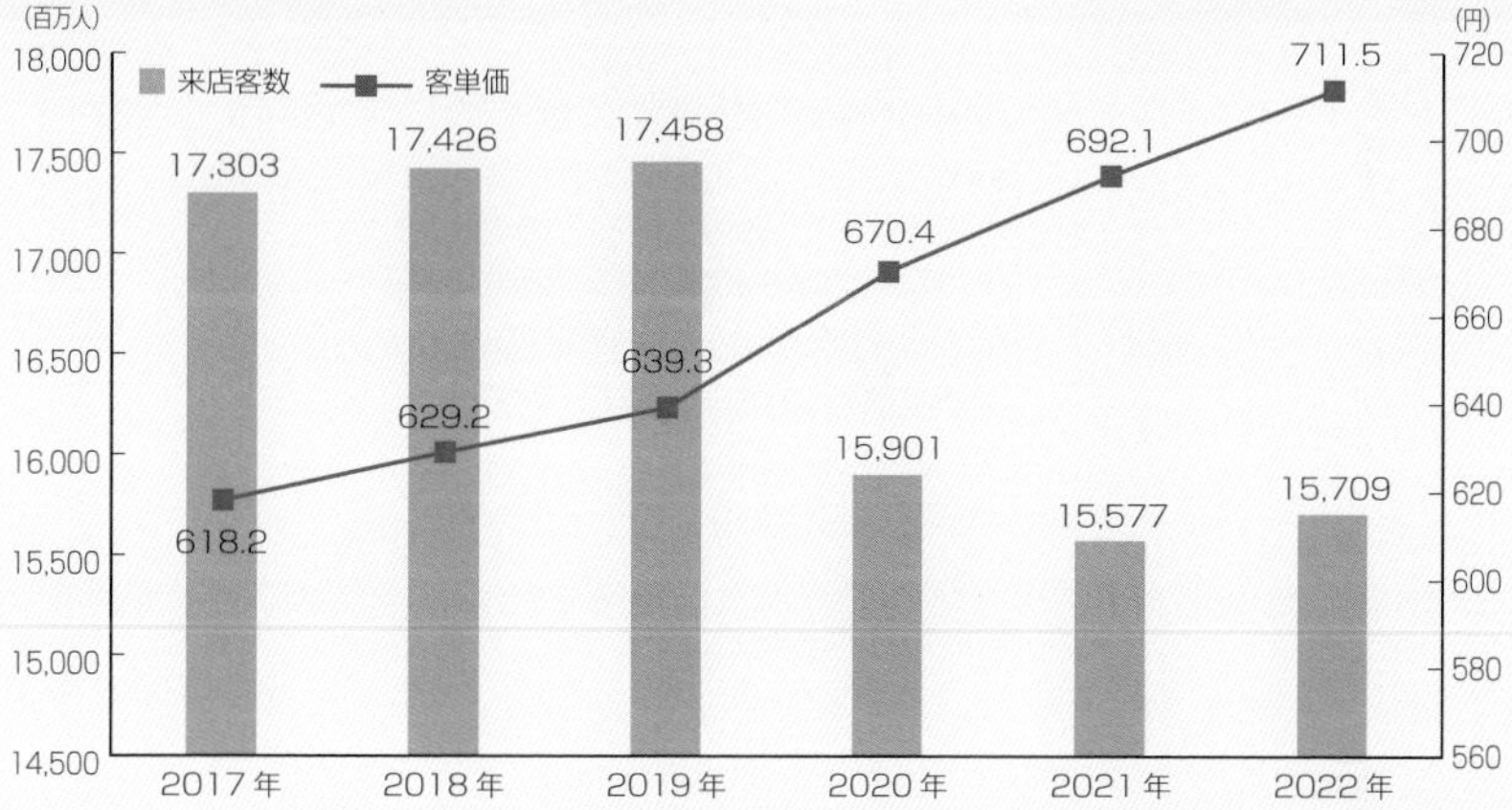

コロナ禍の影響を受けたが
「来客減、客単価増」で
「まとめ買い、ついで買い」が顕著に。
この傾向は業界の進むべき道を
示唆している…。

➡詳細は第5章

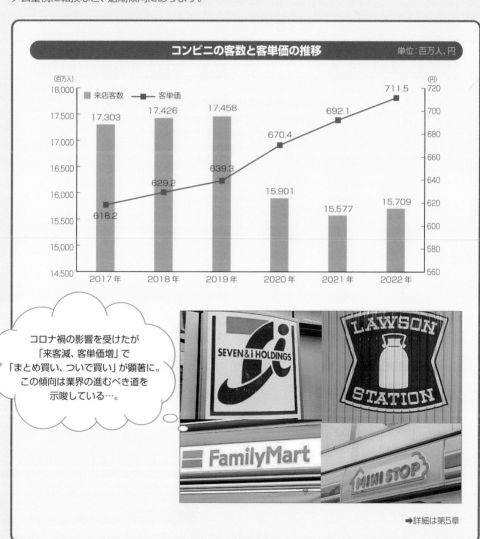

再編続くドラッグストア業界、群雄割拠で3000億円企業が台風の目？（課題⑤）

視点 食品の強化で業容を急拡大、かつての最大手マツキヨもココカラと統合し、再浮上。ライバル目白押しで業界地図は確定していない

コロナ禍で衛生関連商品が大ヒットの一方、インバウンド目当ての化粧品は惨敗。しかし立ち直りは早く、スーパー、コンビニを追走する一番手。食品で客を増やし、薬で儲ける仕組みは健在。高齢化の時代で健康志向という追い風はやみそうになく、強気の経営が続いていきそうです。

ドラッグストア売上高トップ10（2021年度） 単位：百万円

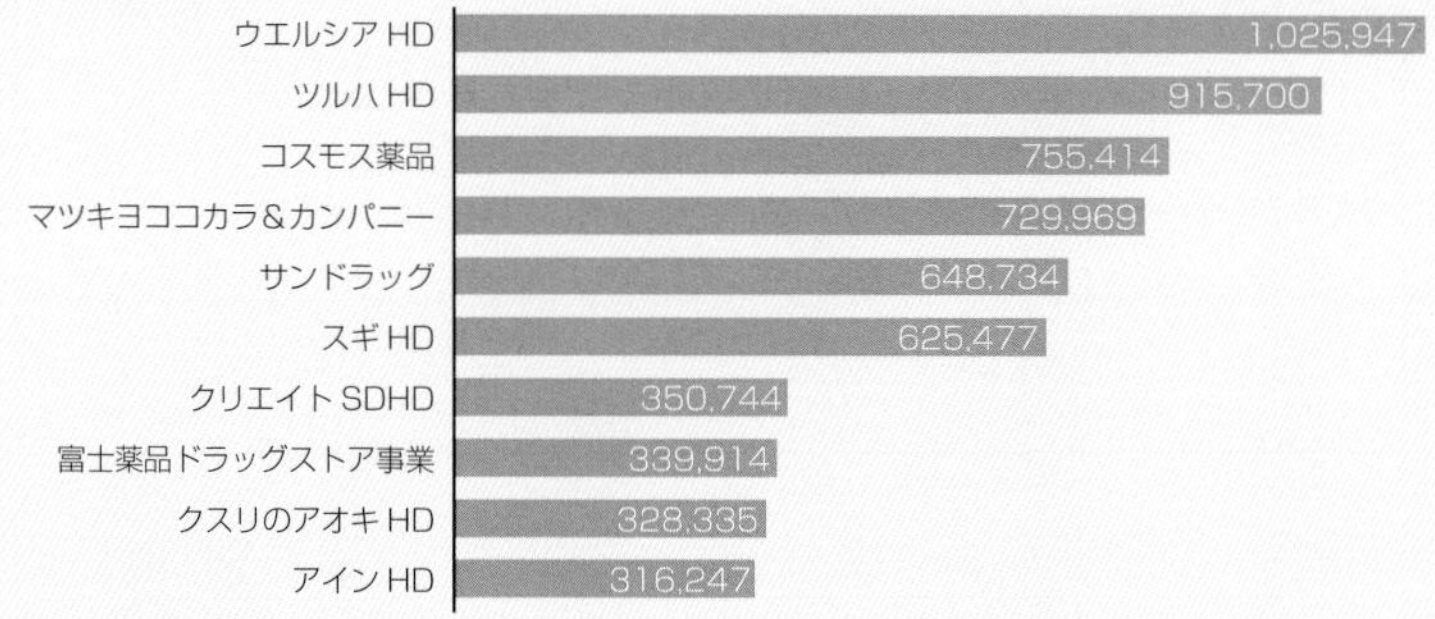

➡詳細は第6章

1兆円、6000～7000億円、3000億円と3つのグループがけん制し合い、再編のタイミングを探っている…。

住関連事業に傾斜、郊外立地でコロナに強かった家電量販業界（課題⑥）

視点 トップのヤマダは郊外立地のため、コロナ禍の影響が少なかったのが救い。近年はPB商品に注力し、NB（ナショナルブランド）一辺倒の戦略を転換しつつあるところも

白物など生活家電中心が続いていましたが、近年はスマホなど情報通信系も業績に貢献しています。ナショナルブランドに依存してきた体質を改め、SPA（製造販売）にも手を広げ、PB（プライベートブランド）を推進してファンづくりを展開するところも。

家電量販業界の売上高上位10社（2022年3月期） 単位：百万円

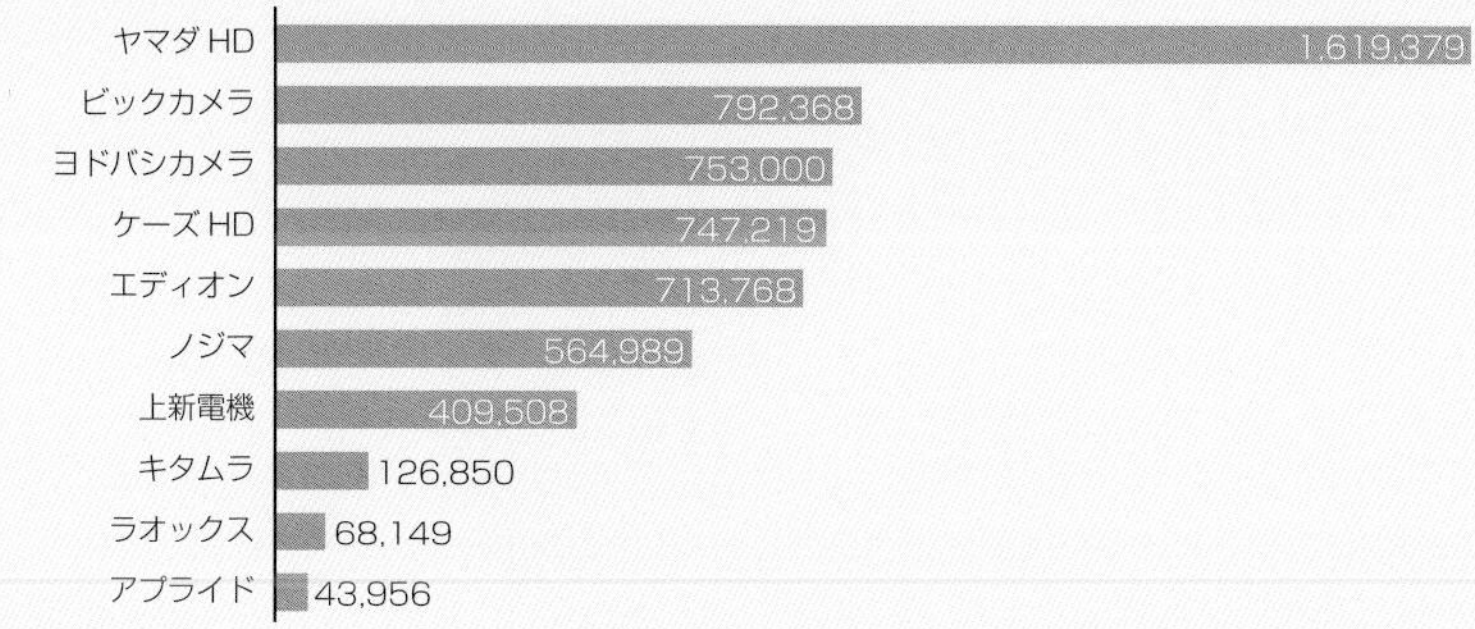

ヨドバシカメラは、そごう・西武の跡地（池袋、渋谷、千葉）に進出を計画、ノジマは2000億円企業の買収を予定。ランキング争いに目が離せない？

➡詳細は第7章

「巣ごもり」と「テレワーク」で悲喜こもごものホームセンター業界（課題⑦）

視点　コロナで在宅勤務が普及し、アウトドアやペット関連が堅調、しかしオフィス用品は低調に推移。郊外立地では家電量販と競合、広大な敷地での出店は今後厳しい？

巣ごもり需要で得をしたホームセンター業界ですが、売れたものと売れなかったものが混在。明暗を分けました。広大な敷地で多品目を販売するいまの営業形態を維持するには、資本力が不可欠。生き残りを賭けて厳しい競争が続きます。

ホームセンター業界の商品別販売額（2021年）　単位：百万円

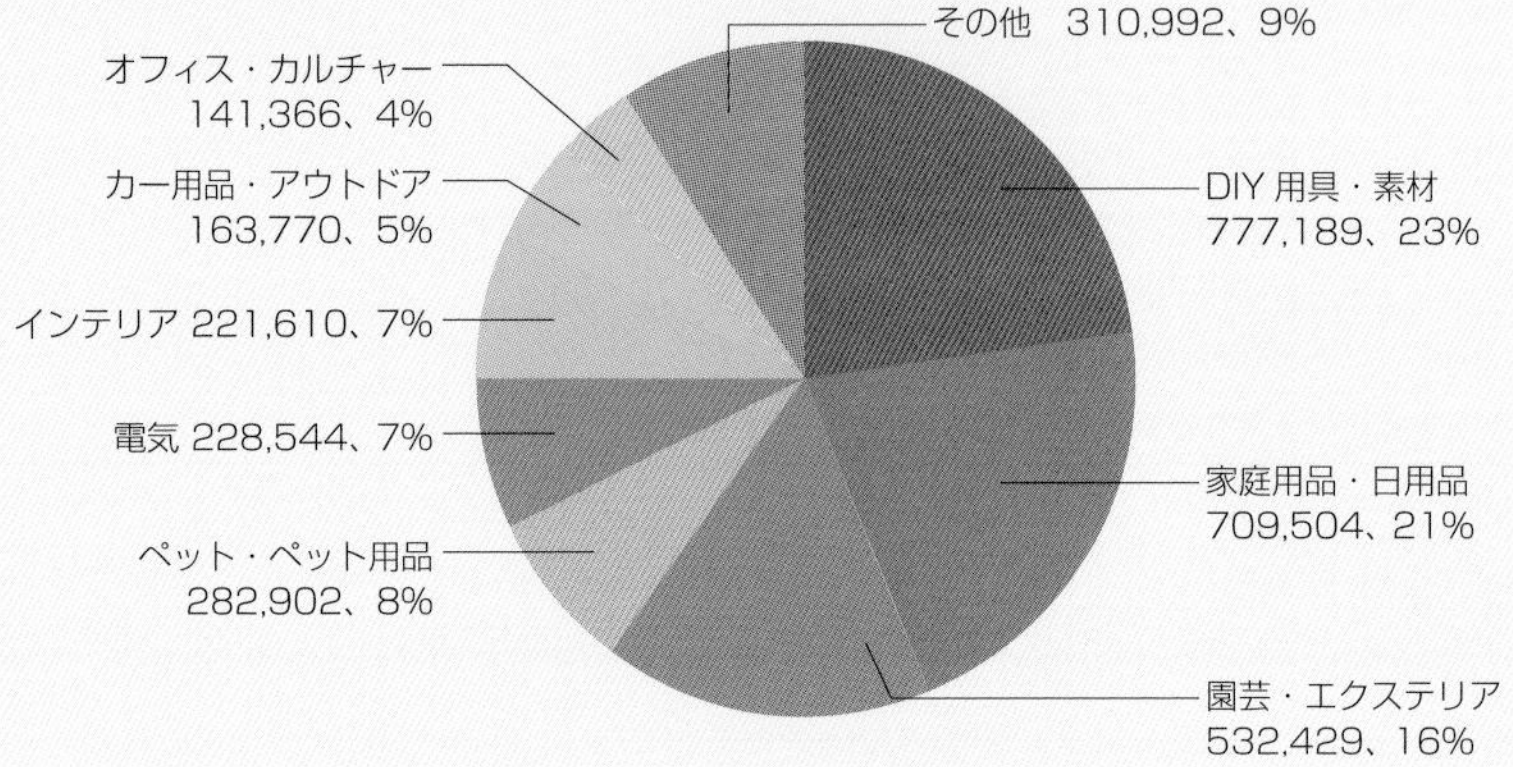

まんべんなく売れている
のがホームセンター業界の
特徴でもある。
食品以外は、だいたい
手に入る!?

➡詳細は8-2節

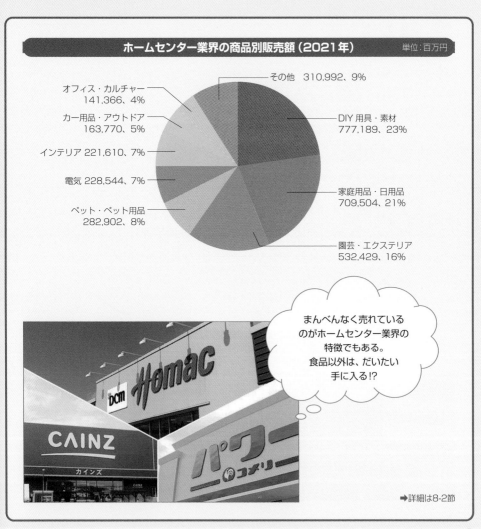

How-nual　Shuwasystem Industry Trend Guide Book

図解入門
業界研究

最新

小売業界の動向とカラクリがよ〜くわかる本

業界人、就職、転職に役立つ情報満載

［第4版］

平木 恭一 著

秀和システム

●注意

(1) 本書は著者が独自に調査した結果を出版したものです。

(2) 本書は内容について万全を期して作成いたしましたが、万一、ご不審な点や誤り、記載漏れなどお気付きの点がありましたら、出版元まで書面にてご連絡ください。

(3) 本書の内容に関して運用した結果の影響については、上記(2)項にかかわらず責任を負いかねます。あらかじめご了承ください。

(4) 本書の全部または一部について、出版元から文書による承諾を得ずに複製することは禁じられています。

(5) 本書に記載されているホームページのアドレスなどは、予告なく変更されることがあります。

(6) 商標

本書に記載されている会社名、商品名などは一般に各社の商標または登録商標です。

はじめに

新型コロナウイルスの感染拡大で、ライフスタイルが大きく変化しています。外出自粛と在宅勤務の普及で「巣ごもり需要」が高まりました。インターネットショッピングが急拡大し、ネット専業の業者はもちろん、既存の小売業者も自社サイトでオンライン販売を始めたりネットショッピングモールに出店したりして、電子商取引（EC）に注力しています。

コロナ禍の当初は大打撃を被った小売業ですが、その後持ち直し、二〇二二年の業績は好調に推移しているとの報道が目立っています。過去最高の売上を記録した業界もあります。巣ごもり需要など想定外のプラス材料はありましたが、仕入れや物流などのコスト低減に励み、EC化率を向上させ、訪日客頼みの体質から脱皮するなど、創意工夫で難局を乗り切りました。

小売業界は、私たちの日々の暮らしに直結しています。良いものを少しでも安く利用者に提供したいと願い、小売業者はメーカーなどの関係者と共に日夜、商品開発を重ねてきました。その結果、商品の種類ごとに多くのメーカーが競い合い、優れた商品を世に送り出してきました。それを全国各地で、より安価に提供してきたのが小売業界です。

しかし今日、原油価格の高騰やロシアのウクライナ侵攻など世界的な政治経済の不安定化で、私たちはかつてないほどの物価高に悩まされています。また、少子高齢化による市場の縮小により、どの小売業態でも少ないパイを巡って売上競争が激化しています。生き残りのための業界再編も終わりが見えていません。

本書は、激動する小売業界の現状を分析すると同時に、今後の業界の姿を探ることを目的としています。本書によって小売業界への関心と理解を深めていただけたならば、著者としてこのうえない喜びです。

二〇二三年三月　著者

How-nual 図解入門 業界研究

最新小売業界の動向とカラクリがよ～くわかる本［第4版］●目次

Data 資料編

第1章

小売業界の現状

新型コロナウイルスの感染拡大は生活様式の変化を生み、巣ごもり需要で「客数減、客単価増」の傾向が強まり、インターネットショッピングが隆盛期を迎えています。訪日客の減少など環境激変で事業の構造改革が進むなど、小売各業種で明暗が分かれる結果になりました。

How-nual
図解入門
業界研究

1 生活様式の変化と原油高騰

二〇二〇年初頭に顕在化した新型コロナウイルスの感染拡大と原油高騰、ロシアのウクライナ侵攻などで世界の人々の暮らしが一変しました。庶民の生活を支える小売業は、その対応に追われています。

二〇一九年一二月に中国**武漢市***で初めて検出された新型コロナウイルスは、翌二〇年に入って世界的に感染が拡大。わが国では同年一月に初の感染者が確認され、緊急事態宣言など感染抑止対策が講じられてきました。

外出自粛でスーパーや百貨店は休業や時短営業を余儀なくされ、人々は感染を恐れて買い物をする機会が激減しました。学校は休校やオンライン授業への切り替えが始まり、産業界では通勤せずに在宅で仕事をこなすテレワークの導入企業が増加しました。自宅にいる時間が長くなり、買い物も外出せずにインターネットショッピングなどの通信販売で済ませる人が急増しました。

コロナ禍により人々の暮らしには大きな変化が生まれました。ネットで注文してデリバリー業者が自宅まで届けてくれるサービスが重宝がられています。食事はなるべく簡単に済ませたり、調理が簡単なものを購入したりする人が増えています。

●生命線は「良いものをより安く」

コロナ感染が拡大した二〇二〇年の前半には、感染を危惧して外出を極力控える人が多かったため、スーパーマーケットの売り場は閑古鳥が鳴いていました。しかしその後、買い物に出かける回数を減らして普段より多めに商品を購入する「まとめ買い」の行動に出る利用者が増えました。来店客は減ったものの一人当たりの買上単価は上昇し、「客数減・客単価増」の販売

用語解説

***武漢市**　ぶかんし／ウーハンし。中華人民共和国・湖北省の省都。中国中西部第一の都市で、人口は約1100万人（2017年時点）。鉄鋼業や自動車製造業などが盛んで、中国では重要な工業都市の1つに位置付けられている。

動向が続いています。

一方、原油価格が高騰し、火力発電で使用する石油の価格も上昇。発電コストの高まりに伴って、電気料金などエネルギーコストが急上昇しました。石油価格の値上がりは、食品や日用品をはじめあらゆる商品の価格を引き上げており、本書執筆時にも下がる気配を見せていません。

生産コストや物流コストなど経済活動全般での価格上昇が止まらず、コロナ禍がやや沈静化した二二年から二三年にかけても、売上こそコロナ禍前に戻りつつあるものの、販売管理費などのコストが収益を圧迫しています。

小売業は「良いものをより安く」が生命線。ライフスタイルの変化に対応するため、各社は仕入れコストの低減に注力し、インターネット通販の拡充を図っています。

とはいえ、原材料の高騰などは個々の企業の努力だけでは対処できないレベルに達しています。今後は、共同仕入れ、共同配送などの協業が増えていくのではないでしょうか。

小売業の経営環境は厳しさを増している

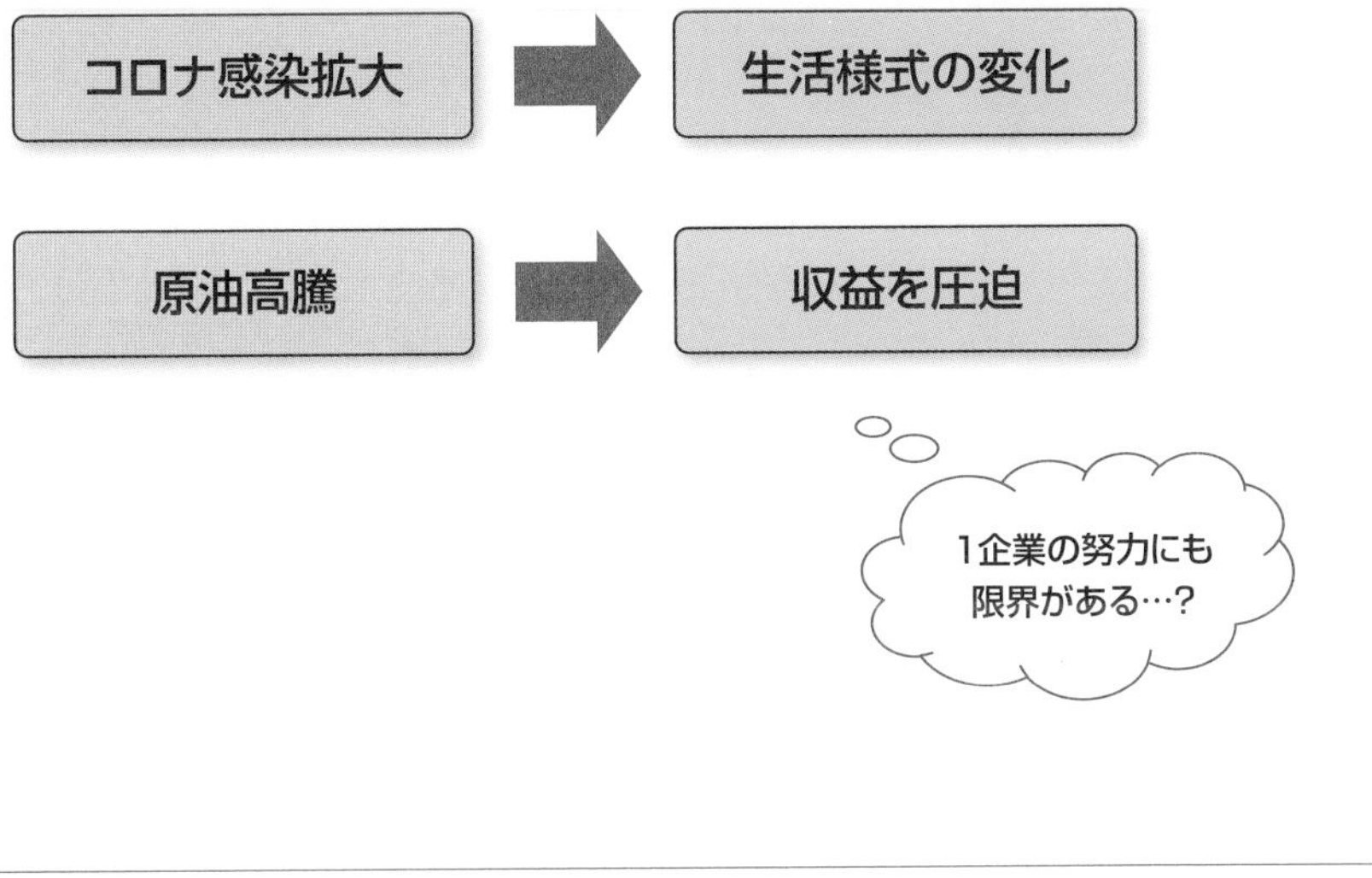

ワンポイントコラム

【地方移住が進む？】　テレワークの生産性については、当初、懐疑的な意見が少なくありませんでした。しかし、いったん導入してみると、意外なほど仕事がはかどるとの感想を抱いた人も多かったようです。仕事のために通勤圏内に住まいを持っている人たちは、都市やその近郊に住む必要性を感じなくなり、地方への移住を望む人が増加しているとの指摘もあります。

2

コロナ禍で再編加速

コロナ禍やロシアのウクライナ侵攻の影響で経営環境が変化し、小売業界では事業の再編が加速。企業売却や事業の撤退、経営統合のほか、プライベートブランド（PB）の開発も目立っています。

コロナ禍は来店客の激減を生み、訪日客を見込んでいた百貨店などは大打撃を被りました。世界の工場といわれ、コロナ禍の震源地でもある中国が徹底した感染防止策を敷いたことで、日本の製造業も大きな打撃を受け、**半導体***不足が追い打ちをかけました。

小売業界では経営戦略の大幅な見直しが避けられない状況になっています。売上減少・経費上昇で、各業界での生き残りは厳しさを増しています。コロナ禍で生活様式が変化し、従業員のテレワーク化や来店客の減少によるインターネット通販への傾斜などで、デジタル化へのより急速な対応を迫られており、DX投資が企業存続の必須条件になってきました。

企業業績の悪化に歯止めをかけ、システム投資のための資金を捻出するには、事業の抜本的な見直しが喫緊の課題になっています。流通二強の一角であるセブン&アイ・ホールディングスは、二三年一月にそごう・西武を投資ファンドに売却。二〇〇〇億円超といわれる売却益は主力事業のコンビニやDXに集中投下すると思われます。百貨店業界で売上高トップのJ・フロントリテイリングは、百貨店事業の低迷で売上減になった人材派遣子会社を売却、不動産事業への成長資金とする見込みです。

経営統合の動きも出てきました。ドラッグストア業界では、マツモトキヨシグループが業界七位のココカラファインと経営統合して業界四位に再浮上、訪日客頼みの化粧品販売の落ち込みを補完します。巣ごもり需要で堅調のホームセンター業界では、業界二位のカインズが東急ハンズを買収して傘下に収めました。

用語解説

***半導体**　導体（電気を通しやすい物質）と絶縁体（電気を通さない物質）の中間の性質を持ったもので、電圧や電流を制御できる。IC（集積回路）やLSI（大規模集積回路）などに使用され、デジタル家電や自動車など幅広い用途がある。

●事業見直し、PB開発相次ぐ

厳しい経営環境下では、将来の成長可能性を見越して大胆な選択と集中が求められます。コア事業だった領域も思い切ったリストラが必要です。不振に陥った原因はコロナ禍だけではないかもしれません。しかし、コロナ禍でDXの導入時期が早まったように、不振の事業部門はいずれ見直す時期が来るわけで、コロナ禍を奇貨として捉えるべきではないでしょうか。

流通最大手のイオングループに属しながらコンビニ業界で万年四位だったミニストップは、国内店舗よりも多店舗展開していた海外コンビニをバッサリと斬り捨てて国内回帰をスタート。同じく業界三位で非上場企業になったファミリーマートはPBを統一してブランドイメージの向上に注力、経営統合や資本業務提携で揺れたここ数年の低迷を挽回しようと懸命です。

PB開発は家電量販業界でも見られます。ビックカメラは二〇年に乾電池や電球など家電小物を中心に低価格で高品質のPBを開発、ナショナルブランド一辺倒からの脱皮を目指しています。

コロナ禍で事業の見直しが進んでいる

ワンポイントコラム

【「選択と集中」は誰が言ったのか？】　1990年代に米国の多国籍企業ゼネラル・エレクトリック（GE）のトップを務めたジャック・ウェルチの著書の日本語版で初めて使われた、との説があります。ただし、ウェルチは不採算部門の切り捨てを推奨したり多角化を否定しているのではなく、「グループ内の事業は業界大手にする必要がある」との考えを示したに過ぎない、といわれています。

3 コロナ禍で明暗分かれた小売業界

小売業の中には新型コロナウイルス感染拡大で売上が増加した業界と減少した業界があり、二極化が生じました。しかし二〇二二年後半にはコロナ禍前の業績に戻しつつあります。

経済産業省の「二〇二〇年上期小売業販売を振り返る」（二一年一〇月公表）によると、スーパーマーケット、家電専門店、ドラッグストア、ホームセンターで売上が増加し、百貨店、コンビニで減少しました。

スーパーでは、外出自粛とテレワークの普及で巣ごもり需要が高まったために、来店機会を極力減らしてまとめ買いをする利用者が増加。「客数減、客単価増」の傾向が続き、内食、備蓄食関連が伸びました。ドラッグストアは、感染防止関連の手指消毒剤やマスク、体温計、うがい薬などが品薄になるほど売れました。ホームセンターは、自宅で過ごす時間が増えた影響でDIY関連やペット商品の売れ行きが好調を維持しました。家電量販業界は、テレワーク需要が高まった結果、パソコン、スマートフォンなど情報通信関連の商品が販売増を記録しました。売上減になった百貨店業界は、訪日客が激減して「爆買い」によるインバウンド収入が壊滅状態に。コンビニも、オフィス街の店舗で売上を減らしました。インバウンド需要は売上増のドラッグ業界にも波及し、化粧品関連は売上が急降下しました。

いわゆる「三密」を避けるため、消費者は混み合う時間帯を避けて外出したり、実店舗ではなくネット通販を利用したりして、人との接触機会を減らして感染防止を図りました。非接触の行動はネット通販を押し上げ、販売サイドはネット通販に対処するためデジタル化を促進しました。その後、コロナ禍の売上への影響は弱まり、コンビニ業界では二二年の売上高が過去最高を記録したとの報道も出ています。

用語解説

＊**三密**　密閉・密集・密接を指す。小池百合子東京都知事が2020年４月、コロナ感染拡大に対するコメントを求めて殺到する報道陣に対して「密です」と連呼したのをきっかけに、「密」は人々の間で浸透し始めた。

2020年上期の商業販売額

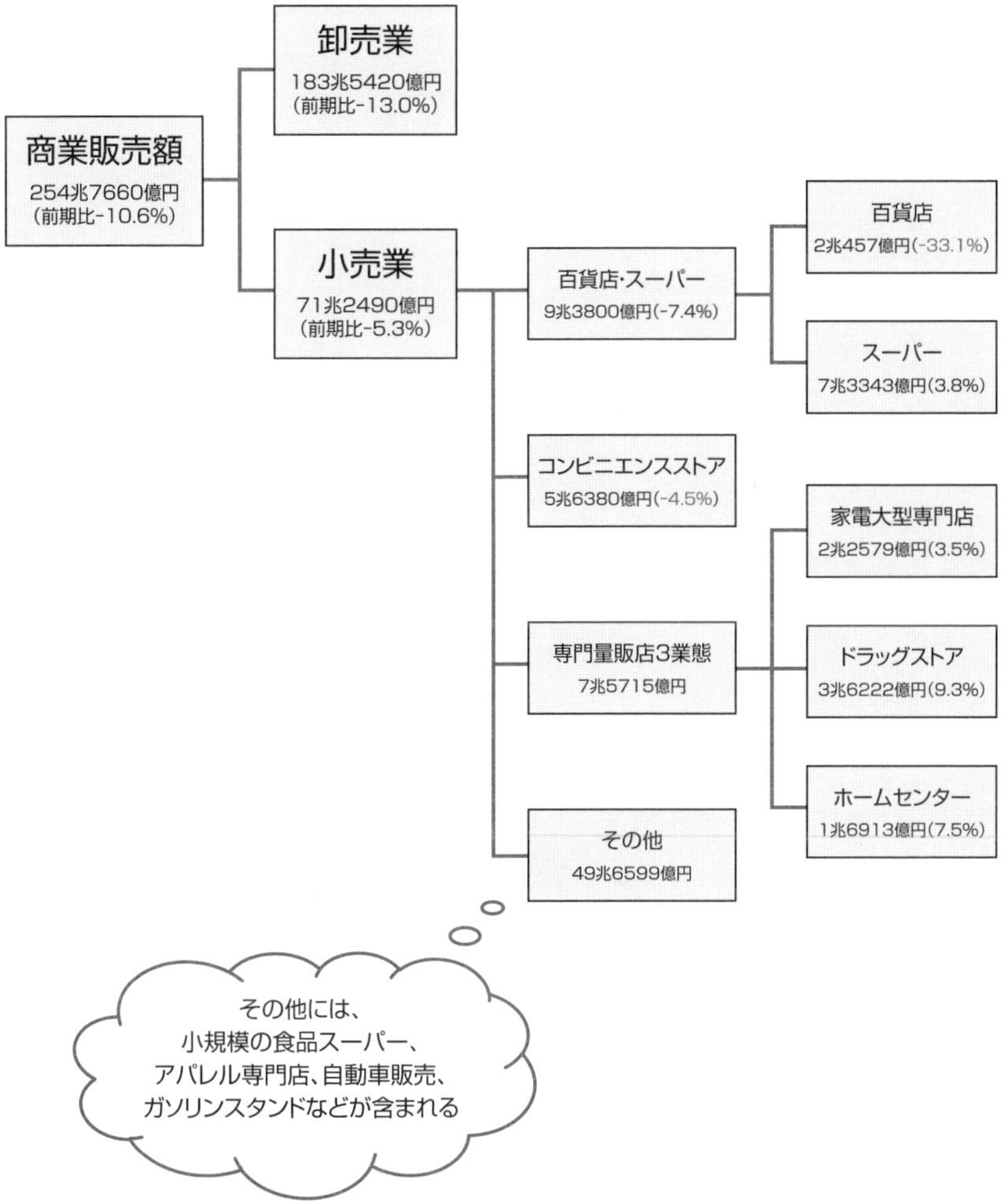

出典：経済産業省経済解析室「2020年上期小売業販売を振り返る」

ワンポイントコラム

【オフィスコンビニの登場】 オフィスの一角に自動販売機や棚、かごを設置し、社員がセルフで購入する形態のもの。50種類ほどの商品が並び、週に一度補充されます。福利厚生策として企業の導入が増えているようです。

4 巣ごもり需要も競合激化のスーパー業界

スーパーマーケット業界はコロナ禍による巣ごもり需要に支えられていましたが、沈静化後は反動減。非接触対応でキャッシュレス化も進みました。他業態との競合激化、物価上昇による消費の冷え込みも心配です。

スーパー業界は、コロナ禍に見舞われた二〇二〇年には**巣ごもり需要**で想定を上回る収益増を記録しましたが、翌年はその反動減で低調、そして二二年は盛り返したものの微増にとどまっています。

パンデミック＊の時期に当たった二〇年前半、業界は時短営業や休業に追い込まれました。国の補助金などで決算上の落ち込みは最小限に食い止めることができ、まとめ買いという消費者行動が業績に貢献する皮肉な結果になりました。コロナ禍を機に外食を控えて内食する消費者が増え、業界に追い風が吹きました。

一方で、巣ごもり需要は向かい風にもなっているようです。自宅近くで買い物をしたい人はより近いコンビニで食品を買います。また、低価格品を陳列し、食品を強化しているドラッグストアなどで買い求める人も増えてきました。

コロナ禍による非接触対応で、キャッシュレス決済が急増。スーパー各社は自社独自の電子マネーやクレジットカード系をはじめ大手流通二社系列の電子マネーも複数導入して、決済手段の多様化に対応しています。

一方、経営的には原油価格の高騰による販管費の増加が心配のタネ。もともと生鮮品を数多く扱っているので、冷蔵設備などの水光熱費が販管費のかなりの部分を占めており、店舗のLED化や石油の備蓄などエネルギーコスト低減に注力しています。

二二年からの値上げラッシュで、消費の冷え込みが懸念されています。「良いものをより安く」の観点から、好採算のPBの拡充が課題になっています。

用語解説

＊パンデミック　pandemic。感染爆発とも訳される。panは「すべて」、demicは「人々」という意味のギリシャ語が語源。14世紀のペスト（黒死病）、19～20世紀に起きたコレラ、スペインかぜ（インフルエンザ）などがある。

スーパー事業者のスマホ決済導入意向（21 年 8 月時点）

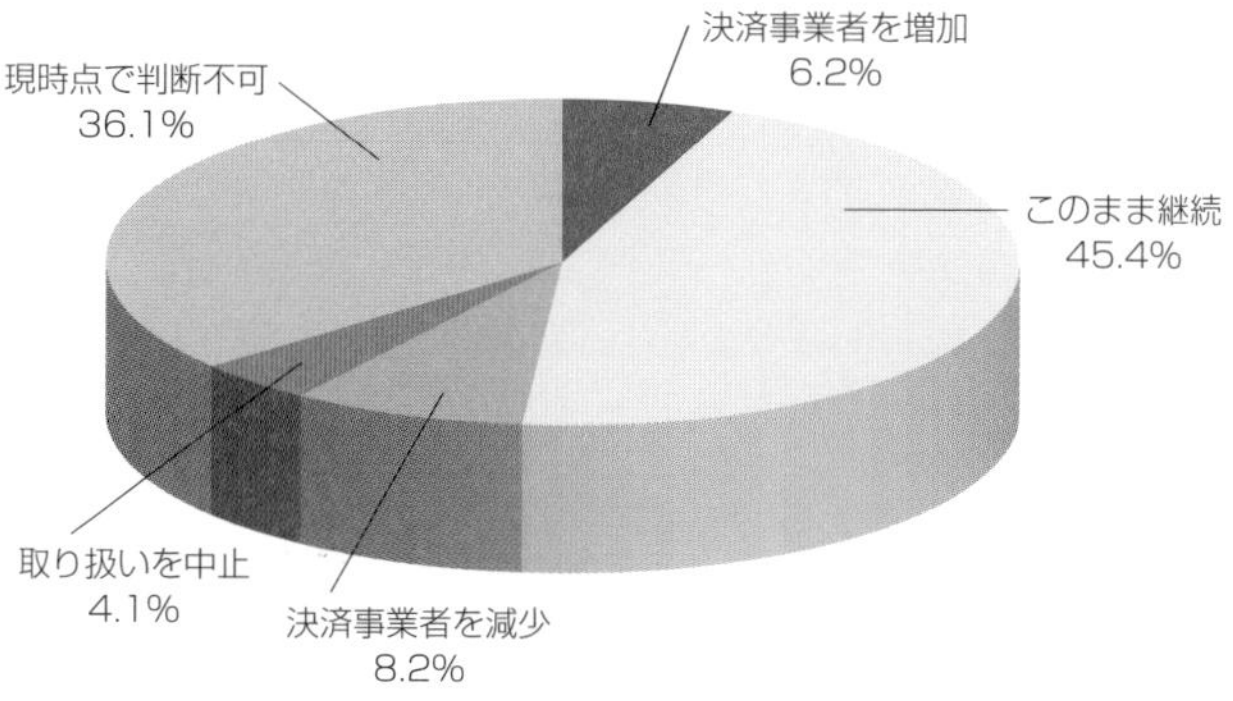

出典：一般社団法人全国スーパーマーケット協会「2022 年版 スーパーマーケット白書」

スーパーマーケット以外での食品購入が増加した理由

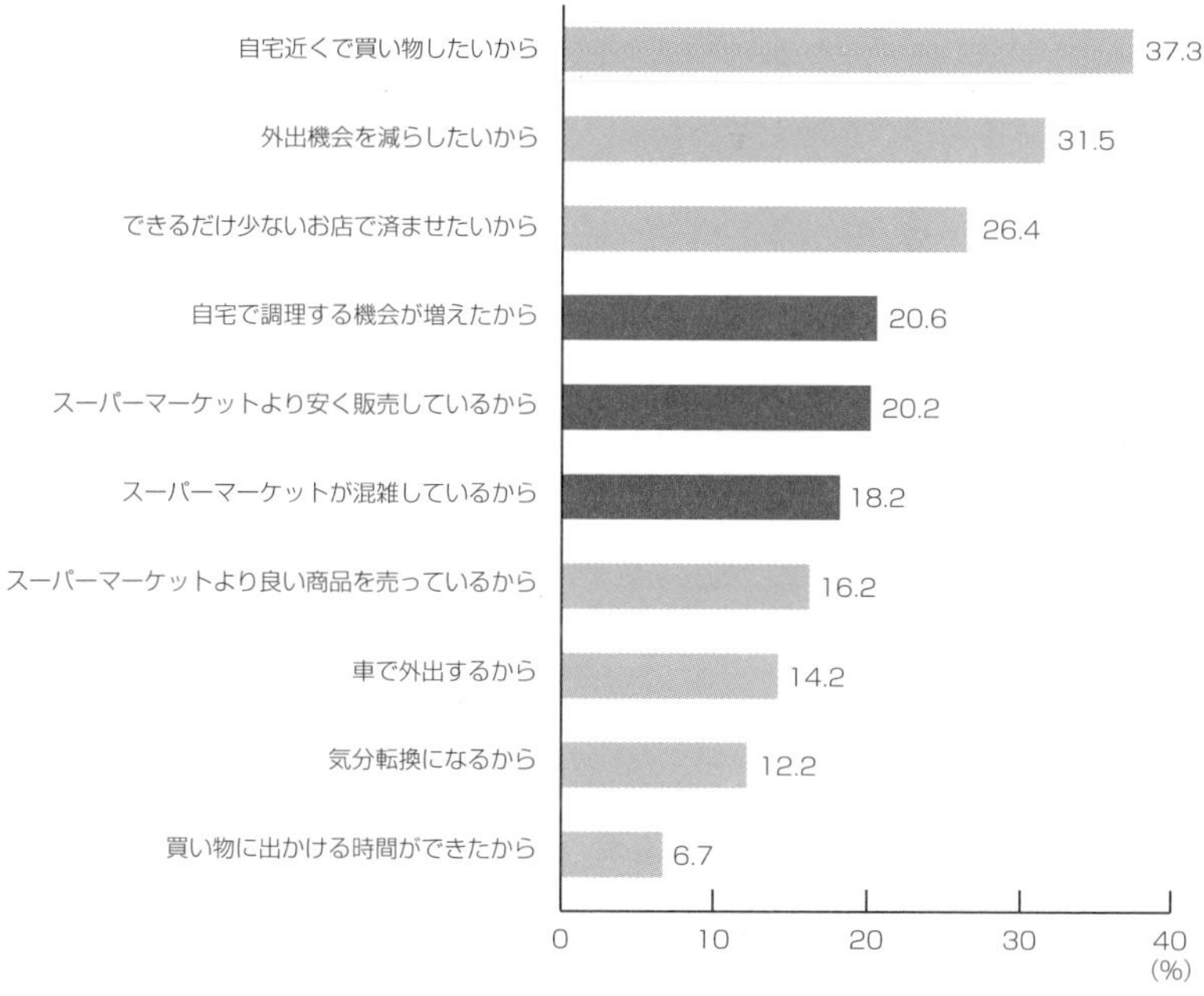

出典：一般社団法人全国スーパーマーケット協会「2022 年版 スーパーマーケット白書」

5 事業構造改革の百貨店業界

百貨店業界はコロナ禍の影響を最も強く受けた小売業で、訪日客の激減が売上を直撃。業績はコロナ禍前の水準に回復しつつありますが、これを機に事業構造改革に着手しています。

一般社団法人日本百貨店協会の調査（全国八八の百貨店を対象）によると、コロナ禍が国内で顕在化し国からの休業・時短営業要請があった二〇二〇年一一月に来店した訪日客は約七〇〇〇人。二年前（一八年一一月）の四三万人と比較すれば、わずか一・六%。一般物品の売上高を比べると二〇年は一八年の約一割と激減しました。二二年になると渡航制限の緩和によりインバウンド収入は持ち直していますが、規制と緩和のはざまで行動制限のレベルが揺れ動く可能性があるため、訪日客頼みの戦略は見直さざるを得ません。

百貨店業界には、コロナ禍にも増して深刻な経営課題があります。商品の売上に応じて収益が上がる従来型の百貨店商売が、岐路に立たされているのです。業界ではこれまで、在庫リスクなどを回避するため、商品が売れた時点で仕入れの発生とみなす**消化仕入**の商習慣を続けてきました。しかしこのビジネスモデルでは、売れ行きが悪いと収益に結び付きません。

そのため、売り場を貸して賃貸料をとるという不動産賃貸方式の導入により、収益の安定を図る動きが顕著になっています。百貨店を賃貸型の商業施設に鞍替《くらが》えしてテナントを募集し、店子《たなこ》を増やす作戦です。百貨店としての**レゾンデートル***は消えてしまいますが、コロナ禍のように万が一のリスクに備えるには次善の策といえるかもしれません。

ただし、不動産事業に注力するとしても、百貨店事業を放棄すればブランドの喪失につながりかねず、店子を集めるのに苦労します。不動産と百貨店の最適な事業配分が求められるのではないでしょうか。

用語解説

***レゾンデートル**　raison d'être。フランス語の哲学用語。存在理由または存在意義と訳されている。

外国人観光客の売上高・来店動向

	2018年11月	2020年11月	2022年11月
免税総売上高	277 億円	27.9 億円	175.4 億円
一般物品売上高	145.3 億円	15.9 億円	157 億円
消耗品売上高	131.7 億円	12 億円	18.4 億円
購買客数	43 万 3000 人	7000 人	13 万人
購買単価	6 万 4000 円	3 万 8000 円	12 万 6000 円

出典：一般社団法人 日本百貨店協会「インバウンド関連資料」

百貨店の地域別売上高の推移

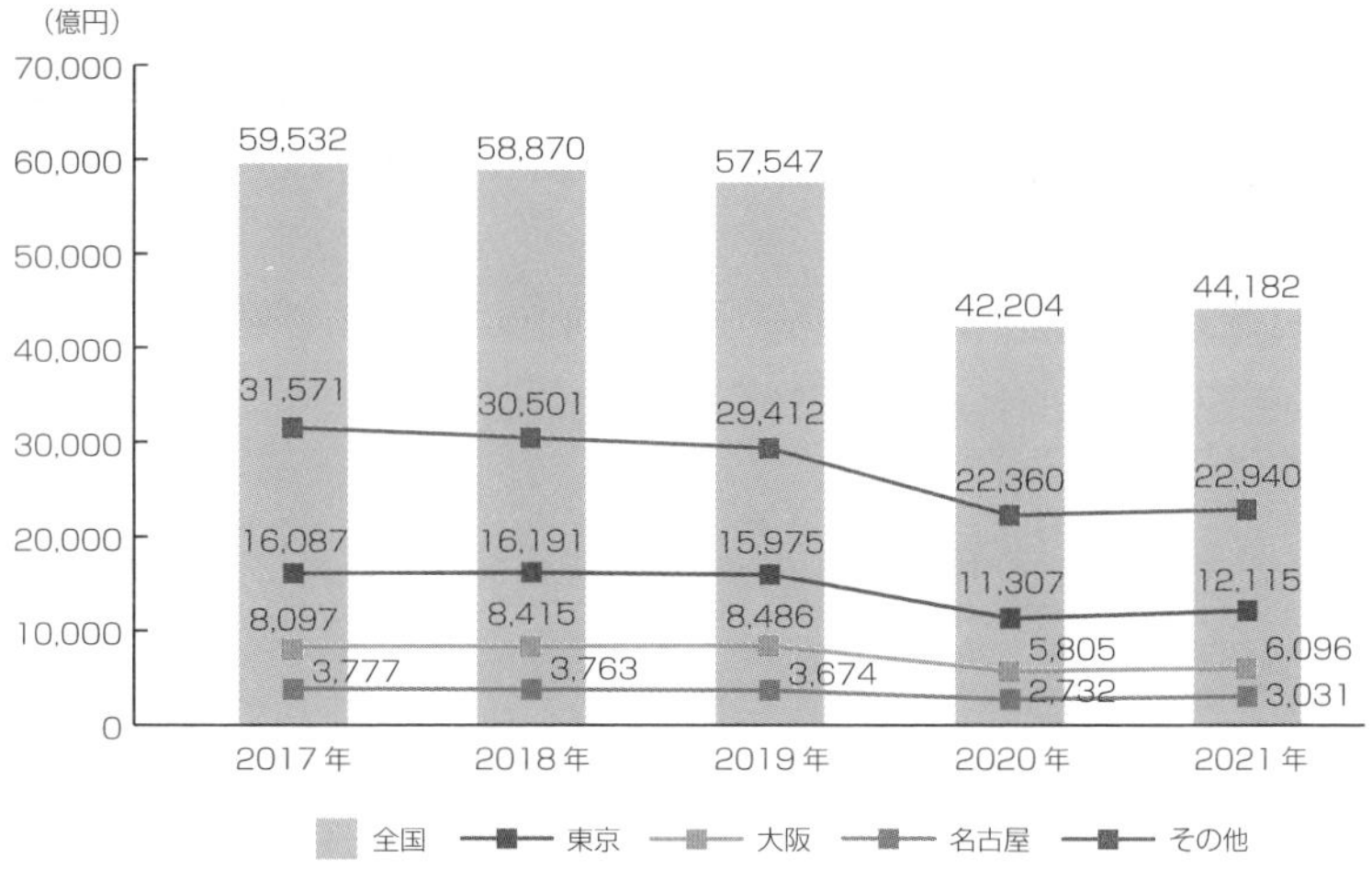

出典：一般社団法人 日本百貨店協会「百貨店売上高」

ワンポイントコラム

【特定顧客への傾斜】　百貨店には、企業や個人顧客のもとに出向いて商品を販売する「外商部」があります。こうした富裕層との取引は百貨店事業を支える大きな柱。インターネット通販にはまねのできないビジネスとして、従来にも増して注力する百貨店が増えています。

6 コロナ緩和で回復基調のコンビニ業界

コロナ禍で収益を落としたコンビニ業界ですが、二〇二二年に入って持ち直しています。業界を独占する大手四社間では業容の格差が広がっています。

日本フランチャイズチェーン協会の調査によると、二二年のコンビニの売上高（速報値）は一一兆一七七五億円で前年比三・七％増（全店ベース）。コロナ禍前を上回り過去最高を記録しました。コロナ禍の行動制限の緩和で外出機会が増え、売上が伸びました。「ついで買い」が続いているようで、客単価も増加傾向にあります。

しかし、この五年間の売上高や店舗数の推移を見ると、一一兆円前後で五万五〇〇〇の店前後とはほぼ変わりがなく、**踊り場**＊にあります。店舗を増やして売上高を伸ばすのが小売業の基本戦略でしたが、市場が飽和状態になると、限られたマーケットの中で利益追求を優先するようになります。

国内市場は現状維持または微増の業容ならば良しとして、海外で利益を上乗せすることが求められます。業界の絶対王者であるセブン-イレブンの海外における営業利益は、二位ローソン（ファミマは非公開）の二五倍。国内では二位ファミマの三倍。海外の利益で他を圧倒していることがわかります。

セブン-イレブンを除く三社にとって、海外コンビニ事業は頭痛のタネです。ローソンは中国進出二五年目でようやく黒字化を達成しましたが、ファミリーマートは海外店舗八〇〇〇を抱えているものの一四年に韓国から撤退。四位のミニストップは深刻で、二三年二月期時点では中国、韓国、フィリピンから撤退し、海外店舗は一気にベトナムの一三八店舗のみに激減しました。セブン-イレブンに肉薄できるような戦略の決め手に欠くだけに、業界売上高の九割を占める四社の格差はますます広がるかもしれません。

用語解説

＊**踊り場**　株式用語の1つ。相場上昇局面で一時的に値動きが鈍化し、株価が足踏みする状態。景気回復局面でも使われ、回復のペースが横ばいにあるさまを指す。

大手４社の国内業容（2022年２月期、営業利益・店舗数）

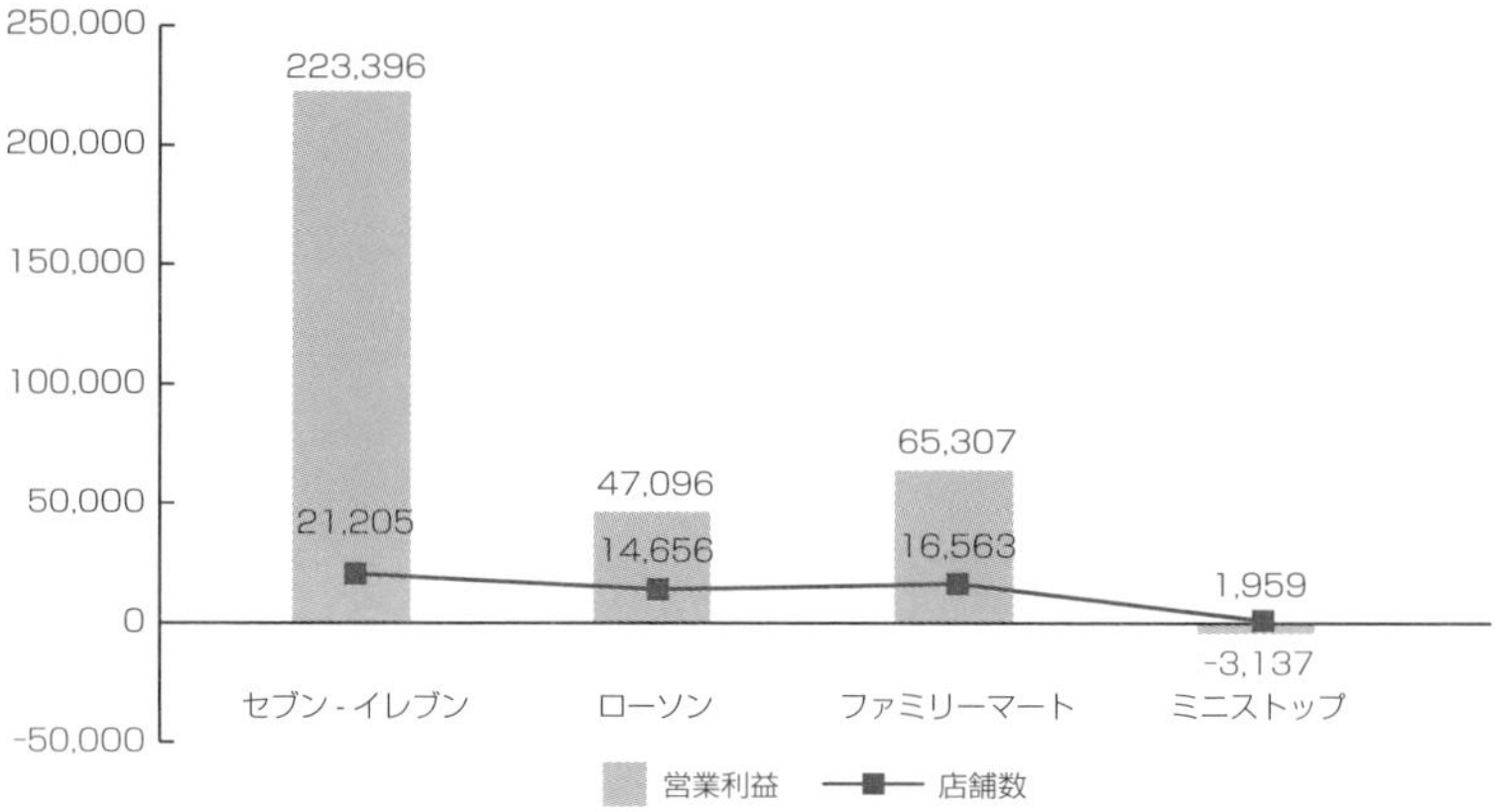

※単位：百万円・店
※ファミリーマートの店舗数は 2022 年 12 月末時点
出典：各社決算短信関連資料

大手４社の海外業容（2022年２月期、営業利益・店舗数）

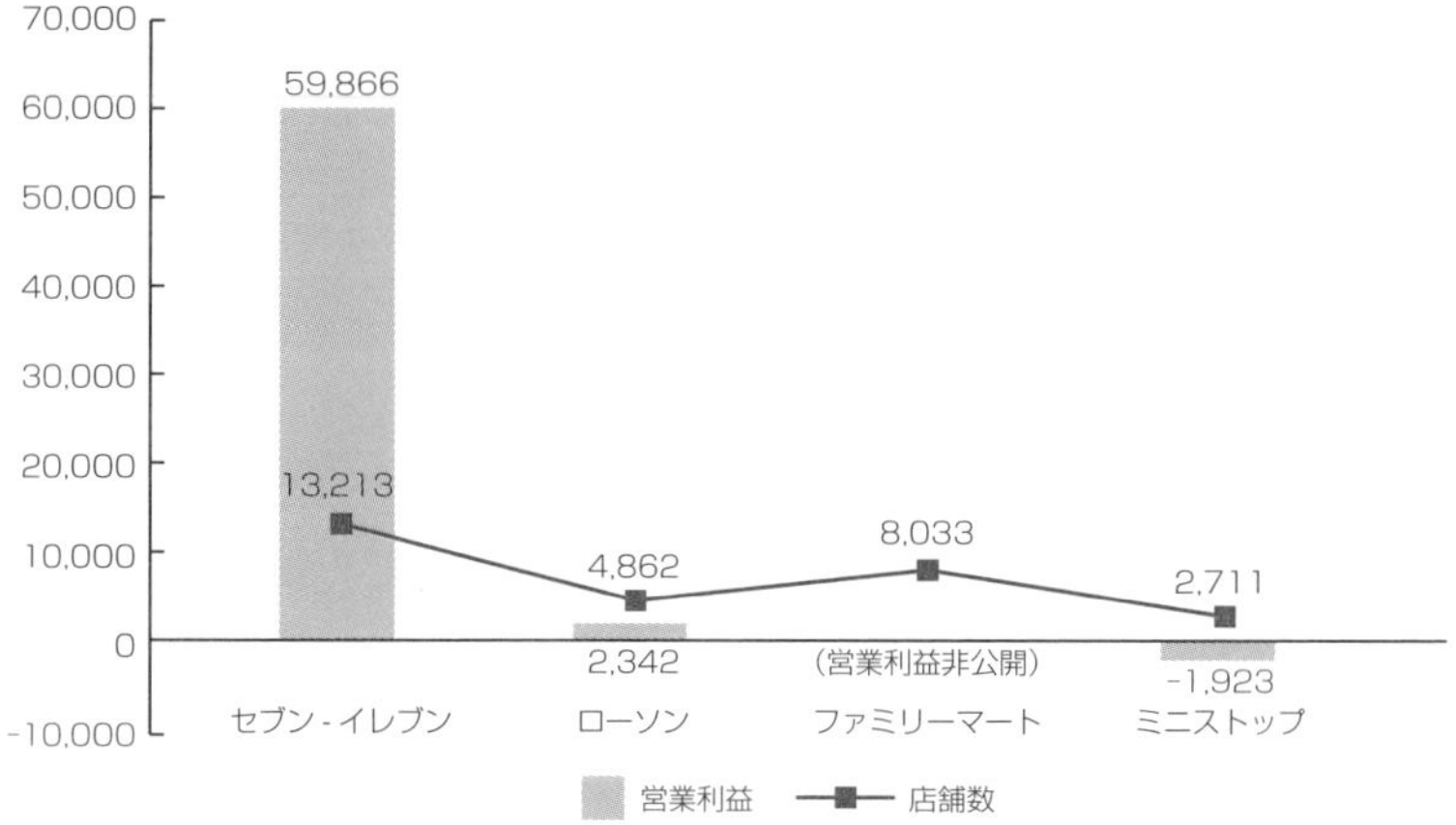

※単位：百万円・店
※ファミリーマートの店舗数は 2022 年 12 月末時点
出典：各社決算短信関連資料

ワンポイントコラム

【ベトナム進出の理由】　ベトナムは人口約9800万人（2021年時点）とアセアン（ASEAN、東南アジア諸国連合）で３番目、2025年までに１億人を突破する見込み。平均年齢31歳と若く、所得水準は上昇しており、労働力確保の場、消費市場としても有望視されています。親日的であることも、進出の大きな理由になっているようです。

7 食品注力が奏功のドラッグストア業界

小売業種の中でいま最も上昇機運にあるのがドラッグストア業界。食品の取り扱いを強化してスーパーに対抗。店舗増設でコンビニに迫っています。

ドラッグストア業界はこの数年、コロナ禍でマスクなど感染防止関連が売れる一方、インバウンド需要の急降下で訪日客頼みの化粧品関連が大きく落ち込むなど、悲喜こもごもの営業を余儀なくされました。

営業戦略はコロナ禍前から基本的に変わっていませんが、時間をかけて取り組んできた食品取り扱いの強化により、打たれ強い経営体質が育まれました。

高齢化や健康志向の高まりの中、ドラッグストア業界は順調に業容を拡大。医薬品だけでなく日用品からドリンク、食品、化粧品まで、品揃えを増やして客層を広げたことが業界の成長を促しました。「食品や日用品を売って利用者を増やし、利益率が高い市販薬を買ってもらう」作戦が見事に当たったのです。また医薬分離が進み、ドラッグストアで調剤薬を購入する機会が増えたことも業界の成長に拍車をかけました。

ただし、成長の勢いにはこのところ陰りが見え始めています。スーパーやコンビニとの競合が激化し、都市部での新店予定地の確保が難しくなっているからです。調剤薬の取り扱いに必要な薬剤師の不足も、出店ペース鈍化の原因になっています。訪日外国人の「**爆買い***」に依存してきたインバウンド需要も回復の見通しが不透明で、見直しの機運が出ています。

こうした状況下、大手各社は再編統合の動きを強め、地方の薬局チェーンを吸収して規模を拡大しています。マツモトキヨシホールディングス（HD）はココカラファインと経営統合し業界四位に浮上。一兆円規模が二社、六〇〇〇～七〇〇〇億円台が四社、三〇〇〇億円企業が四社とひしめき合っています。

用語解説

*__爆買い__　一度に大量の商品を購入すること。2015年2月の春節（旧正月）に多くの中国人観光客が来日して大量の商品を買った様子を、国内のマスコミがこの言葉で表現した。

上場ドラッグストア 12 社の業績・店舗数推移

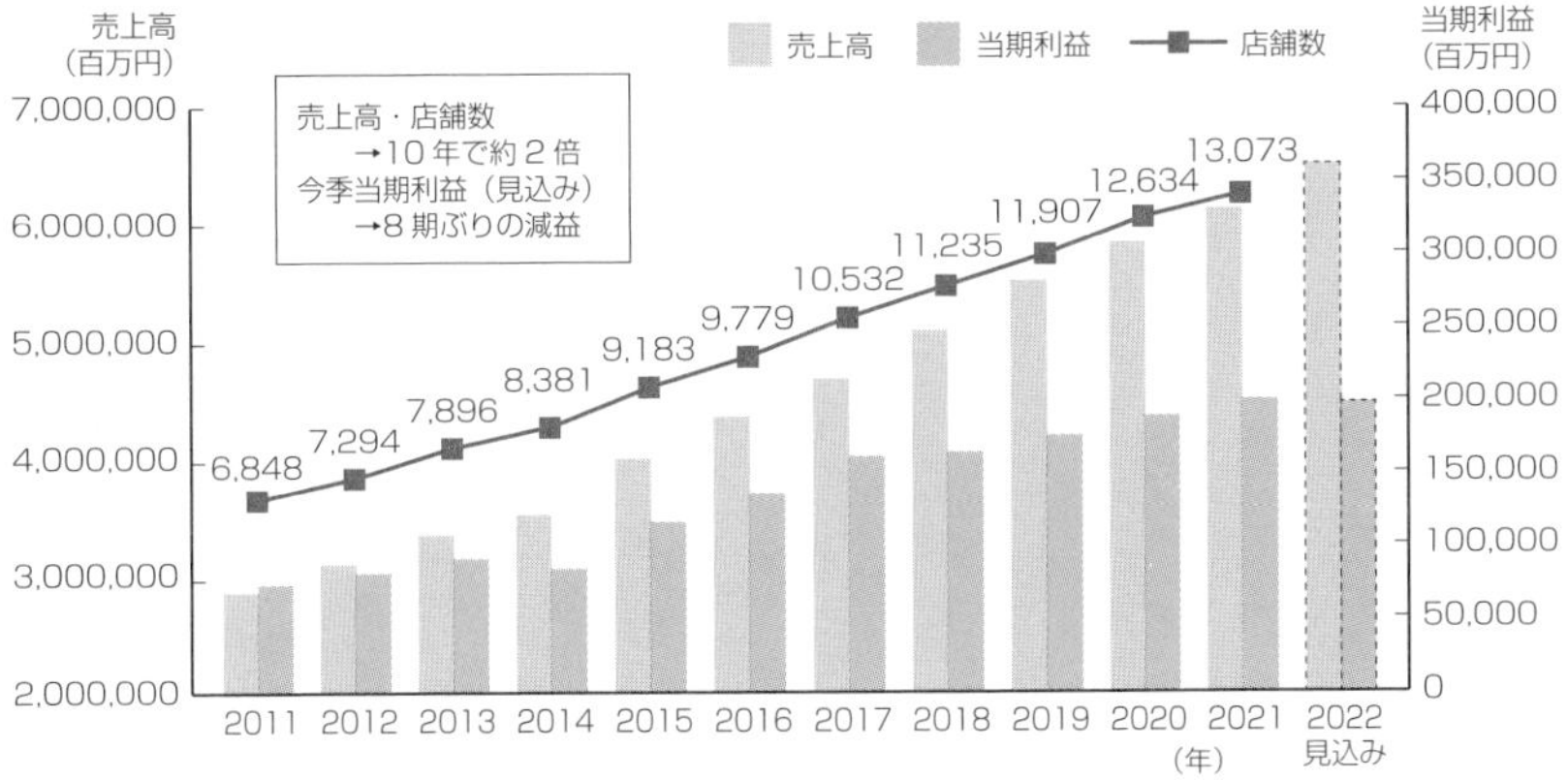

※店舗数は決算資料などをもとに集計（調剤専門、海外店舗除く。調剤併設店舗含む）
※合併や持株会社化で運営企業が変更した場合、旧会社の業績、店舗数を合算
出典：東京商工リサーチ 2022 年 6 月 13 日公開「データを読む（コロナ追い風のドラッグストア、市場拡大続くも「値上げ」への不安）」

ドラッグストアの商品別売上高(2021 年)

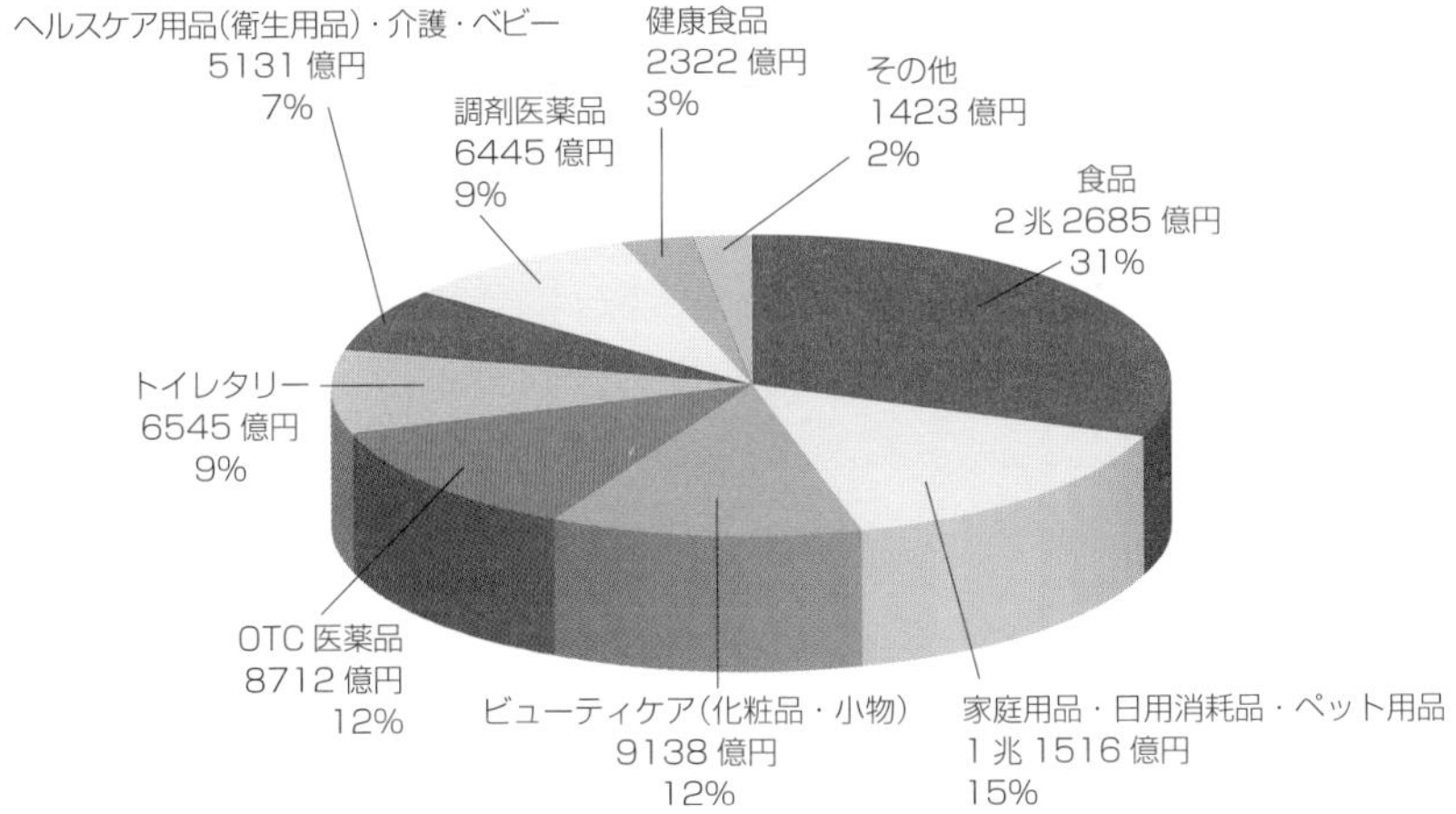

出典：経済産業省「2018 年 商業動態統計年報」ドラッグストア販売 商品別販売額等及び前年（度、同期、同月）比増減

ワンポイントコラム

【ドラッグストアの起源】　1901年に米国シカゴ市内で開業した「ウォルグリーン」1号店だといわれています。同社は今日、全米50州など世界11カ国に2万近い店舗を展開する薬局チェーンです。

8 EC化率が急伸の家電量販業界

家電量販業界はインターネット通販に注力し、アマゾンなどに対抗しています。コロナ禍による生活様式の変化で恩恵を被った業界といえるかもしれません。

家電量販業界はコロナ禍でも全体の売上高四兆円台を維持しており、業績は堅調に推移しています。業界再編が一巡し新規出店が減少傾向にあることや、国からのコロナ給付金の支給なども、業界に好影響を与えました。テレワークの普及でパソコンやスマートフォンなど情報通信関連機器の売上が伸びています。

百貨店などはインバウンド需要激減の影響をモロに受けて業績が低下しましたが、家電量販店の多くは郊外に立地しているので訪日客への依存度はあまり高くなかったことも幸いしました。

コロナ禍では巣ごもり需要でインターネットショッピングが急伸しました。家電量販業界でもネット通販サイトを設置・増強して**EC化率***を上げ、収益増に結び付けています。経済産業省の電子商取引調査によれば、二〇二一年の家電販売市場のEC化率は三八%。物販市場のEC化率約九%と比べると、家電量販業界のネット販売率の高さが際立ちます。

量販店で実物の製品を確認してインターネットで購入したり（ショールーミング）、逆にインターネットで調べて量販店で購入したり（ウェブルーミング）できる環境にあることが背景にあります。製品の型番がわかれば、メーカーの詳細な製品紹介が閲覧できます。こうした傾向は家電量販業界だけにとどまりません。コロナ禍で生じたライフスタイルの変化が小売業界を潤したともいえますが、家電の場合は消費者の低価格志向が強く、規格が統一されているので製品の比較がしやすいという利点があります。

用語解説

***EC化率**　売上に占める電子商取引（EC）の比率。経済産業省調査によれは、2021年の物販系のEC化率は「書籍・映像・音楽ソフト」が46.2%、「生活家電」38.1%、「生活雑貨・家具・インテリア」28.2%などとなっている。

2人以上世帯におけるネットショッピングの利用率推移

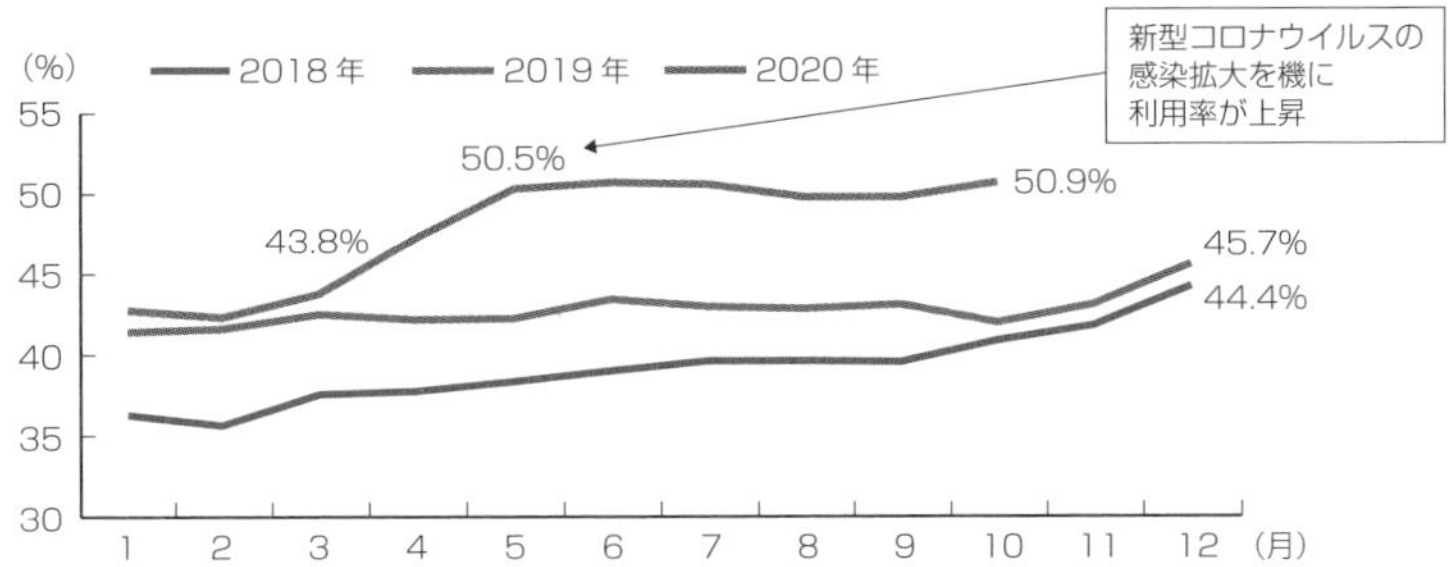

出典：三井住友銀行コーポレート・アドバイザリー本部企業調査部「家電量販店を取り巻く環境と戦略の方向性」(2021年2月)

商品別のショールーミング割合（2019年）

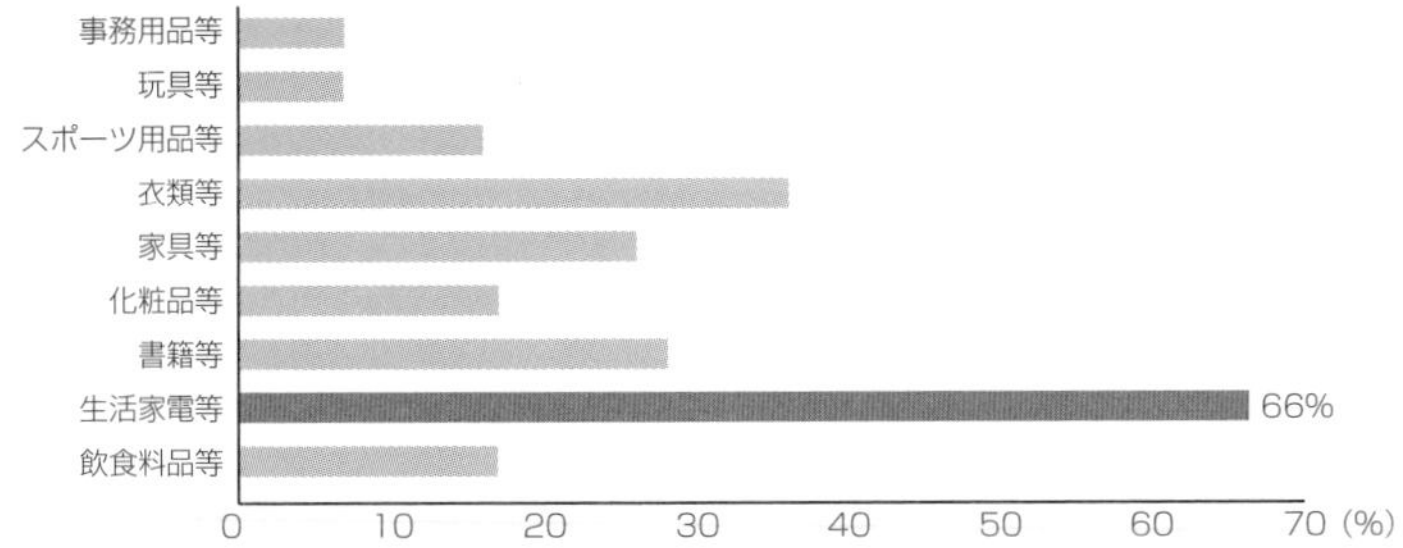

出典：三井住友銀行コーポレート・アドバイザリー本部企業調査部「家電量販店を取り巻く環境と戦略の方向性」(2021年2月)

商品別のウェブルーミング割合（2019年）

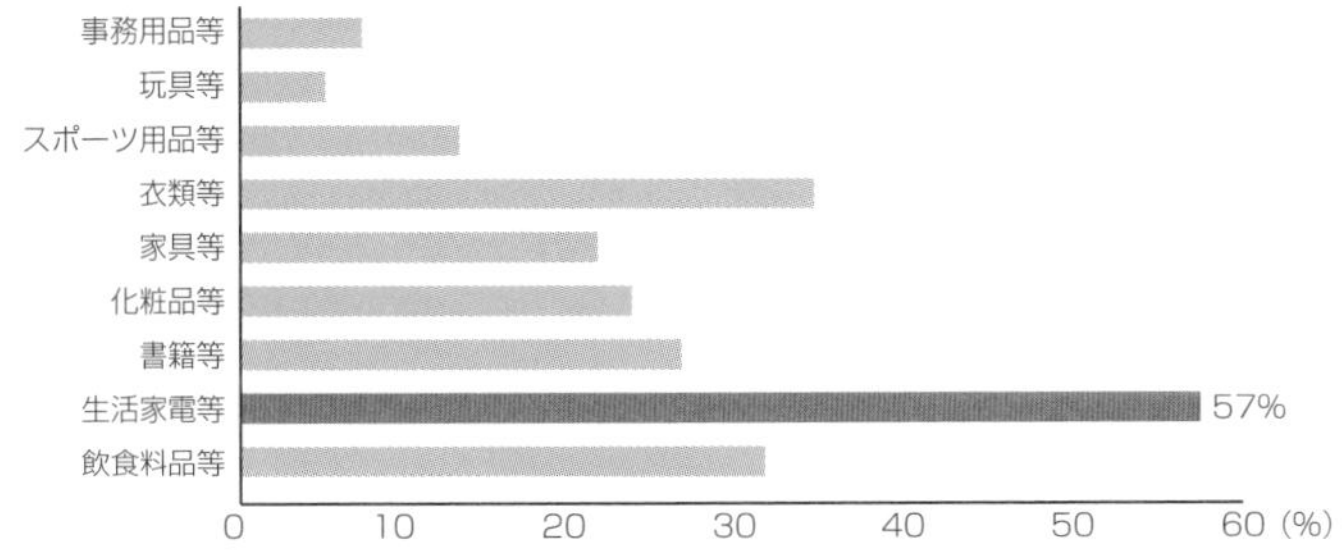

出典：三井住友銀行コーポレート・アドバイザリー本部企業調査部「家電量販店を取り巻く環境と戦略の方向性」(2021年2月)

ワンポイントコラム

【取り付けは別に頼むのが賢い!?】　エアコンは「インターネットで本体を購入し、取り付けは近隣の業者に依頼するのがお得」との指摘があります。ネット通販では工事費込みの場合がありますが、取り外し料金などは別のケースが多いので、工事費の内容について吟味することが必要です。

9 三強の競争熾烈なネット小売業

インターネットショッピングモールが小売業界で大きな地位を占めています。アマゾン、楽天、ヤフーの三強が熾烈《しれつ》な競争を展開しています。

わが国のネットショッピングモールは、アマゾンが二兆五三七八億円（二〇二二年一二月期）、楽天が一兆六八二〇億円（同）、ヤフーが一兆二〇五八億円（二二年三月期）で、三強を形成しています。ただし、楽天とヤフーは小売以外の売上も加算されています。アマゾンは日本市場で五年前の売上高と比べて倍増し、成長を続けています。

ネットショッピングはコロナ禍による巣ごもり需要が下支えしています。生活様式が変化し、自宅に居ながらにして買物ができるメリットを多くの人が感じています。

ネット小売で今後焦点になるのは、ECとの相性が良くないともいわれる食品分野ではないでしょうか。特に青果・精肉・鮮魚などの生鮮品は、鮮度を保ってできるだけ広範囲に届けることが不可欠で、複数の物流拠点を抱える必要があります。拠点の建設は巨額の資金を要するため、中小業者では厳しいのが実情です。

アマゾンは大手スーパーのライフとの協業で食品などを取り扱っていますが、配送範囲はまだ限られているのが現状です。二一年には**プライム会員**＊向けの「アマゾンフレッシュ」をリニューアルして対象エリアを拡大し、配送料を低減するなどの努力を重ねています。

EC化率が四％に満たないわが国の食品市場だけに、逆にいえばネット販売の隠れた有望市場といえるかもしれません。

用語解説

＊**プライム会員**　アマゾン（Amazon）の有料会員制度「Amazonプライム」の会員のこと。この制度は2005年に米国で開始、日本では2007年に導入された。当日無料配送や一部無料の音楽・ビデオ配信などのサービスが受けられる。年間4900円、月間契約では月500円（いずれも税込）。

ネット通販 3 強比較（売上高）

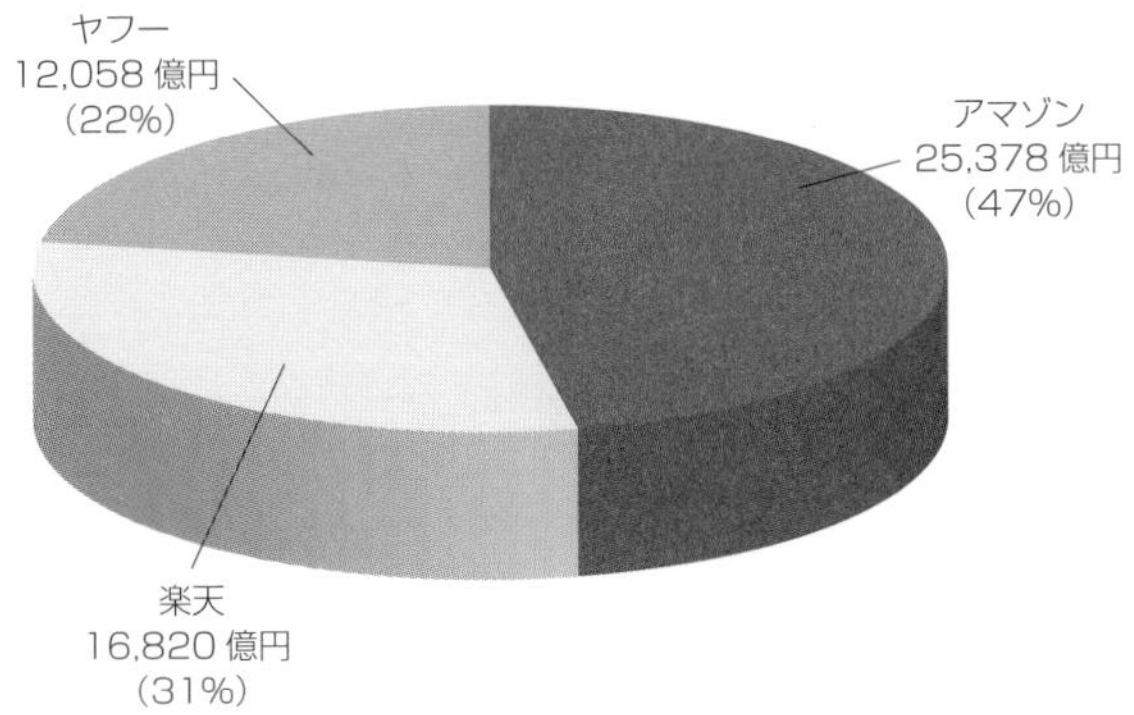

※アマゾン、楽天は 2021 年 12 月期、ヤフーは同年 3 月期
出典：各社の決算資料など

アマゾン日本事業の売上高推移

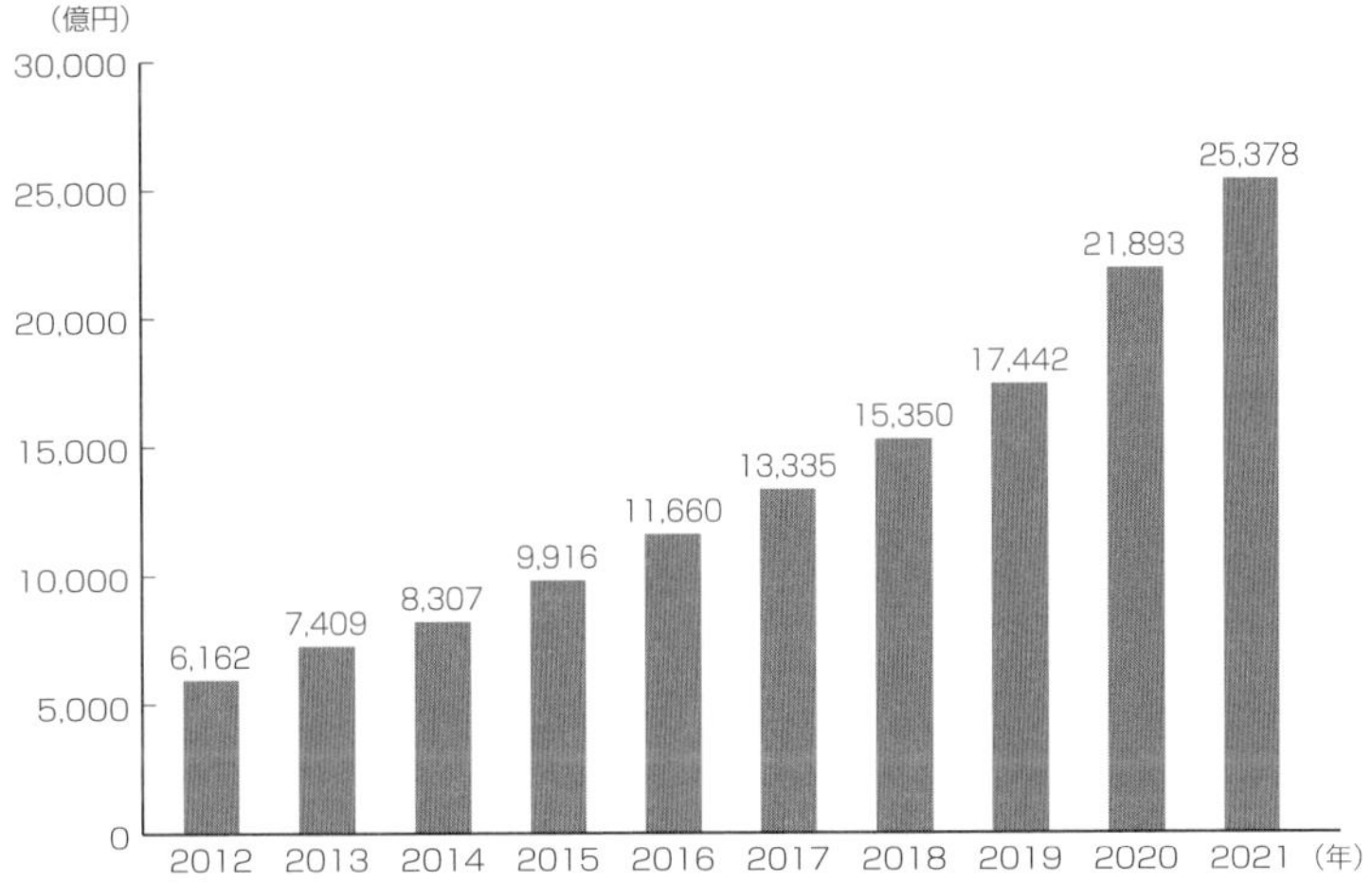

出典：インプレス社「ネットショップ担当者フォーラム」2022 年 2 月 9 日付をもとに作成

ワンポイントコラム

【アマゾン創業者が退任】 1994年にオンライン書店「アマゾン」を創業したジェフ・ベゾス氏は2021年にCEOを退任しました。取締役会長に就任し、企業買収など重要な意思決定には関与していく意向です。

10

「一強」時代続くその他の小売業界

ディスカウントストアやホームセンター業界では、最大手が他社を圧倒する一強時代が依然として続いています。アパレルでもユニクロが圧倒的な勝ち組として独走状態です。

ディスカウントストアでは、ドン・キホーテ（略称：ドンキ）を擁する「パン・パシフィック・インターナショナルホールディングス」（PPIH）が他社を圧倒しています。二〇一九年に総合スーパー（GMS）の「ユニー」を買収し、ドンキとユニー傘下のGMSを融合したダブルネームの大型店舗としてリニューアル。積極的な業態転換を展開しています。

ホームセンター業界では、低価格のインテリア・家具で業績好調のニトリHDが最大手。二一年に家具大手の「島忠」を買収して複合店舗をオープンさせるなど、業容を拡大しています。二八の物販チェーンを擁する**ベイシアグループ***のカインズ、〇六年にカーマ、ダイキ、ホーマックの三社が経営統合してできたDCMホールディングスがニトリを追っています。

アパレルでは、ユニクロを運営するファーストリテイリングが二兆円企業として君臨。若年層に限らず幅広い購買層を持ち、優位は動きません。ユニクロを追う一番手のしまむら、アダストリアが続いていますが、その差は開くばかりです。

一〇〇円ショップ業界は市場規模八〇〇〇億円とまだまだ成長途上です。「ダイソー」の名で知られる最大手の大創産業が市場の過半を占めて独走、セリアが売上高二〇〇〇億円で健闘しています。

通販では、最大手のアスクルは通販サイト「ロハコ」が堅調。衣料品中心のベルーナ、かつての通販の雄である千趣会はネット通販への対応など課題が山積し、苦戦が続いています。

用語解説

***ベイシアグループ**　1959年創業。カインズのほかにも、ベイシア（スーパー）、セーブオン（コンビニ）、ワークマン（作業服）などの小売業態を抱える。

その他小売業界の大手各社業績

＜ディスカウント業界＞

単位：百万円、%

社名（決算期）	売上高	増減率	営業利益	増減率	経常利益	増減率	当期純利益	増減率
PPIH （2022年6月期）	1,831,280	7.2%	88,688	9.2%	100,442	23.3%	61,928	15.2%
オーケー （2022年3月期）	524,299	3.1%	—	—	31,198	-0.7%	—	—
トライアルHD （2022年6月期）	484,381	13.9%	7,518	9.5%	7,894	16.1%	4,091	2.6%

＜ホームセンター業界＞

単位：百万円、%

社名（決算期）	売上高	増減率	営業利益	増減率	経常利益	増減率	当期純利益	増減率
ニトリHD （2019年2月期）	811,581	13.2%	138,270	0.4%	141,847	2.5%	96,724	5.0%
カインズ （2022年2月期）	482,600	—	—	—	—	—	—	—
DCMHD （2019年2月期）	444,750	-5.6%	30,649	1.3%	30,317	2.6%	18,809	1.2%

＜アパレル業界＞

単位：百万円、%

社名（決算期）	売上高	増減率	営業利益	増減率	経常利益	増減率	当期純利益	増減率
ファーストリテイリング （2022年8月期）	2,301,122	7.9%	297,325	19.4%	413,584	55.6%	273,335	60.9%
しまむら （2022年2月期）	583,618	7.6%	49,420	30.0%	50,567	28.3%	35,428	35.4%
アダストリア （2022年3月期）	201,582	9.6%	6,564	756.1%	8,166	173.9%	4,917	—

＜100円ショップ業界＞

単位：百万円、%

社名（決算期）	売上高	増減率	営業利益	増減率	経常利益	増減率	当期純利益	増減率
大創産業 （2022年2月期）	549,300	—	—	—	—	—	—	
セリア （2022年3月期）	208,084	3.7%	20,918	-1.7%	21,347	0.0%	14,301	-2.9%
キャンドゥ （2021年11月期）	73,130	0.1%	964	-38.1%	1,034	-37.1%	194	-55.7%

＜通販業界＞

単位：百万円、%

社名（決算期）	売上高	増減率	営業利益	増減率	経常利益	増減率	当期純利益	増減率
アスクル （2022年5月期）	428,517	1.5%	14,309	2.8%	14,270	3.0%	9,206	18.7%
ベルーナ （2022年3月期）	220,128	6.6%	13,827	-12.1%	14,537	-13.8%	10,204	-7.5%
千趣会 （2021年12月期）	73,149	-12.2%	349	—	520	—	308	—

出典：各社決算資料

column

「まとめ買い」が小売業の定説崩す

小売業は「店舗を増やして売上を積み上げていく」のが経営の基本。毎年新規出店する一方で業績不振の店は閉鎖する、というスクラップアンドビルドを繰り返します。重要なのは既存店の売上高。既存店とは「開店後13カ月以上経過した店舗」を指します。小売業では、店舗の現状を前年度との対比で分析・判断します。そのため、1年を通じた店舗の実績を前年度実績と比較して、今後の店舗運営を決めていきます。

小売業者は毎年、出店と退店を繰り返します。店舗が増えれば全体の売上高は増えます。そこで、既存店ベースで売上高を前年同月や同じ年の前の月と比べ、全社売上の傾向を把握していきます。既存店売上高そのものよりも、既存店における1店舗当たりの売上高、来店客数や客単価など売上数値の推移が重要です。なぜなら、新規出店すれば既存店の数は変化するので、既存店の売上高だけでは現場の実情は見えてこないからです。

日本フランチャイズチェーン協会の調査によると、主要コンビニチェーンの2022年12月度の1店舗当たりの来店客数は全店ベースで前年同月比0.2%減少、既存店ベースでも0.3%減。いずれも8カ月ぶりのマイナス。店舗数でも0.2%減になりました。しかし店舗売上高は全店、既存店共に4%近く増加し、平均客単価も同様に4%増を記録しています。店舗は増えず来店客も減っていますが、まとめ買い（ついで買い）の傾向は依然続き、客単価の上昇につながって売上高を押し上げていると推測されます。

小売業は一般に、「既存店の売上が減少したら、既存店の改装または新規出店によって売上の減少をカバーする」構造になっています。コンビニ業界に限らず小売業界全体に共通する特徴です。しかし、コロナ禍による「まとめ買い」で、来店客は減っても客単価は上がっています。「新規出店のペースが落ちれば売上は伸び悩む」という定説が崩れているようです。

第2章

流通二強：イオンとセブン&アイ

日本の流通業界を二分するイオングループとセブン&アイ・ホールディングス。本章では二大グループの組織や戦略を様々な角度から分析し、抱える問題点や今後の目指すべき方向などを明らかにします。

1 イオングループの全貌（イオンG①）

イオングループは国内最大の流通グループ。GMSと多彩な専門店を組み合わせた大型ショッピングセンター（SC）を建設して規模を拡大してきましたが、収益力の高い事業と低い事業が混在しています。

イオングループの持株会社であるイオンは中期経営計画（二〇二一～二〇二五年度）を推進中で、営業収益一一兆円、営業利益三八〇〇億円という高い目標を掲げています。

同社は二一年二月期の連結決算で営業収益八兆七一五九億円を記録しました。営業収益の六三%をGMS（総合スーパー）、SM（食品スーパー）の小売事業部門が占めています。次いでドラッグストアなどのヘルス&ウエルネス事業が一一%、ショッピングモールなどのサービス・専門店事業が八%、金融が五%。アジア地域中心の国際事業も五%。海外における小売や金融事業の貢献度が近年高まっています。

本業の儲けを示す営業利益の比率を見てみましょう。営業収益の約六割を占める総合小売事業の営業利益の構成比率は一六%にとどまり、GMSなど主力事業の収益性が低いというグループの弱点が読み取れます。**イオンフィナンシャルサービス**＊傘下の銀行、クレジットカードを主力とする総合金融事業が三五%と、総合小売業の倍以上を稼いでいます。

営業収益の構成比率が四%に過ぎないデベロッパー事業が営業利益では二三%を占め、収益力の高さを示しています。イオンモールは郊外に大型SCを開発し、グループの収益拡大に大きく貢献してきました。ヘルス&ウエルネス事業も化粧品や市販薬など好採算の商品を扱うため二三%を占めています。

イオンのグループ企業は三〇〇社以上にのぼり、世界一四カ国で営業展開していますが、巨艦主義からの脱却と事業集約が長年の経営課題です。

用語解説

＊**イオンフィナンシャルサービス**　2013年4月に、イオンの金融事業再編によりできた金融持株会社。傘下にグループ企業のイオンクレジットサービスやイオン銀行があります。クレジットカードの連結有効会員数は国内外で4613万人（2021年2月末）。

イオンの事業別営業収益（2022年2月期、単位：百万円）

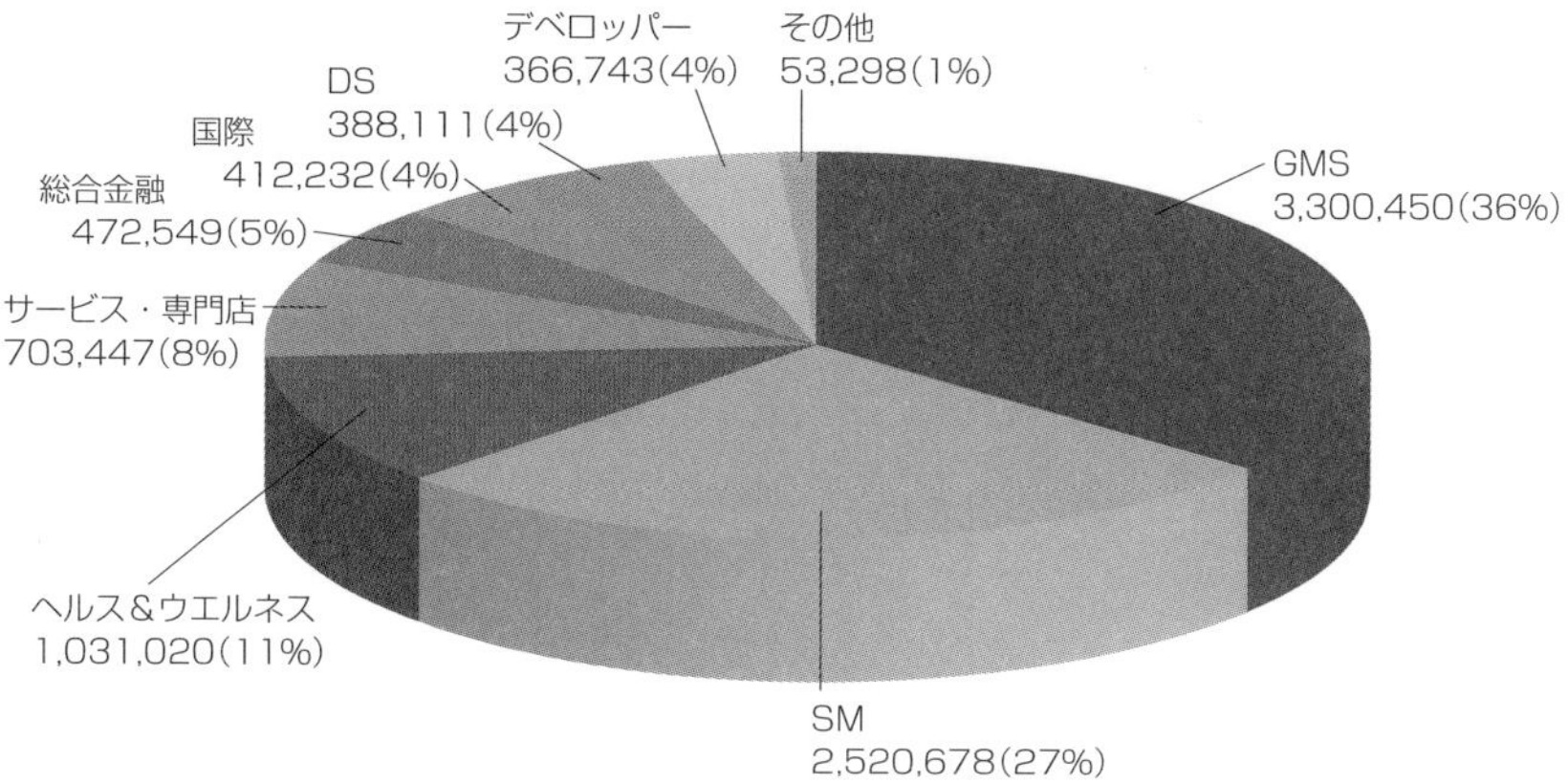

※ DSはディスカウントストア
出典：同社「事業の種類別セグメント情報」

イオンの事業別営業利益（2022年2月期、単位：百万円）

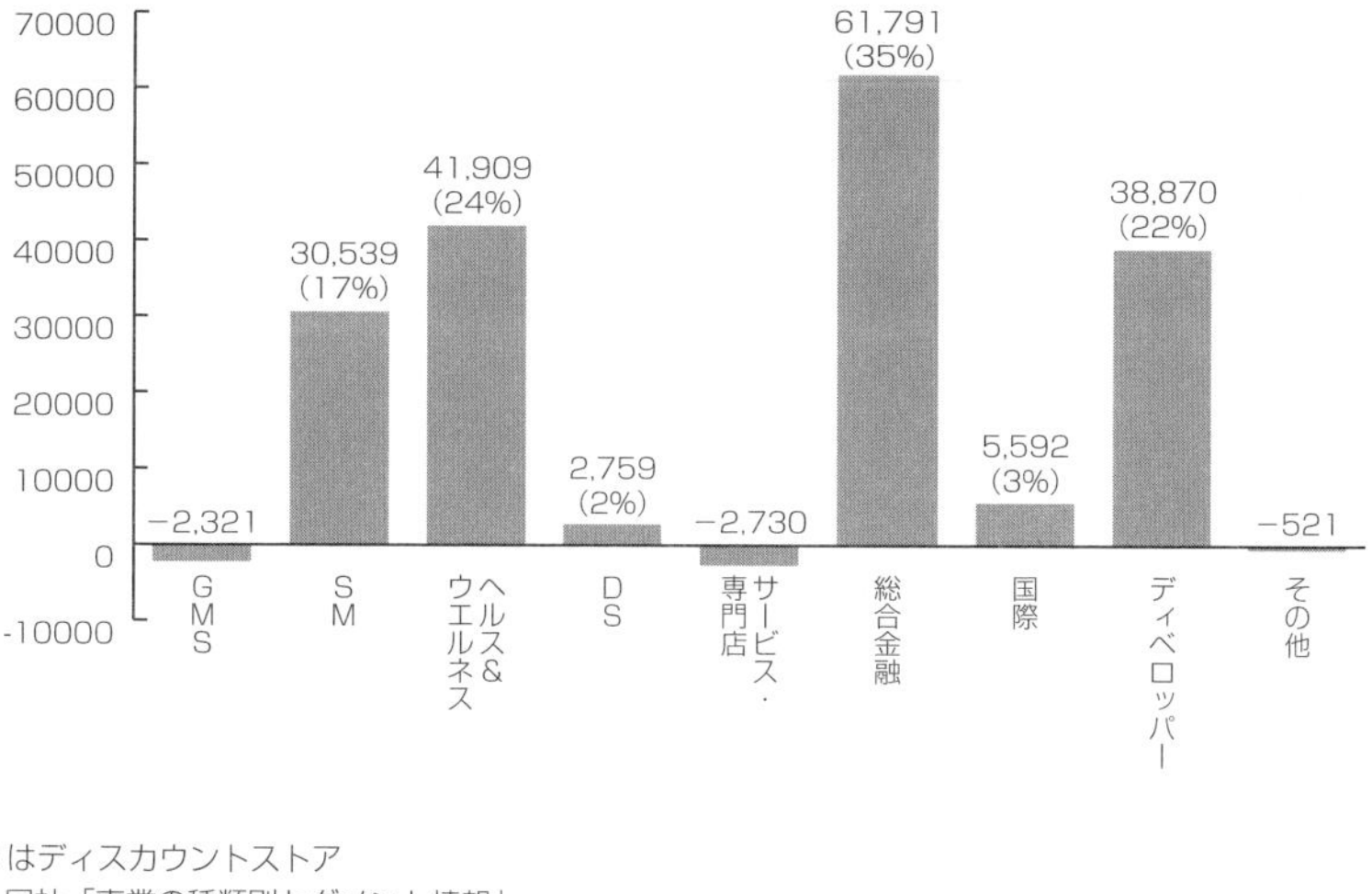

※ DSはディスカウントストア
出典：同社「事業の種類別セグメント情報」

ワンポイントコラム

【イオンの専門店事業】　ファミリー向けのアミューズメント事業を展開するイオンファンタジー、靴販売の「ジーフット」、映画館「イオンシネマ」など、生活を彩る事業を数多く抱え、グループの集客力を高める役割を果たしています。

2 デジタルシフトを加速（イオンG②）

イオンは、インターネットショッピング専業のプレーヤーにはない独自のデジタル展開を加速させ、強い小売の復活を目指しています。

これまでイオンの小売は実店舗における物販が中心でした。しかし今後は店舗とインターネットショップを融合し、デジタル化を進めていく方針です。アマゾンなどネットショップ大手との違いは、リアルショップの存在。その強みを最大限に生かす戦略です。

イオンリテールが開発した「レジゴー」では、購入商品のＱＲコードを顧客自身がスマートフォンで読み取って決済します。コロナ禍での非接触を旨とする新しい生活様式への対応として二〇年三月から本格展開、イオンのスーパーなどで広く活用されています。導入店舗では「レジゴー」の利用率が二〇％に拡大、レジ関連の労働時間は三〇％削減されるなど、顧客体験の深化や業務効率の向上が進んでいます。

イオングループのユナイテッド・スーパーマーケット・ホールディングス（ＵＳＭＨ）も一九年一〇月、レジに並ばない同様のスマートフォン決済システムである「スキャン&ゴー」を開発、ＵＳＭＨ傘下の食品スーパーで稼働させています。

二三年の開業を目指している大規模な次世代ネットスーパーの中心的な施設として、グループ初の**ＣＦＣ**＊（顧客フルフィルメントセンター）を千葉市に建設しています。生鮮品や日用品約五万品目の在庫を保管・処理する能力があり、ＡＩやロボット技術を活用して二四時間稼働させる予定です。

こういったデジタルシフトが進めば、顧客の購買履歴などの情報が従来以上に蓄積され、データ基盤の構築により新たな収益モデルが創造できる、と期待されています。

用語解説

＊**CFC**　顧客フルフィルメントセンターのフルフィルメント（fulfillment）には、「遂行する」の意味がある。流通用語としては「顧客が注文してから商品を受け取るまでの業務の流れ全般」を指し、オンラインショップの領域では物流拠点としての意味で使われる。

スマートフォン決済システム「レジゴー」

顧客自らスマホを操作して決済。コロナ禍でスマホ決済が増えた……

2023年稼働予定の1号CFC(イメージ)

次世代型ネットスーパーの拠点に
AEON NEXT

出典：2点とも2021～2025年度中期経営計画（2021年4月9日）

ワンポイントコラム

【統合アプリが登場】　2021年9月からイオングループでスマホアプリ「iAEON（アイイオン）」が使えるようになりました。コード決済や電子マネー、ポイントカードなどの機能が利用でき、イオングループでの便利情報の配信を受けられます。買い物の際にはレジで会員コードを提示して読み取ってもらうだけで済むなど、利便性が向上しています。

3 イオン生活圏の創造（イオンG③）

イオンは再編統合を進めながら地域の実情に合わせた店舗づくりを推進し、イオン生活圏を形成しようとしています。

同社は「食の変化に対応するためには地域ごとに五〇〇〇億円の売上高が必要不可欠」と判断、二〇一九年から出資先なども含めてグループ内のGMS（総合スーパー）やSM（食品スーパー）などのリテール事業会社を再編統合し、地域拠点の拡充に努めてきました。中四国および九州地区は再編が進行中です。

一九年九月にマックスバリュ中部を吸収したマックスバリュ東海は、統合効果により二二年三月期の営業利益が当初計画を上回るなど、コロナ禍においても堅調に業績を伸ばしています。統合で生まれた原資は地域に根差した商品の開発や生産性向上のためのオペレーション改革などに投入されています。

新業態の開発にも注力しています。イオン傘下のUSMHのSMであるカスミは二二年一月、新業態のスーパー「BLANDE」の第一号店「BLANDEつくば並木店」（茨城県つくば市）をオープンさせました。

イオングループのドラッグ大手ウエルシア薬局と協業して医薬品・化粧品・日用品を豊富に品揃えし、調剤薬局も併設。スマホアプリ「スキャン&ゴー」を利用した会員プログラムを導入し、食と健康をテーマとした新たなコンセプトで、地域の顧客に新しい買い物体験の場を提供しています。

また、子会社のイオンフィナンシャルサービスと共同で、マレーシアにてデジタルバンクの事業免許を取得。銀行口座を持たない人や金融サービスを受けにくい人に向けて、デジタルによる**金融包摂***事業を展開する計画です。

用語解説

＊**金融包摂**　貧困や差別などで金融サービスから疎外された人に対して、金融サービスを受けられるように支援すること。SNSによる個人送金などが例として挙げられる。

新業態「BLANDE」第 1 号店（カスミ BLANDE つくば並木店）

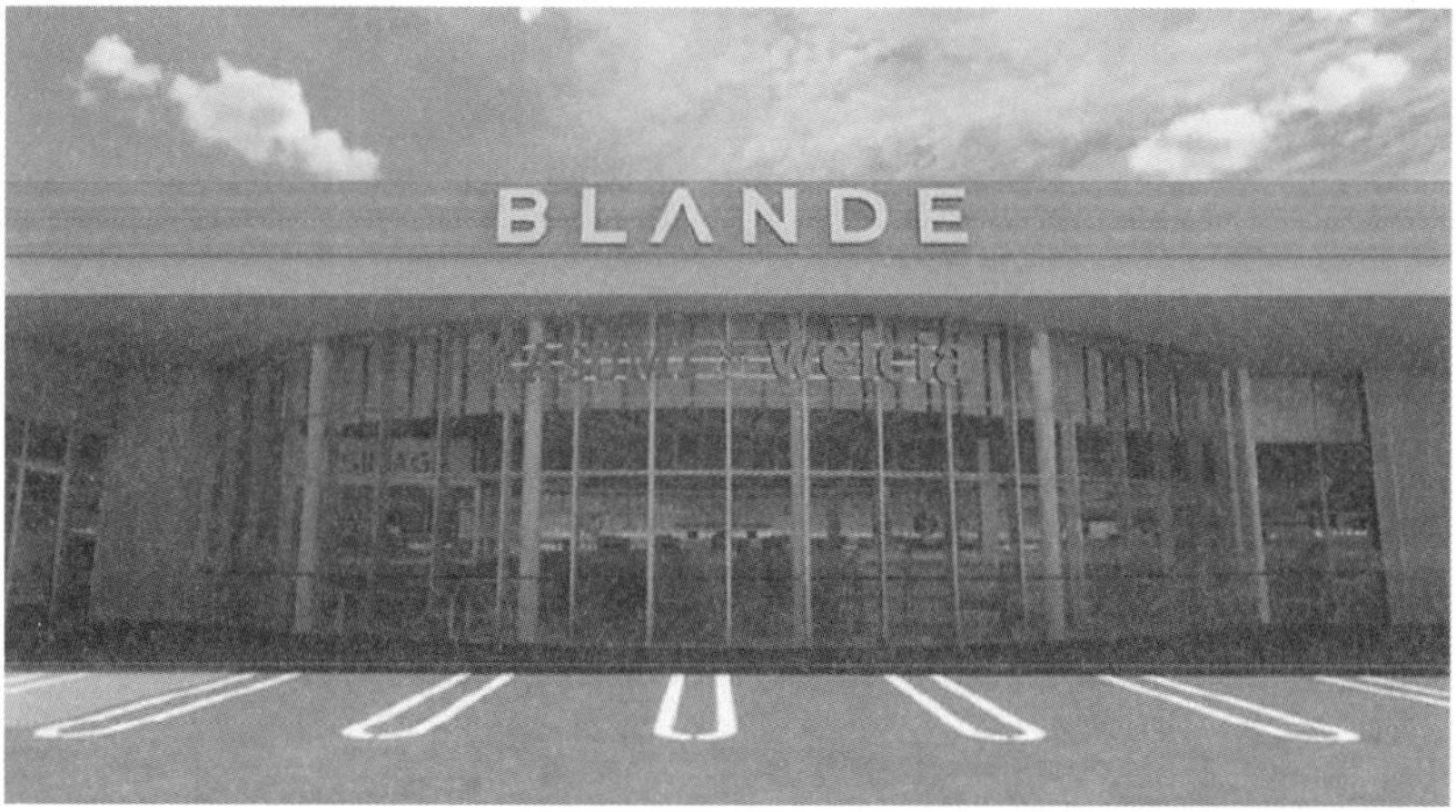

出典：USMH ／カスミ 2022 年 1 月 21 日付ニュースリリース

地域リテール事業会社の再編統合が進展

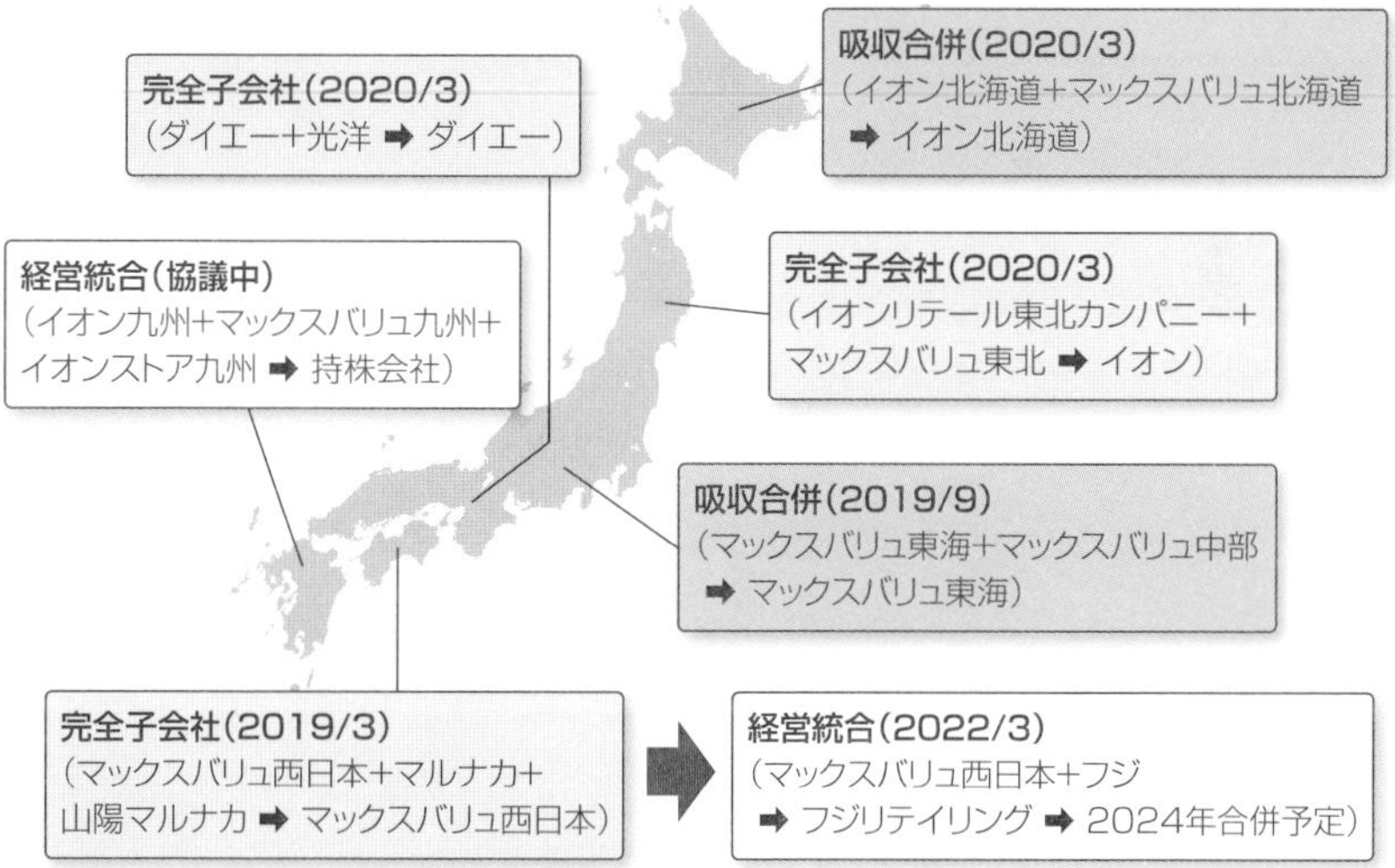

ワンポイントコラム

【マレーシアの金融事情】　米コンサルティング会社の調査（2019年）によれば、マレーシアの成人の15%が銀行口座を持っておらず、40%は「銀行口座はあるがクレジットカードや保険を利用しにくい状態」だとされています。このためマレーシアの金融当局は、スマホを活用したデジタルバンクの認可を進め、金融サービスの向上に寄与することを期待しています。

4 ドラッグストア事業の拡大（イオンＧ④）

イオンは、小売業態の中で利益率の高いドラッグストア事業を成長業態と捉えてこれに注力。高齢化による健康ニーズの高まりを背景に、調剤店舗の増設やＭ＆Ａを積極推進しています。

同社の連結子会社でドラッグストア事業の中核会社であるウエルシアホールディングス（ＨＤ）は、二〇二二年二月期決算で業界初の売上高一兆円を達成しました。イオンは業界第二位のツルハＨＤ（二二年五月期売上高九一五七億円）に約一三％出資しており、二社を軸にした業界再編が取り沙汰されてきました。

イオンは二一年二月期からの中期経営五カ年計画で、営業利益における構成比を「小売三五％、非小売六五％」（二〇年二月期）から「小売五二％、非小売四八％」（二六年二月期）へとシフトするよう設定。小売の中でも医薬品や化粧品など好採算の商品を扱うドラッグストア業態は利益率が高いため、小売の利益シェア向上の先兵として重要な役割を担っています。

計画達成のためには、主力のウエルシアＨＤが業界トップを堅持しなければなりません。二二年六月にコクミン（本社・大阪市）などドラッグチェーンを買収して業容拡大を図っています。イオングループには医薬品のＰＢ**ハピコム**＊があり、中小業者への薬品供給を通じて再編につなげる戦略です。また、調剤併設店舗を拡大して集客を図ったり、待ち時間の短縮につながる調剤の自動化や受け取りロッカーの増設など、デジタルによる利便性の向上を推進しています。

「イオン生活圏」形成の一環として、地域の健康志向ニーズへの対応も強化しています。二一年一〇月、「イオンタウン幕張西」（千葉市）をオープン。翌年八月には敷地内に一八〇床を有する幕張病院が開院し、ショッピングセンターと連絡通路で接続。地域住民の新たな生活・医療拠点として注目されています。

用語解説

＊ハピコム　1995年供給開始。業界大手のマツモトキヨシグループに対抗するため結成された。ブランド名はhappy（幸せ）とcommunity（地域）の造語。イオングループの薬局に一般医薬品を供給している。

ウエルシアHD中期経営計画の売上目標

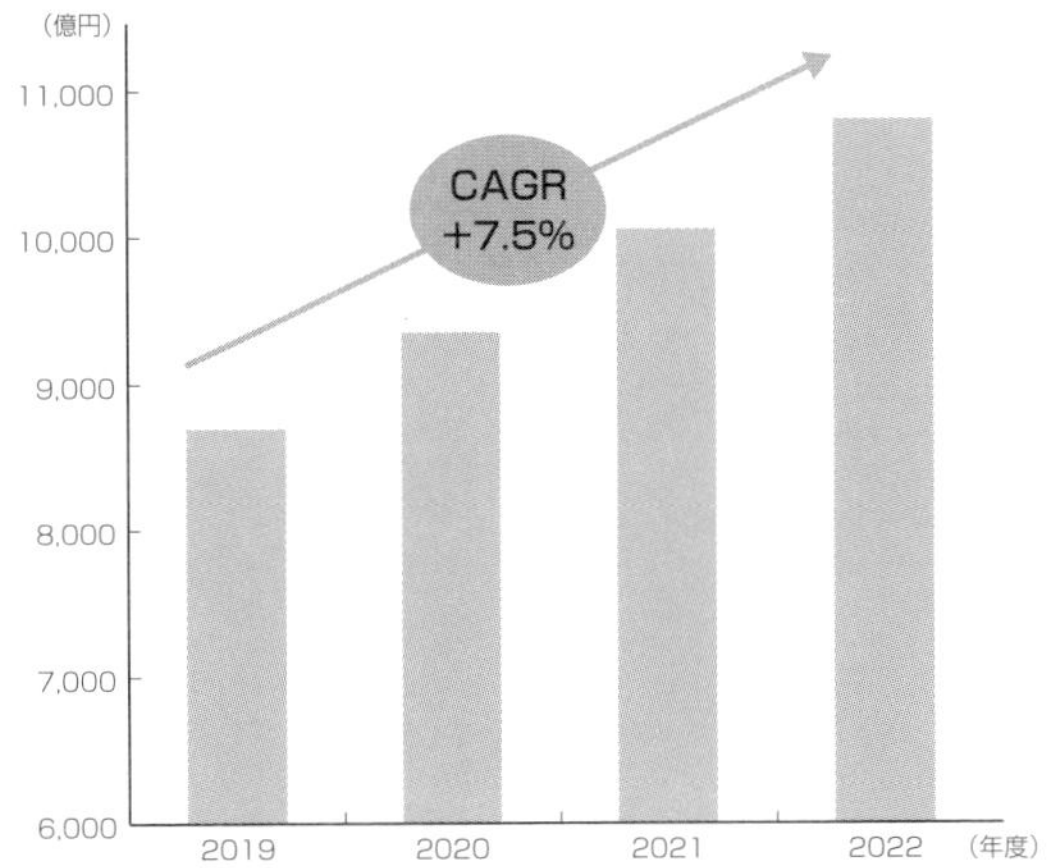

新規出店　：毎期120店
経常利益率：5%

※ CAGRは年平均成長率
出典：2021～2025年度中期経営計画（2021年4月9日）

地域の新たなウエルネス拠点としてSC敷地内に病院開業

▲イオンタウン幕張西の外観：左が幕張病院、右がSC
出典：イオンタウン　2022年8月1日付ニュースリリース

ワンポイントコラム

【ドラッグストアのプチプラ化粧品】　プチプラとはプチ（小さい）プライス（価格）を略した俗語で、低価格のこと。ドラッグストアには数多くのメーカーの安い化粧品が並んでいます。高級感のあるデパートの化粧品売り場とは一線を画しており、若い世代に人気があるようです。

5 アジアシフトを推進（イオンG⑤）

イオンは早くからアジア各国で小売拠点の開設など活発な営業活動を展開してきました。二〇二一年度からはアジア戦略を転換、日本型から地域特性に合った現地主義型の事業モデルを志向しています。

同社は一九八五年、マレーシアにジャスコの海外一号店をオープンし、アジアにおける小売事業を開始しました。現地の実情に合わせながらも日本で長年培ってきた売り場運営を続けてきましたが、今後はアジア各国の特性にマッチした事業形態を模索し、リアル店舗とデジタルの双方を並走させて成長スピードを加速させる方針です。

アセアン諸国は高齢化が進むと同時に、デジタルに強い「**Z世代**」*が新たな消費の中心になっており、イオンではネットスーパーの拡充に注力しています。

アセアン最大の市場である中国では、二〇二二年二月現在、ネットスーパーの売上構成比が二一%と上昇、スマートフォン決済比率は八割を超えています。イオンマレーシアでは二一年二月に米国ベンチャーで物流デジタル企業の「Ｂｏｘｅｄ」社のシステムを活用したネットスーパーを開始しました。

成長が著しいベトナムを最重点国として位置付け、二一年一月にイオンベトナム第一号店を改装オープンしたほか、ＧＭＳ事業に次ぐ第二の柱であるＳＭ事業を強化するため新規出店を加速させています。

一方、構造改革も進めています。コンビニ業界四位のミニストップは二二年一月、九〇年に進出していた韓国ミニストップを現地財閥大手のロッテに売却すると発表。日本国内を上回る約二六〇〇店の譲渡と韓国からの撤退を決断しました。韓国ミニストップは二二年二月期に一億五四〇〇万円の営業損失、四期連続での営業赤字を記録していました。

用語解説

***Z世代**　1990年代中期から2010年代初期までに生まれたデジタルネイティブ世代を指す。ミレニアム世代（1980年代初期から1990年代中期）を「Y世代」とも呼んでおり、それに続く世代であるためこのように命名されている。X世代は1960年代中期から1980年初期を指す。

地域別の営業利益（2022 年 2 月期、単位：億円）

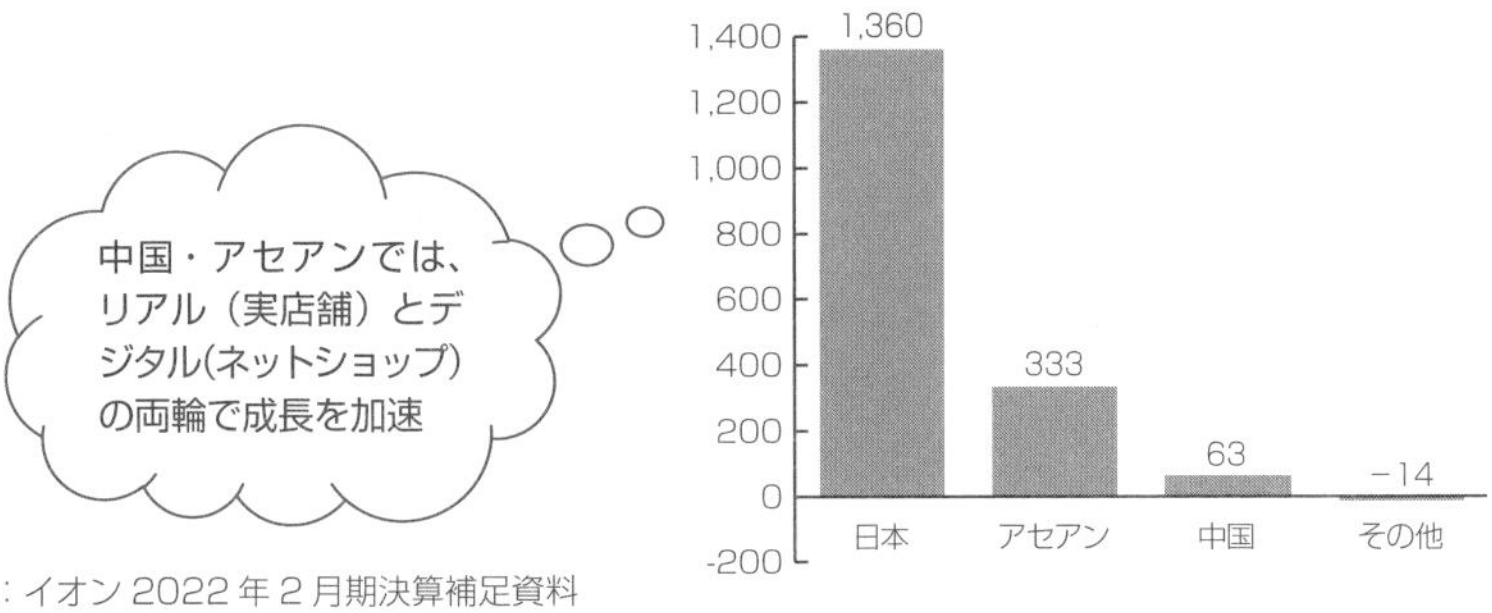

出典：イオン 2022 年 2 月期決算補足資料

イオングループのアセアン地域店舗

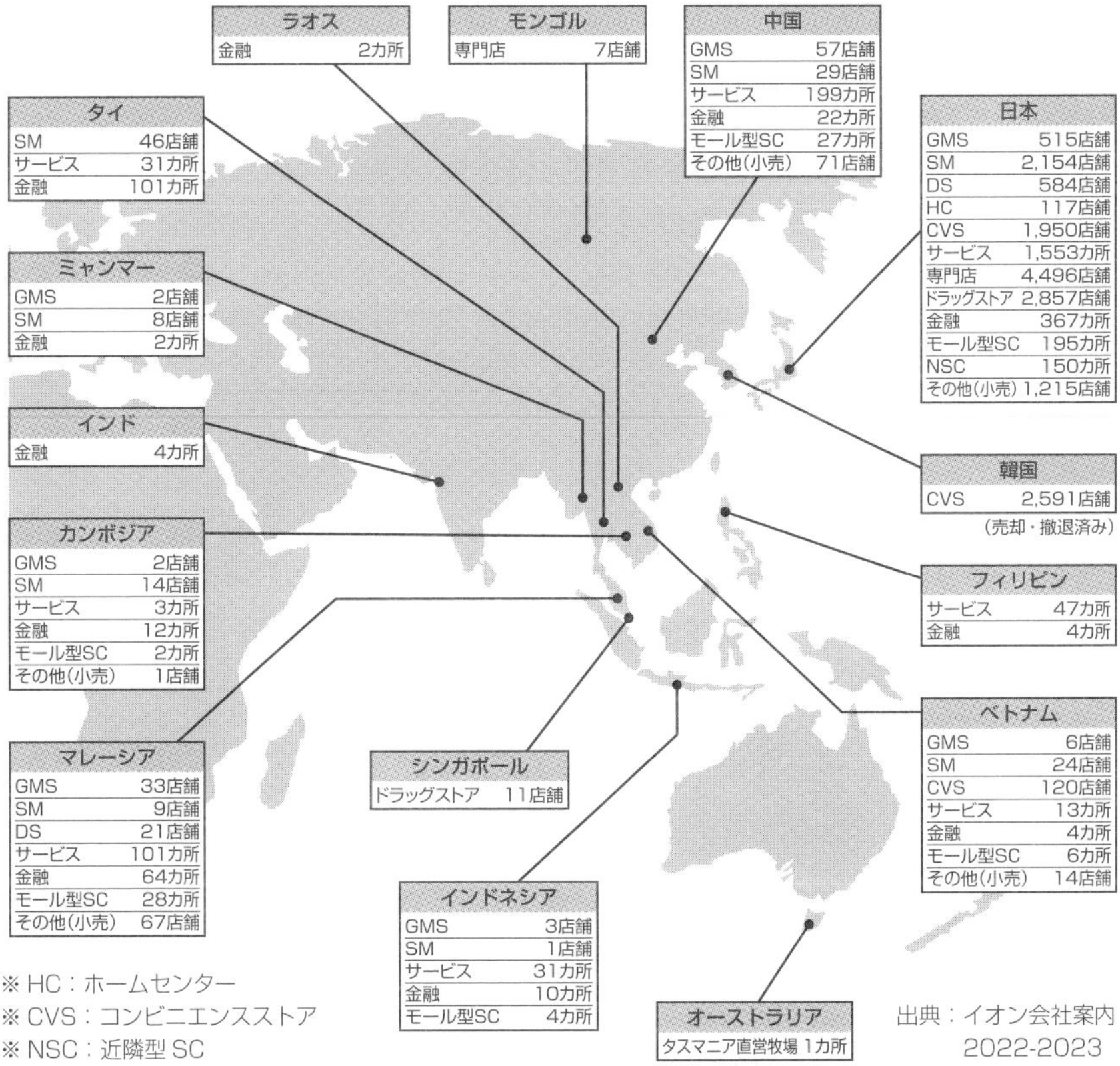

※ HC：ホームセンター
※ CVS：コンビニエンスストア
※ NSC：近隣型 SC

出典：イオン会社案内 2022-2023

ワンポイントコラム

【中国の携帯・スマホ事情】　中国の携帯電話は2017年時点の当局調査によれば約14億台と1人1台に近い普及率があり、スマホは都市部でほぼ全員が保有しているようです。モバイル決済の普及率は都市部では100%近いといわれています。大陸全土で通信網の整備が遅れ、高額紙幣がなく、偽札も横行している中国では、現金に対する信頼がもともと低かったためスマホやスマホ決済が急成長しました。

6 セブン&アイ・ホールディングスの全貌（セブン&アイHD①）

GMS中心のイオングループとは対照的に、セブン&アイ・ホールディングス（HD）はコンビニ事業がグループを支えています。二〇二二年二月期決算は海外コンビニ事業がけん引し、増収増益を記録。

　セブン&アイHDの二二年二月期連結決算は、営業収益が六兆七四九七億円（前年同期比五一・七%増）、営業利益が三八七六億円（五・八%増）と増収増益を記録しました。営業収益の構成比率では、スーパーストア事業（GMS、食品スーパーなど）が二一%であるのに対し、コンビニ事業が国内外の合計で七割近くを占めるなど、コンビニに偏した売上構成になっています。このほか百貨店・専門店が八%、金融関連で二%となっています。

　営業利益の構成比では、国内コンビニ事業が五二%と圧倒的な貢献度を誇り、高収益企業のセブン-イレブンを抱えるグループの強みが表れています。

　また、営業収益が二%の金融関連事業は営業利益の構成比率で見ると九%と高いシェアですが、前年度比では約二二%減。キャッシュレス化の進展により、ATM*（現金自動預け払い機）の利用手数料で稼ぐセブン銀行のビジネスモデルが後退期に入っていることを示しています。スーパーストア事業も四%で前期比約三七%減、百貨店・専門店事業は赤字を記録。売却を決めたそごう・西武の不振が露呈しています。

　二二年二月期決算では二一年に買収した米国コンビニ「スピードウェイ」の収益を上乗せするなど海外コンビニ事業がけん引しましたが、金融関連でセブン銀行の退潮やコロナ禍による国内コンビニの足踏みが目立っています。セブン&アイは、全体の底上げを図ろうとするイオンとは対照的に、強みのあるところをさらに伸ばす戦略をとってきました。今後もコンビニを軸にしたグループ事業展開が継続されるでしょう。

用語解説

＊**ATM**　「Automatic Teller Machine」の略。テラー（銀行支店の窓口係）が対応する現金の預け入れや引き出し、振込（送金）などを顧客自身の操作で行える専用のマシン。

セブン＆アイHDの事業別営業収益（2022年2月期、単位：百万円）

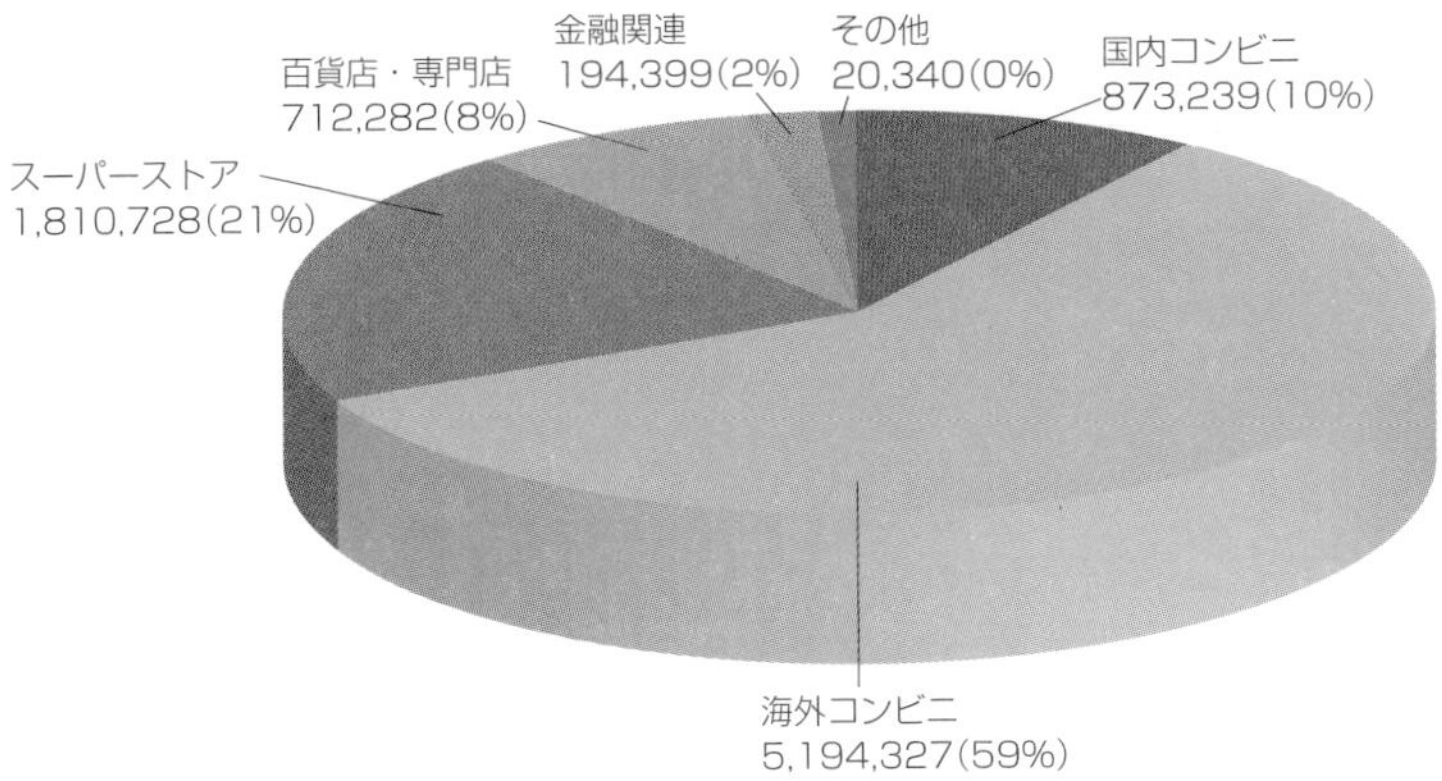

出典：同社決算補足資料

セブン＆アイHDの事業別営業利益（2022年2月期、単位：百万円）

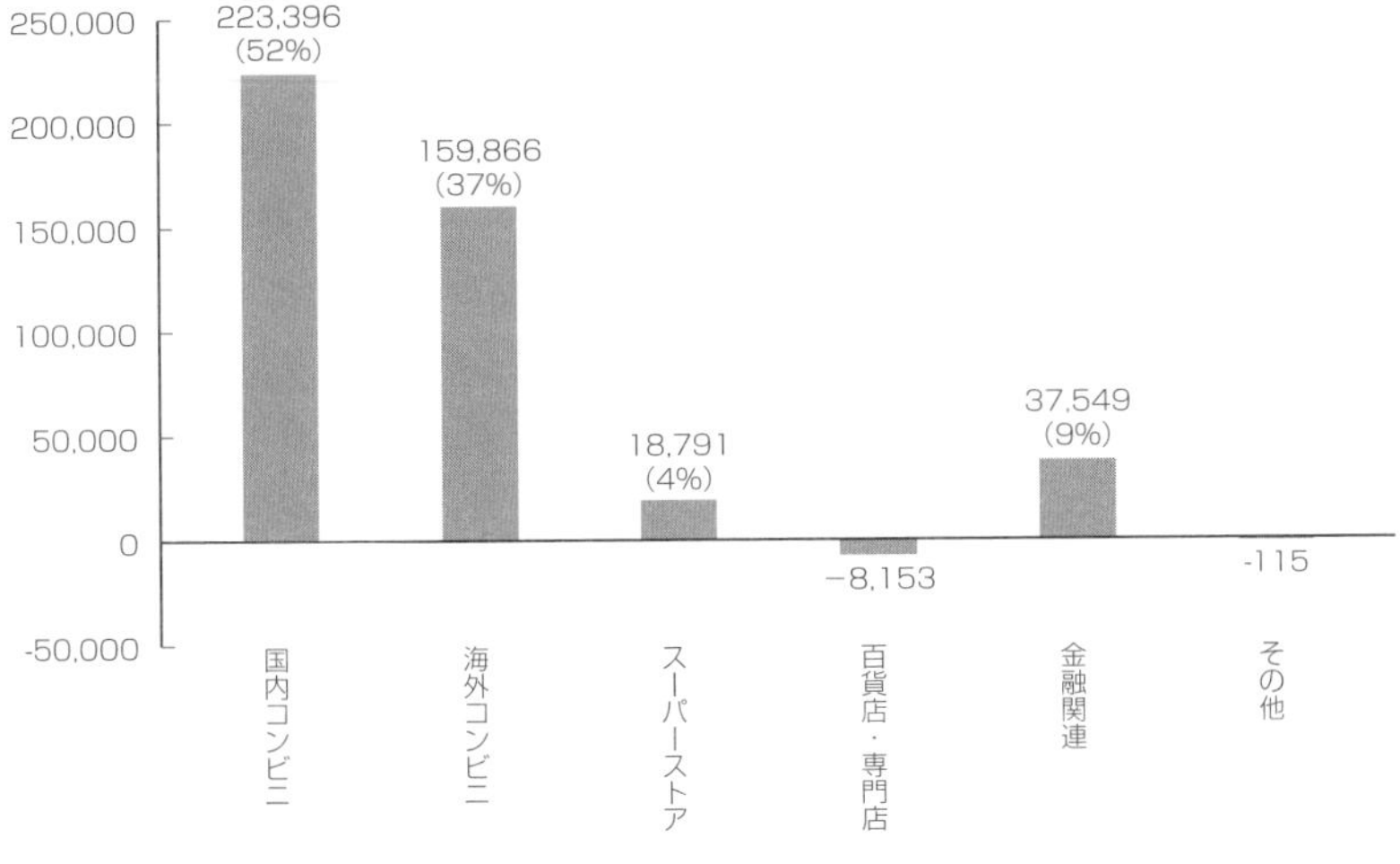

出典：同社決算補足資料

ワンポイントコラム

【そごう・西武の売却】　セブン＆アイは、2023年3月に「そごう・西武」を米投資ファンドに売却する予定です。同ファンドは国内IT大手ソフトバンクグループ傘下で、賃貸住宅大手やゴルフ場運営大手など国内企業の投資実績があるといわれています。

7 成長の主軸は海外コンビニ（セブン&アイHD②）

二〇二〇年に設立した「セブン-イレブン インターナショナル」（7IN）が二一年一月に本格稼働しました。世界的な出店拡大や資材の効率的な調達などにより、コンビニの世界戦略を推進します。

「7IN」は国内コンビニを展開する「セブン-イレブン・ジャパン」（SEJ）と米国のセブン-イレブン」（SEI、本社・テキサス州*）が共同出資し、本部をSEI内に置いています。設立の狙いは商品・サービスの共通化や統合、出店拡大、共同調達による仕入れ効率化などにあります。

SEIはここ数年、北米でコンビニを買収してきました。テキサス州「スノコLP」社の中堅コンビニ事業を一七年に約三六五〇億円で買収、セブン&アイHDとしては過去最高の買収でした。二一年五月には北米コンビニ第三位の店舗数を誇る「スピードウェイ」社を二・二兆円で傘下に収めました。米国のコンビニはガソリンスタンドも経営しており、スノコ、スピードウェイを合わせて一万三四〇〇店舗あまりを取得して北米トップのコンビニの地位を確立しました。コンビニ事業はセブン&アイHDの稼ぎ頭で圧倒的な収益力を誇りますが、近年は同業他社との競合やスーパーマーケット、ドラッグストアなど他業態の追い上げが急です。業界のガリバーといえども国内では頭打ち。コロナ禍による都市部やビジネス街での不振を補う必要に迫られています。

米国ではSEIが積極的に買収を仕掛けていますが、店舗数シェアは一〇%を超える程度で、日本国内に比べて出店余地が大きいといわれています。そのため、北米を軸とした業容拡大によって国内業績の低迷をカバーする体制づくりが急務になっているのです。

用語解説

＊テキサス州　カリフォルニア州に次ぐ人口およびアラスカ州に次ぐ面積を持つ全米屈指の州で、合衆国28番目の州。南中部に位置し、メキシコと国境を接する。

●曲がり角迎えている海外進出

全米三位のスピードウェイを買収したことで、「全米人口の五割以上がセブン‐イレブン店舗の二マイル圏内に居住している」という状況をつくり上げることができました。二二年二月末時点で海外コンビニ事業の営業利益は二二四八億円。前年度比八八・七％増を記録しました。今後は海外コンビニがセブン＆アイをけん引していく構図になっていきそうです。

これまでは国内コンビニで培ってきたノウハウを海外に移し替えて営業展開してきましたが、これからは「日本が海外から学ぶ」姿勢に転換していく必要があるとの指摘があります。セブン‐イレブンは遅れていたインド進出で提携先を変更して二一年一〇月にようやく開店にこぎつけました。

提携先は日本式のノウハウを習得するとライセンス料の支払いに難色を示し、関係をこじらせる大きな要因になっているといわれています。必ずしも成功しなかった海外展開はいま、国内業績の補完だけにとどまるかどうかの分岐点を迎えています。

成長の軸となる海外コンビニ事業の再構築

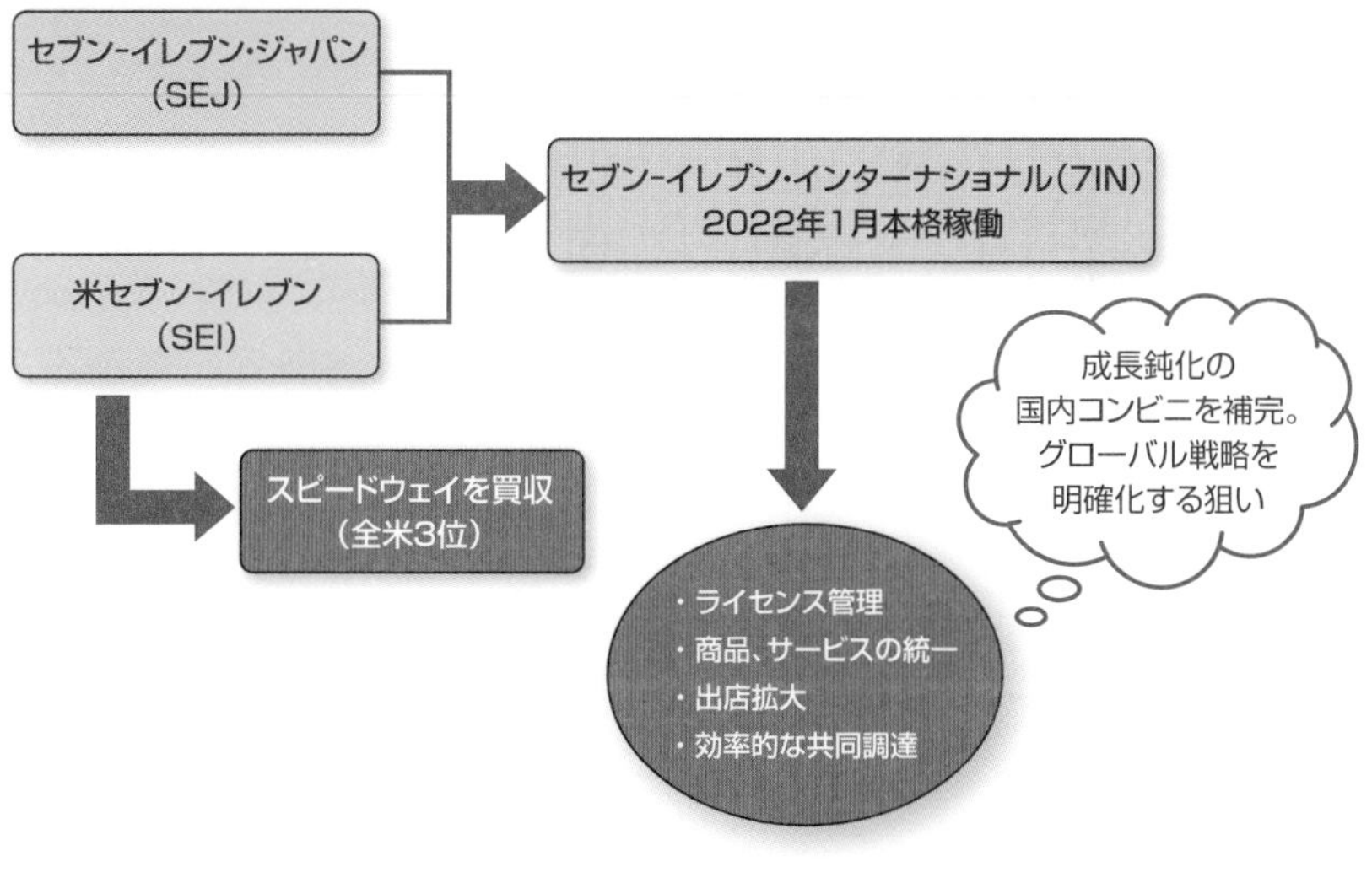

ワンポイントコラム

【遅れたインド進出】　SEJは2019年にインドの小売大手と契約したもののその後破棄し、財閥大手と組んで21年10月にムンバイに第1号店をオープンさせました。家族経営が多いとされるインドの小売店との差別化を果たせるかどうかが成功のカギだといわれています。

8

事業再構築に着手（セブン&アイＨＤ③）

セブン&アイは百貨店事業からの撤退を決断、二〇二三年三月に「そごう・西武」を売却する予定です。不採算事業を整理して得た資金を成長投資に振り向ける狙いがあります。

　そごうと西武は、セブン&アイが〇六年に両社の親会社であるミレニアムリテイリングの株式を取得し子会社化、百貨店事業をスタートさせました。グループ中興の祖といわれる鈴木敏文会長の肝いりで傘下に収めたともいわれており、同氏が第一線から退いた一六年頃から売却のうわさが流れていました。二二年二月期決算では三五億円の営業損失を記録するなど、コロナ禍の影響もあり業績不振が続いていました。

　セブン&アイはコンビニ事業が稼ぎ頭。グループとしては、事業の歴史も浅く収益の上がらない百貨店事業の切り離しは喫緊の課題。海外に軸足を移し始めたコンビニ事業のさらなる成長への資金を捻出するために、そごう・西武の売却は避けて通れませんでした。

　売却価格は約二〇〇〇億円の見通しで、米投資ファンド「フォートレス・インベストメント・グループ」が事業を継承。同社は家電量販大手のヨドバシホールディングスを事業運営パートナーに選ぶもようです。

●百貨店の次はどのグループ企業か？

　セブン&アイは、そごう・西武の売却を契機に事業資産の再構築を進めていく意向です。背景には、前述した成長投資資金の捻出のほかに「物言う株主」（アクティビスト）の存在があります。

　同社は二二年四月、経営メッセージを発信しました。これは、企業価値向上策の強化を求めたアクティビストからの働きかけを受けてのもの、との指摘があります。株主提案への対応いかんによっては企業価値を損なう恐れがあります。イオンと並ぶ流通の巨人セ

用語解説

＊ポートフォリオ　イタリア語が語源とされ、紙幣を入れる財布（札入れ）の意味。現代では資産構成を示す言葉として多用されている。

ブン&アイとしても、今後コンビニの海外展開に注力していくには、世界のマーケットで一定の支持を維持しなければなりません。今後も外部から事業売却のプレッシャーがかかる可能性があります。

早くも百貨店事業の次が取り沙汰されています。

祖業であるイトーヨーカ堂に対しては、「コンビニと同じグループにあることが大事である」との経営トップの発言があり、創業家との関係から容易に手放すことはないと思われます。しかしスーパー事業は売上高、営業利益共に下降線をたどっており、既存店売上も低成長が続いています。

〇一年に鳴り物入りで設立されたセブン銀行も、キャッシュレス化が進む銀行業界で、ATM（現金自動預け払い機）の収益に依存するビジネスモデルが陳腐化して、成長が止まりつつあります。地方銀行などへの売却の可能性も一部で報道され始めています。

コロナ禍やデジタル化などによって生まれた新たなライフスタイルと必ずしもマッチしない企業が、事業**ポートフォリオ***見直しの対象になるかもしれません。

百貨店事業から撤退、事業再構築進める

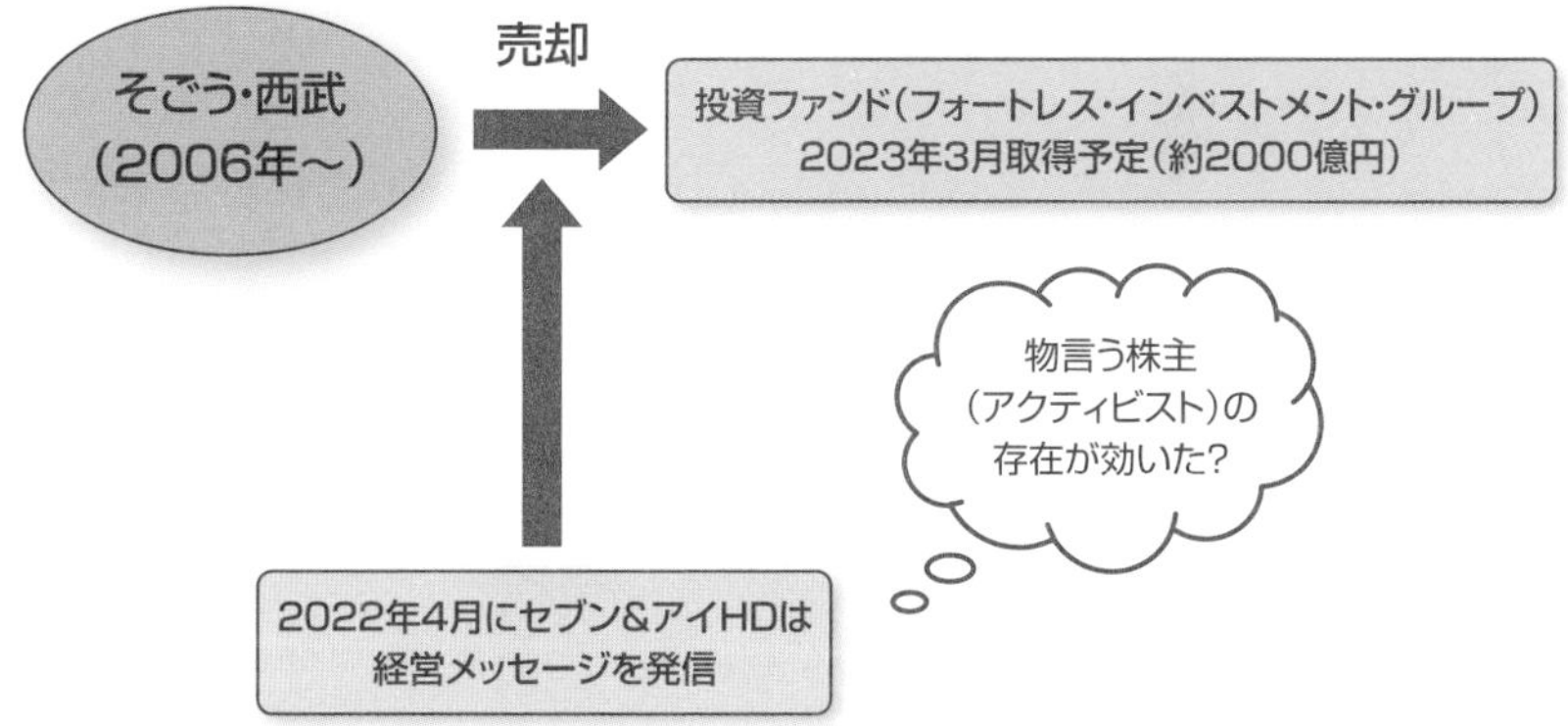

ワンポイントコラム

【物言う株主への立ち退き料】　物言う株主にTOB（株式公開買い付け）を仕掛けられた企業が、自社株を買うことがあります。その多くは物言う株主に対する「立ち退き料」になる、との指摘があります。企業への経営改善提案が結局は特定株主への実質的な利益供与になるのだとしたら、一般の株主は蚊帳の外に追いやられることになります。

9 ラストワンマイル戦略（セブン&アイHD④）

セブン&アイは二〇二〇年から利用者ニーズに応じた購入方式に注力。「ラストワンマイル戦略」と名付けて推進し、二五年度売上六〇〇〇億円規模を目指しています。

「ラストワンマイル」は顧客と最後に接する領域を指す言葉で、小売・流通の世界では「利用者が最終的に商品を受け取る手段」を示します。セブン&アイHDは、コロナ禍による生活様式の変化が顕在化した二〇年にラストワンマイル戦略を掲げました。外出自粛や在宅勤務の常態化によるデリバリー需要の高まり、中高年層の独り暮らしや単身者の増加による簡便調理や内食のニーズ拡大など、小売業界は顧客に対する販売のあり方について多くの問題に直面したのです。

セブン&アイは顧客が希望する日時と場所に商品を届けることをコンセプトに、変化する顧客接点に対して「オンデマンド型サービス」「配送サービス」「移動販売」の三方式を掲げました。**オンデマンド***型サービスは、イトーヨーカ堂のネットスーパーを軸に展開。温度別の受け取りBOXを配置したり、店頭や保育園、ドライブスルーでの受け取りも可能にしました。

二三年にネットスーパー専用の物流センター（横浜市）を開設するほか、二四年には流山センター（千葉県）を稼働させる計画。肥沃な首都圏マーケットでネット販売を強化します。

配送サービスは、計画的に購入する利用者が対象。子育てや介護などで買い物に行きづらい人をターゲットとし、新規顧客開拓の糸口にします。移動販売は、近隣にスーパーがなく高齢者の多い地域を中心に、独自開発した軽車両での販売で地域貢献に寄与します。

二五年度にはラストワンマイル戦略によるグループ売上規模を売上全体の約七%に当たる約六〇〇〇億円にしたい意向です。

用語解説

***オンデマンド**　求めに応じてサービスを提供すること。demandは要求、命令の意味。有料の動画配信はビデオ・オン・デマンド（VOD）という。

イトーヨーカドーネットスーパー新横浜センター（仮称）

出典：セブン＆アイHD　2021年7月2日付ニュースリリース

ラストワンマイル施策（目指す姿）

利便性の向上　**お客様**　地域社会への貢献

即食・中食、出前ニーズ　注文・受取の多様化　簡便調理、内食ニーズ　お買い物にお困りの方

オンデマンド購入	計画購入	対面購入
ネットコンビニ、 e.デパチカ　など セブン-イレブン　そごう・西武　デニーズ	ネットスーパー　など イトーヨーカドー ネットスーパー	とくし丸、セブンあんしん お届け便　など イトーヨーカドー　セブン-イレブン
・中食やファストフード商品の強化 ・宅配専門店舗の設置・エリア拡大 ・配送プラットフォームの構築	今後の施策方向性 ・大型センター化 （共通インフラと連携したSEJ店舗への商品供給　など） ・受取拠点の多様化 （BOPIS、ロッカー　など） ・生鮮食品、ミールキットの強化	・稼働台数の拡大 ・とくし丸、地域社会との連携強化

2025年度には、グループ全体で約6000億円の売上規模へ

出典：セブン＆アイHD「中期経営計画 2021-2025」（2021年7月1日）

ワンポイントコラム

【高齢者への還元】　かつては足しげく来店してくださったなじみのお客さんが高齢化し、徒歩数分の距離が通えなくなった。ご愛顧いただいたことに感謝し、今度はスーパーのほうから出向きたい――。先日、ある中堅スーパーの経営者がそう話していました。軽のワゴン車両を改修して移動販売を続けています。

10 グループ食品戦略（セブン&アイHD⑤）

セブン&アイは、グループ国内売上の六割（二〇二〇年度実績）を占める食品事業を強化し、グループ全体に相乗効果をもたらす取り組みを展開しています。

セブン&アイグループは、祖業であるスーパーマーケット運営の「イトーヨーカ堂」を中核に、セブン-イレブンなど食品を扱う事業が連結売上の大半を占めています。中でも〇七年から順次開発・販売してきたプライベートブランド（PB）商品「セブンプレミアム」は、食費売上の三割以上を占めるまでに大きく成長しました。セブン-イレブンでも二五%がセブンプレミアムの売上になっています。

強みである食品事業においてスーパーとコンビニが連携強化を図り、首都圏で業績を拡大し、ネット販売でもライバルに打ち勝つために店舗組織を再編。新たなニーズに対応した戦略を立てました。

共通インフラの構築のため二〇年六月にイトーヨーカ堂の食品館、ザ・プライスの二〇店を新会社「ヨーク」（旧ヨークマート）に統合。四つの店舗業態を開始しました。第二フェーズとしてセントラルキッチン、プロセスセンターを運営する共通インフラ会社「ピースデリ」を設立。精肉や鮮魚、弁当・総菜などをグループ企業に供給します。さらに第三フェーズではピースデリ社に共同調達機能を加えて世界各国の拠点などからの直輸入（二三年度から本稼働予定）を目指します。首都圏戦略ではヨークがけん引役を担います。比較的高所得の層が暮らす地域などでは割高商品を導入して価値訴求を展開します。

イオンとセブン&アイの二強は元来、標準タイプのスーパーが多かったのですが、いわゆる**高級スーパー**＊が近年台頭して一定の支持を得ていることから、路線変更をしたと思われます。

用語解説

＊**高級スーパー**　通常のスーパーなどと比べて割高価格で高品質、こだわりの商品を品揃えしている。東京都では成城石井、紀ノ国屋、クイーンズ伊勢丹など。

多様な業態で食品領域における差別化図る

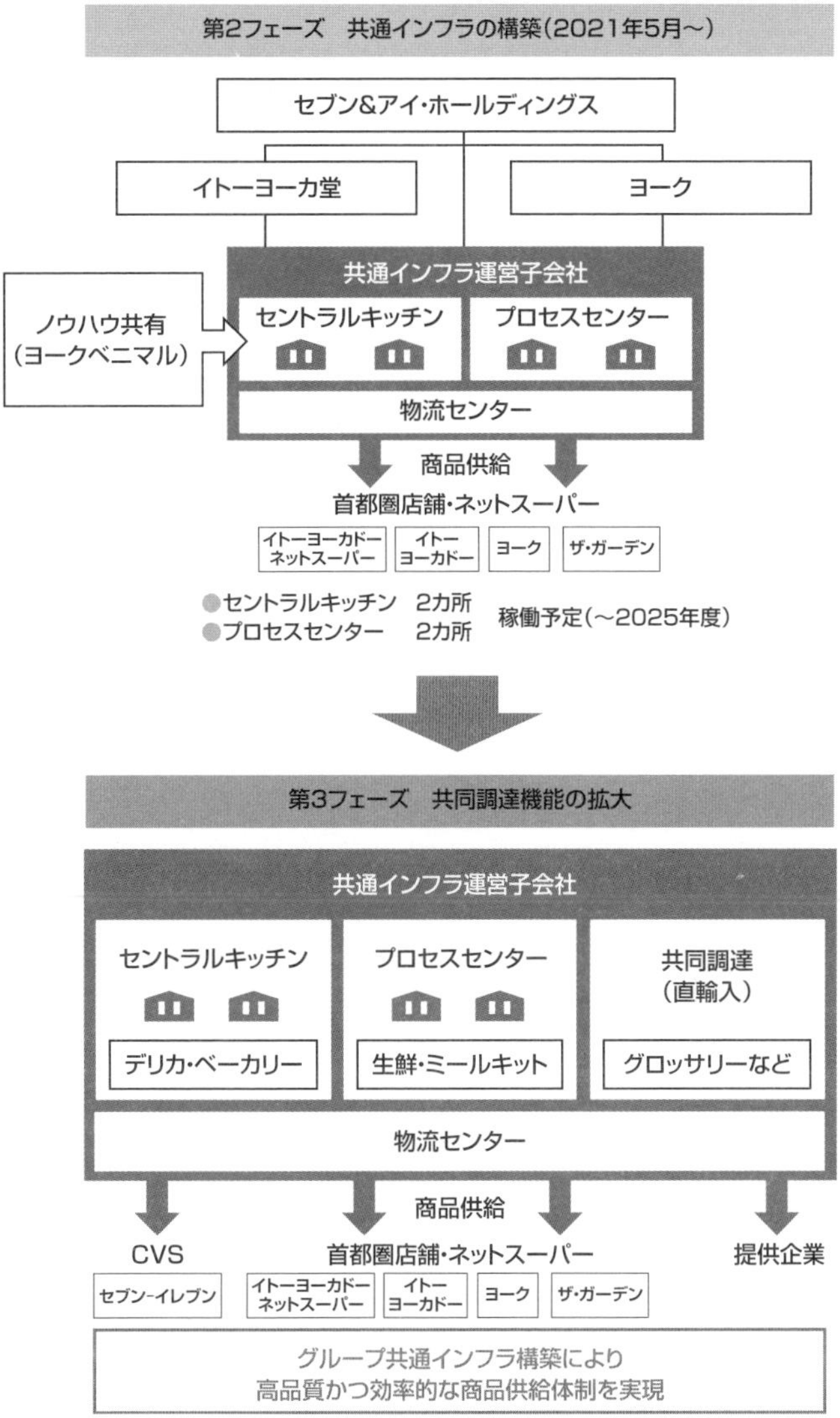

出典：セブン＆アイHD「コーポレートアウトライン2021」

ワンポイントコラム

【利益率が良い総菜】　大量に作って小出しに売ることができる総菜は、粗利40%。他の部門の20%～25%程度と比べて利益率が高いことで知られています。ただし、廃棄ロスが大きく、人によってスキルが異なるため属人的な業務になりがち。人件費もかさみます。そして、味が落ちればてきめんに売上も落ちます。総菜部門のマネジメントは利益に直結するので、各スーパーとも悩ましい課題です。

column

流通2強時代は続くか

流通２強の2023年２月期中間連結決算は、好調な結果でした。イオンは営業収益が４兆4871億円（前年同期比3.3％増）、営業利益は958億円（同23.3％増）の増収増益。セブン＆アイHDは営業収益５兆6515億円（前年同期比55.0％増）、営業利益が2347億円（同26.1％増）と、こちらも大幅な増収増益でした。このまま推移すれば、2023年２月期の本決算も過去最高に近い業績を残す可能性があります。

イオンは、業界上位にズラリと並ぶドラッグストアがグループをけん引、海外拠点を集中させたベトナムでコンビニなどが健闘しているのが目立ちます。セブン＆アイは、相変わらず営業利益の９割近くを占める稼ぎ頭のコンビニが強く、コロナ禍で低迷した業界を引っ張っています。「流通２強健在なり」を印象付けていますが、これが未来永劫《えいごう》続くかといえばその保証はありません。

イオンは、総合スーパーを筆頭にスーパーマーケット、ドラッグストアなどで売上を確保していますが、利益的にはクレジットカードや銀行などの金融関連が６割を稼ぐいびつなグループ収益構造になっています。コロナ禍で巣ごもり需要の恩恵にあずかり好調な業績ですが、エネルギーコストの大幅な上昇が利益を減らす懸念もあります。

いびつな収益構造ならセブン＆アイも負けていません。依然としてコンビニが巨大グループの屋台骨として支えており、近年は海外コンビニが収益を補強する役割を果たしています。そごう・西武は投資ファンドに売り、残った売り場は家電量販店に明け渡すことになります。祖業のイトーヨーカ堂は23年２月期中間決算でも赤字を記録し、コンビニ依存は日増しに高まっています。

コロナ禍初期には打撃を被りましたがその後回復。コロナ禍で大きく進展したライフスタイルの変化は、いまのところ流通２強にとって吉と出ています。しかし消費者は移り気であり、コロナ景気は需要増と反動減を繰り返していて、業績の不安定要因であることには変わりありません。予測の立てにくい時代に入ってきました。

第3章

百貨店業界の最新動向と課題

百貨店業界は、インバウンド需要の低迷による業績不振を契機に、従来のビジネスモデルからの転換を図る動きが顕著になってきました。不動産開発に軸足を移し、販売動向に左右されない事業構造を構築しています。

1 百貨店業界の現状

百貨店業界は、コロナ禍による外出自粛や訪日客の減少などで売上不振に陥りました。これを機に不動産開発へ軸足を移す会社が増えており、事業構造改革が業界トレンドになっています。

経済産業省の統計によれば、百貨店業界の販売総額はコロナ禍前の二〇一九年度には約六兆三〇〇〇億円でしたが、二〇年度は約四兆七〇〇〇億円と急降下。二一年度は五兆円に迫り回復の兆しを見せているものの、訪日外国人観光客の「爆買い」によるインバウンド需要は全盛期に遠く及びません。新たな生活様式「**新常態***」が今後も持続する気配を見せており、「商品を陳列して来店客を待つ」という従来型の営業戦略は見直しが不可欠な状況にあります。

業界では、主力ビジネスの百貨店事業を商業開発型の事業に転換する動きが目立ってきました。丸井グループは近年、店の販売状況に応じて徴求してきた家賃契約を定期借家契約に転換し、安定的なテナント収入としています。百貨店業界は店子の繁栄と共に利益を上げてきましたが、今日では店子の売上状況にかかわらず固定の家賃を確保して安定収入につなげる戦略を展開する傾向にあります。

そのためには百貨店自らが不動産デベロッパーに変身し、魅力ある大型商業施設を創り上げることが求められます。インターネット通販の隆盛で、店舗とECの融合も大きな課題の一つ。ネット通販が今後も一層拡大すれば、大規模な百貨店への来店は期待できなくなるので、EC対応は避けて通れません。

事業売却による事業資産の洗い直しも進んでいます。業界五位の「そごう・西武」は二三年三月に売却予定です。電鉄系百貨店は親会社の鉄道事業がコロナ禍で乗客数激減。ターミナル駅にある基幹店でも来店数が減り、東急と小田急は本店の営業を終了しました。

用語解説

***新常態**　構造的な変化で生まれた新たな状態や常識を指す。2008年のリーマン・ショック後に生まれた言葉で、2014年に中国で使われ始めたといわれる。ニューノーマルともいう。

百貨店の商品別販売額推移（単位：億円）

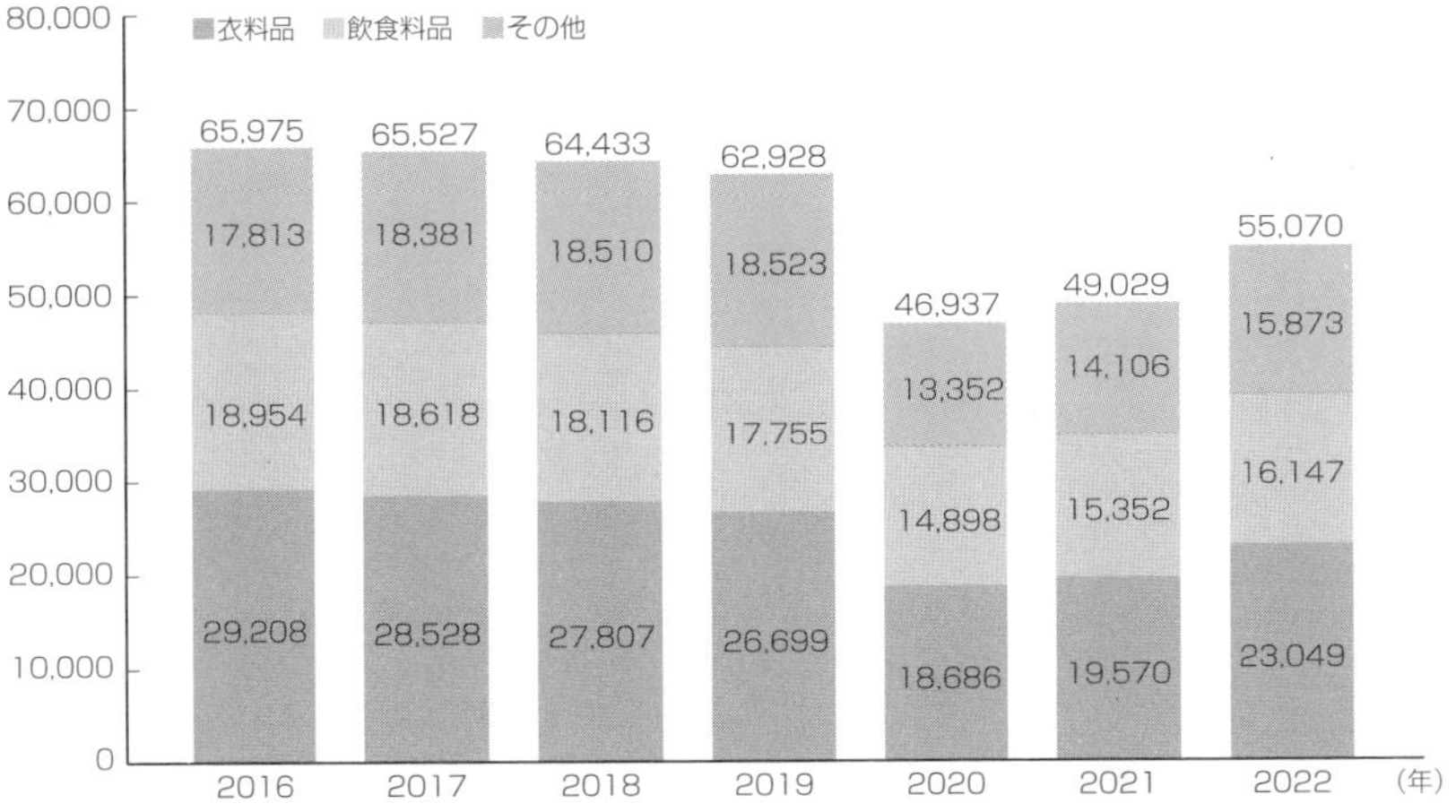

出典：経済産業省 商業動態統計 時系列データ「百貨店・スーパー商品別販売額及び前年（度、同期、同月）比」

百貨店売上高上位 6 社（2021 年度、単位：百万円）

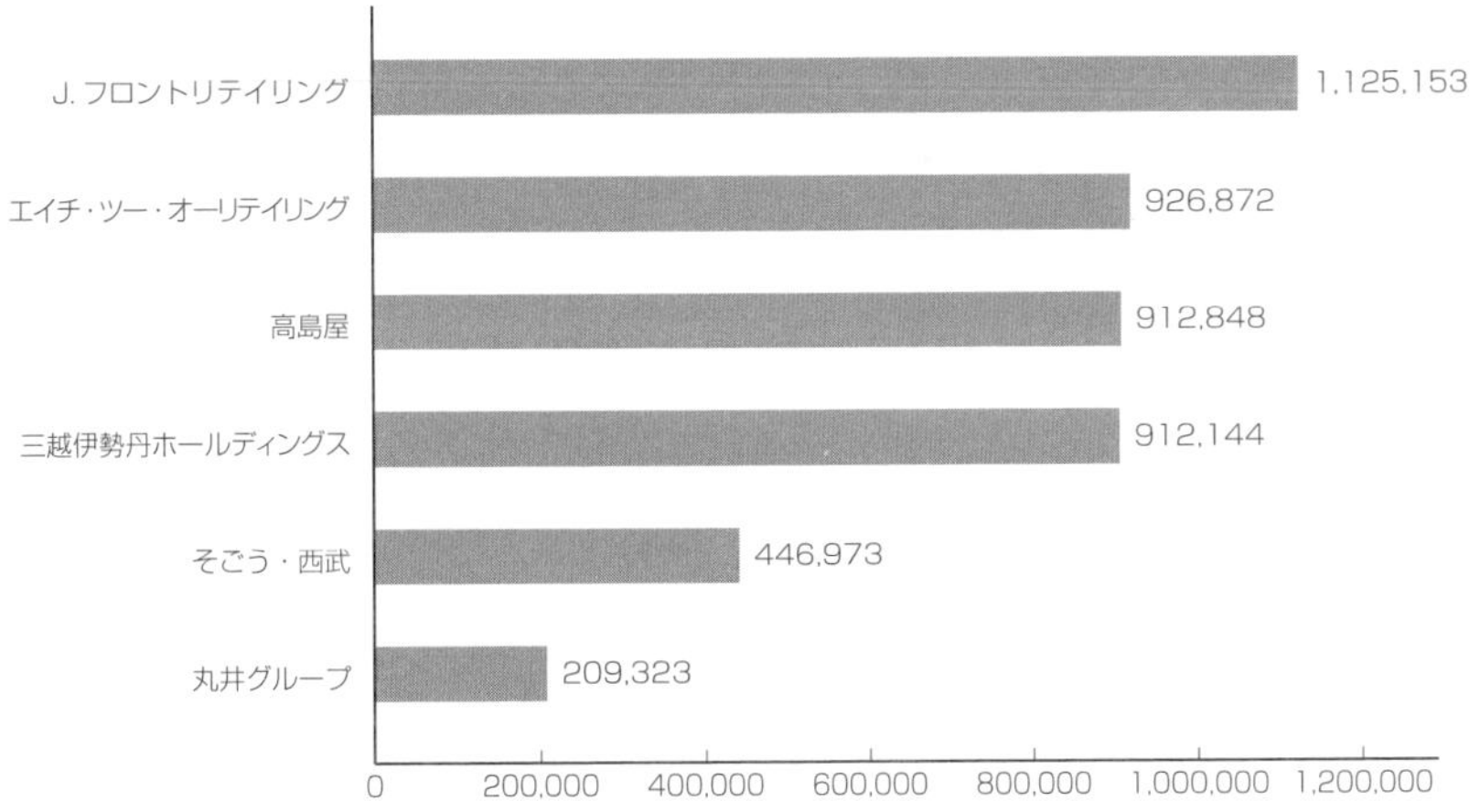

出典：各社決算資料

ワンポイントコラム

【電鉄系百貨店衰退の原因】　呉服屋から出発した老舗の百貨店に比べて、親会社の意向を強く受ける電鉄系百貨店は、本来的に置かれた立場に大きな格差があります。沿線の住宅開発を進めて乗降客を増やすための先兵役でした。今日では地下鉄などとの相互乗り入れが進展し、ターミナル駅の乗降客数が減少したことも売上不振に影響しています。

2 基幹三店が支える収益構造（三越伊勢丹HD①）

三越伊勢丹ホールディングス（HD）は、百貨店の老舗・三越と新興の伊勢丹が経営統合した持株会社です。グループの売上は、東京都内にある三つの店舗が半分近くを稼いでいます。

グループ売上高は新宿伊勢丹、日本橋三越、銀座三越の基幹三店で四七％を占めており（二〇二二年三月期時点）、福岡県内に二店舗を持つ岩田屋*、北海道に二店ある丸井今井のほか、国内二〇店、一三〇の中小店舗、海外に二八拠点を構えています。

最大の特徴は、基幹三店の売上が突出していること。中でも、グループのリーダー格である伊勢丹新宿本店は国内最大のターミナル新宿駅に近接する好立地を生かし、豊富な品揃えと高品質の接客術、ハイセンスな店舗レイアウトなどで、広範囲の年齢層から支持されています。

百貨店店舗では売上高日本一の常連で、二二年三月期の売上高は二五三六億円と前年比二二・五％増加しています。同店の売上だけで百貨店事業収益の四分の一を稼いでおり、グループ最大の収益基盤の位置付けは揺るぎません。同社の収益は基幹三店の業績によって左右されるといっても過言ではないのです。

伊勢丹は一八年に松戸店、一九年に相模原店と府中店が営業終了しましたが、二一年四月には名古屋三越の小型店「三越豊田」、高松三越の小型店「三越徳島」を開店するなど、地方都市で三越系列の小型店舗の開設が相次いでいます。

基幹店中心で伊勢丹色の強い百貨店経営でしたが、「三越」の看板による出店戦略を地方で展開する新たな動きが見られます。母店と連携することで（母店の）経費削減を実現するほか、競合する大型商業施設などへの顧客流出を回避する狙いもあるようです。

用語解説

***岩田屋**　1754（宝暦4）年に博多で創業。1935年に天神に岩田屋を設立。2002年、経営不振により創業家（中牟田家）が去り、伊勢丹の傘下に入る。2010年に株式会社岩田屋三越となり、現在に至る。

三越伊勢丹HDの業績推移（単位：百万円）

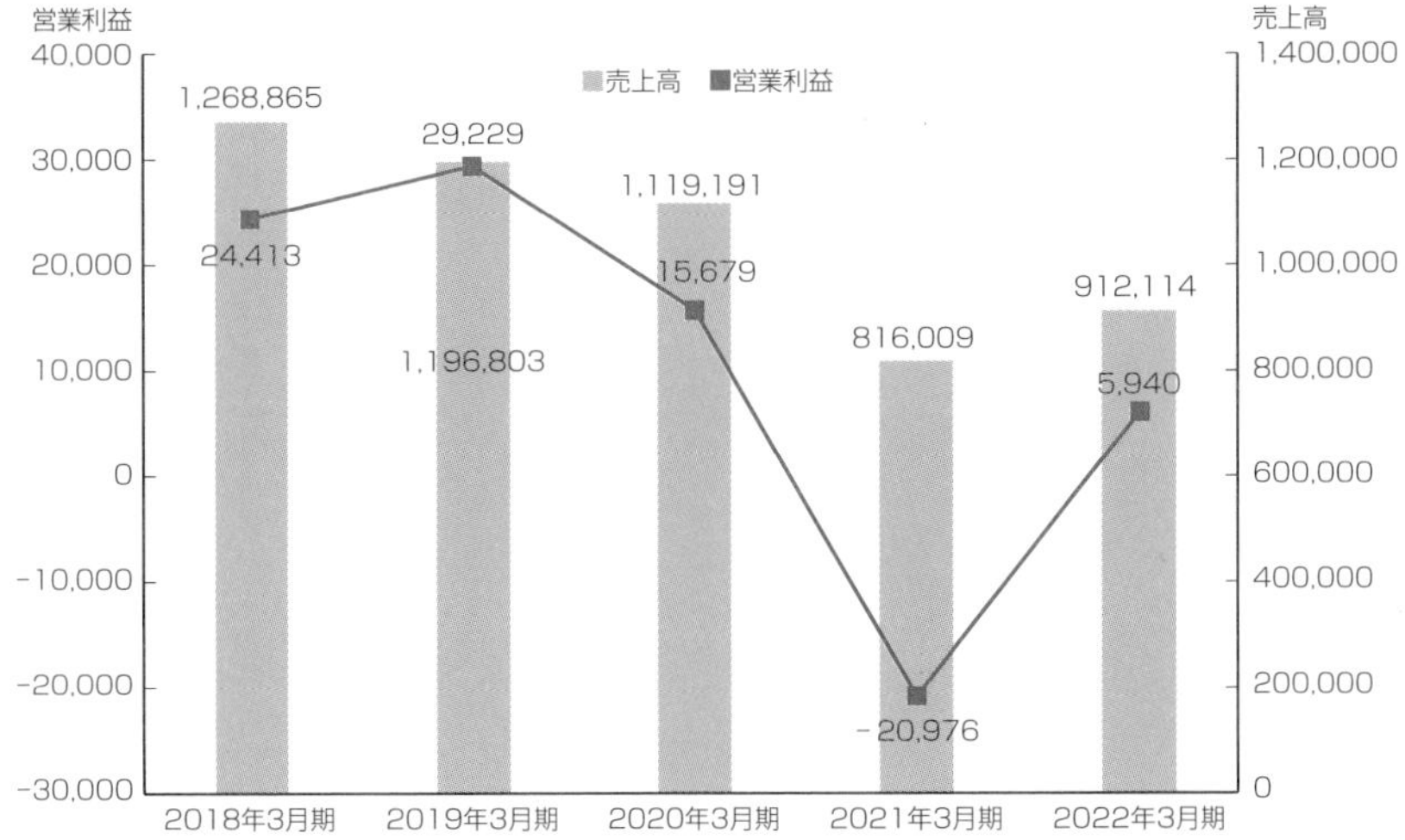

出典：同社決算短信

基幹3店の売上高推移（単位：百万円）

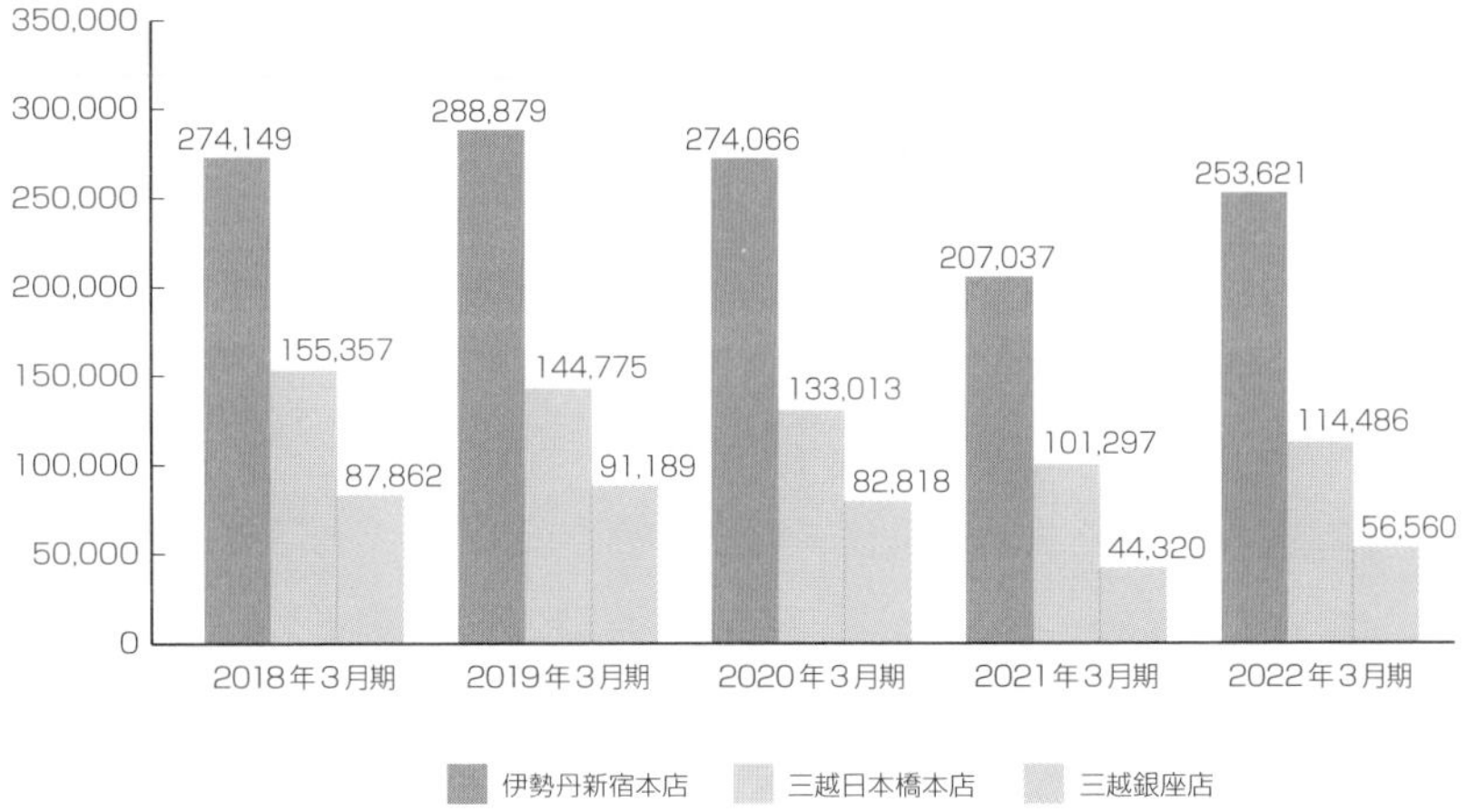

出典：同社決算説明資料

ワンポイントコラム

【三越の地方小型店】　三越豊田は2001年に開業して21年9月末に営業終了した松坂屋豊田店の跡地に、また、三越徳島は20年8月に37年の歴史を閉じたそごう徳島店の跡地に、それぞれ出店しました。

3

「百貨店の科学」戦略（三越伊勢丹ＨＤ②）

三越伊勢丹ＨＤは、従来型の百貨店事業における常識を抜本的に見直して収支構造改革に着手。改革で得られた企業資産を成長分野に振り向けて生産性向上を目指します。

わが国の小売業には売上高至上主義の傾向がありますが、とりわけ百貨店業界は、必ずしも頻繁には来店しない重要顧客のために豪華な室内装飾にこだわるなど、採算を度外視してきたきらいがあります。

三越伊勢丹ＨＤは二〇二二年度からの中期経営計画で、百貨店の再生に向けて「百貨店の科学」と銘打った収支構造改革を実施しています。これは、伊勢丹新宿と三越日本橋の両本店を高感度上質店舗に再構築したり、デジタル化や外部企業との業務提携推進などの戦略と収支構造改革を掛け合わせて、収益性と生産性の最大化を実現させるものです。

本業の儲けを示す営業利益は、売上にかかる仕入れ値や販売管理費を低減することで最大化できます。また、**損益分岐点売上高**＊をコントロールすることで、販管費を減らし営業利益を増やすことができます。仕入れに関わるコストは一定ではなく（変動費）、給与や家賃は一定（固定費）です。販管費は採算を弾いて削減し、利益を改善していくのが、「百貨店の科学」を導入する大きな理由だと思われます。

同社はコロナ禍で家賃減額交渉を進めたほか、テレワークの推進で賃貸物件を返却。外部委託を減らして内製化し、水光熱費も削減。百貨店人員を他業に配置換えするなどして二一年度の販管費率を二六％に抑え込みました。一八年度の販管費率二五％から、三年で一ポイントの上昇にとどめたことになります。

●筋肉質な事業構造への転換目指す

三越伊勢丹ＨＤが収支構造にメスを入れた背景に

用語解説

＊損益分岐点売上高　利益がゼロのときの売上高のこと。固定費÷（1－変動費率）で算出できる。変動比率は「変動費÷売上高×100」。「売上高－変動費」を限界利益といい、固定費とイコールの関係になる。

は、百貨店事業の成長だけでは将来ジリ貧に陥る、との危機感があるのではないでしょうか。

　ネット通販などの新たなライバルが幅を利かせる一方、百貨店業界は不動産ビジネス化しています。売り場の収益を細かく分析して要員配置の最適化を図り、そこで生まれた余剰人員を成長性の高い不動産事業にシフトさせる——。稼げる分野にはより稼げるだけの投資を集中させるとの狙いです。そして、コロナ禍で低下した売上高を回復させ、販管費率の改善を図っていくもようです。

　三越伊勢丹グループには、新旧の大看板（のれん）があって集客力が高く、都市開発でも何かと特典の多い新宿、日本橋、銀座という首都の中心地に複数の拠点を構えている、というメリットがあります。

　一方で人件費は高く、業務効率化はいまひとつの感がありました。人件費などの固定費が事業に対して最適なバランスとなるよう削減を進め、筋肉質の事業構造に変えていく計画です。中計では、一〇年後に百貨店以外の不動産・金融事業が利益の半分を占める、という目標を定めています。

「百貨店の科学」による再生（収支構造改革）

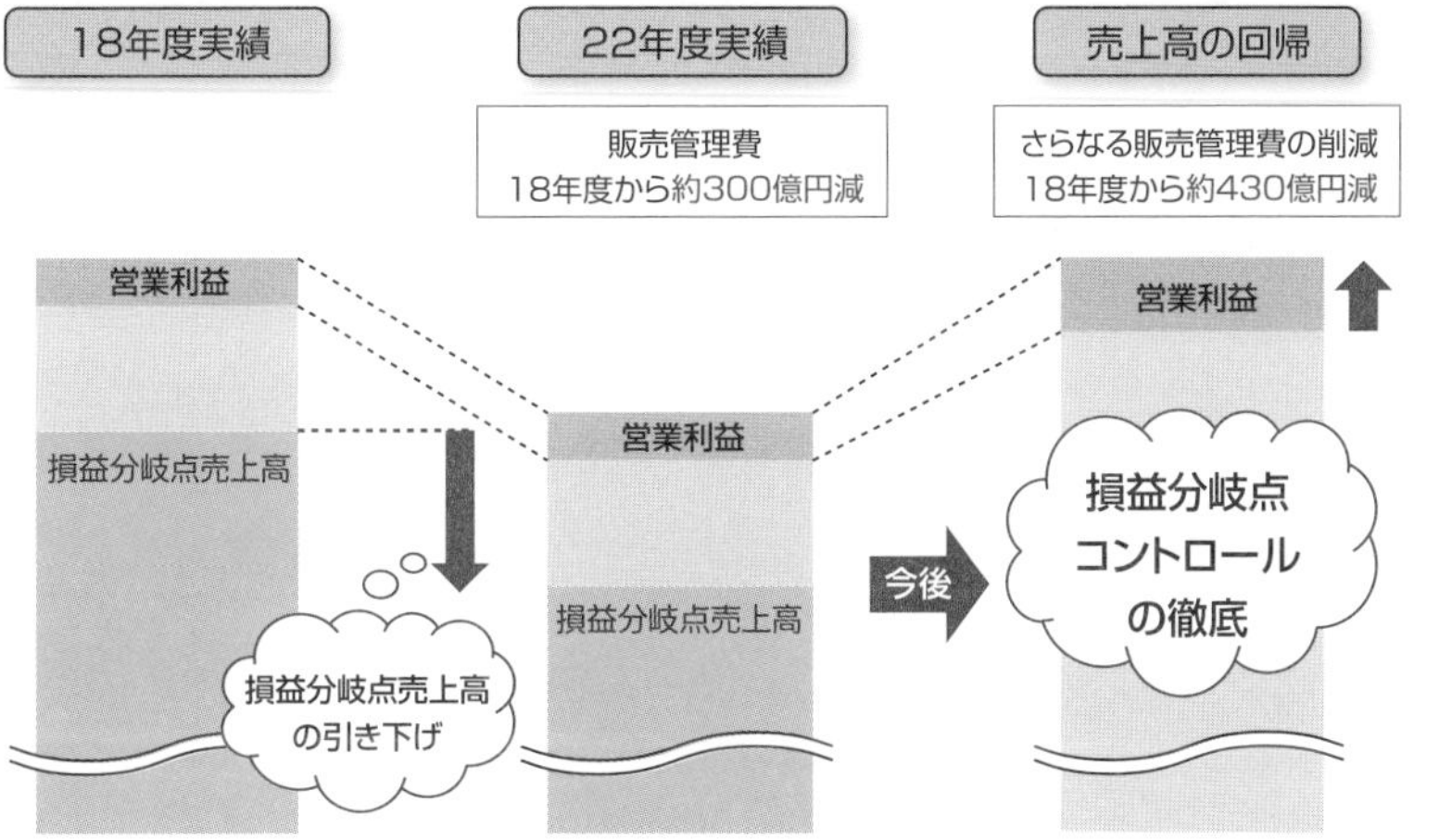

出典：三越伊勢丹HD 2023年3月期第２四半期決算説明会資料

ワンポイントコラム

【「特別な百貨店」の提唱】　三越伊勢丹HDの首脳は、「特別な百貨店を目指す」としばしば発言しています。「特別な」とは富裕層向けという意味。たまに訪れて豪華な雰囲気を味わえる、という百貨店の大きな特徴が、大衆路線を志向して失われていました。次世代型の外商を推進し、将来の富裕層向けの施策を打ち出していくとみられます。

4 効率経営で高い利益誇る（J・フロントリテイリング①）

東海地区と関西地区の老舗が経営統合したJ・フロントリテイリング（JFR）は経営効率を重視、営業利益は業界トップを誇ります。

J・フロントリテイリング傘下の百貨店は、一七一七年に京都で創業した大丸と、一六一一年に名古屋で創業した松坂屋。大丸はその後大阪を本拠地にし、百貨店業界では西の横綱と呼ばれました。松坂屋は東海地区で抜群の知名度があり、いずれも東の横綱・三越と並ぶ老舗の百貨店として業界をけん引してきました。

ところが業界低迷で二〇〇七年に両者が経営統合。一〇年には持株会社傘下の大丸と松坂屋が合併して株式会社大丸松坂屋百貨店となり、一二年に**森トラスト***からファッションビル「パルコ」を七二四億円で買収。名門百貨店の統合は、それぞれ大阪と名古屋を地盤とすることから、店舗が競合しないメリットがありました。経営統合の時点では売上高で首位の高島屋を抜いて業界トップに躍り出ましたが、〇八年に三越伊勢丹HDに抜かれて現在に至っています。

グループ収益の七割を占める百貨店事業では、売上高の七割を大丸が稼いでいますが、全店で売上トップは松坂屋名古屋店。

一二年に買収した「パルコ」の存在が大きく、これにより売上高一兆円企業の仲間入りを果たしました。

二一年二月期はコロナ禍で一九年ぶりに最終赤字を記録。業績をけん引してきたパルコ事業も低迷し、津田沼店（千葉県）と新所沢店（埼玉県）は二四年二月までの閉店が決定しています。

それでも百貨店業界で営業利益九三八億円（二二年二月期）は断トツ。三越伊勢丹HD五九億円、高島屋四一億円をはるかにしのぎ、効率経営を維持しています。

用語解説

***森トラスト**　非上場の不動産開発会社。1970年に森ビル開発株式会社として設立。2012年にパルコの保有株を売却し商業施設運営から撤退した。

J. フロントリテイリングの業績推移（単位：百万円）

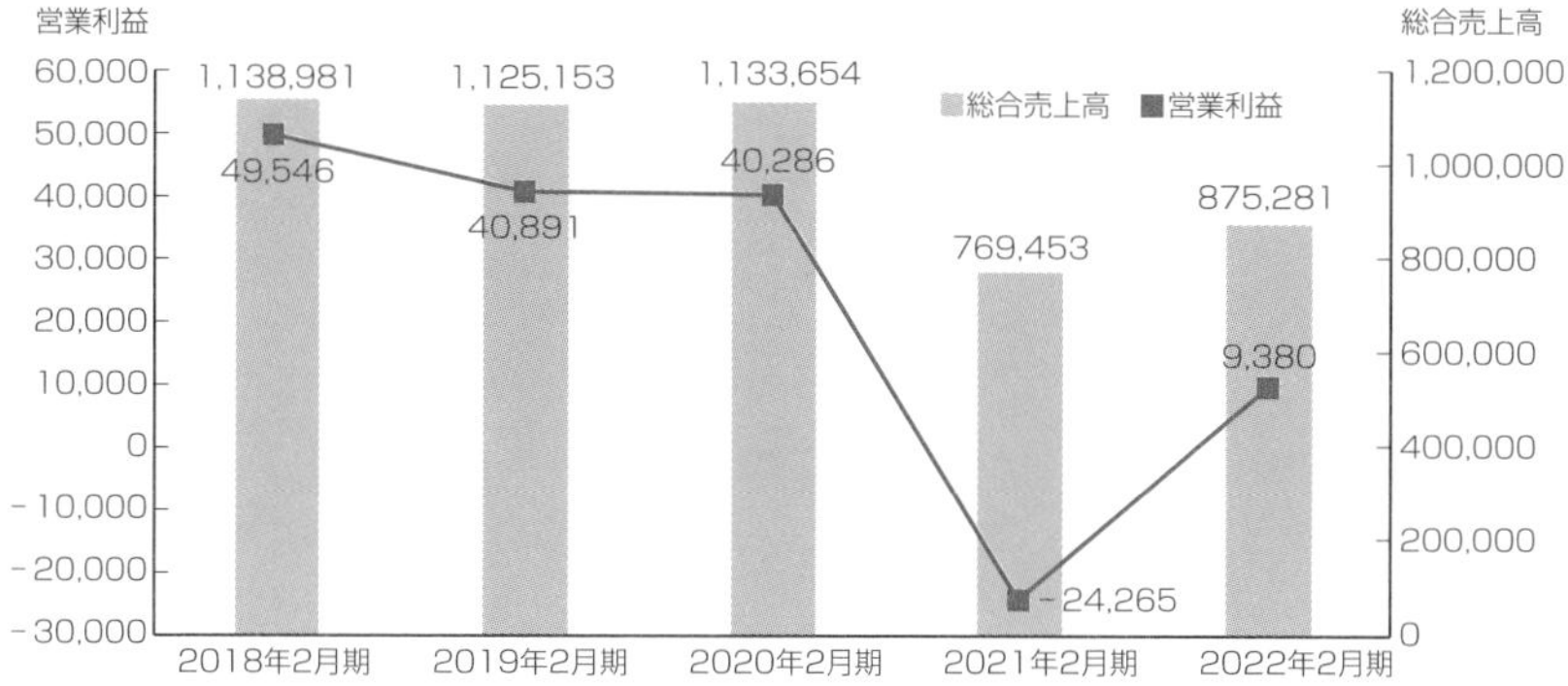

出典：同社決算資料

事業別売上高（2022年2月期、単位：百万円）

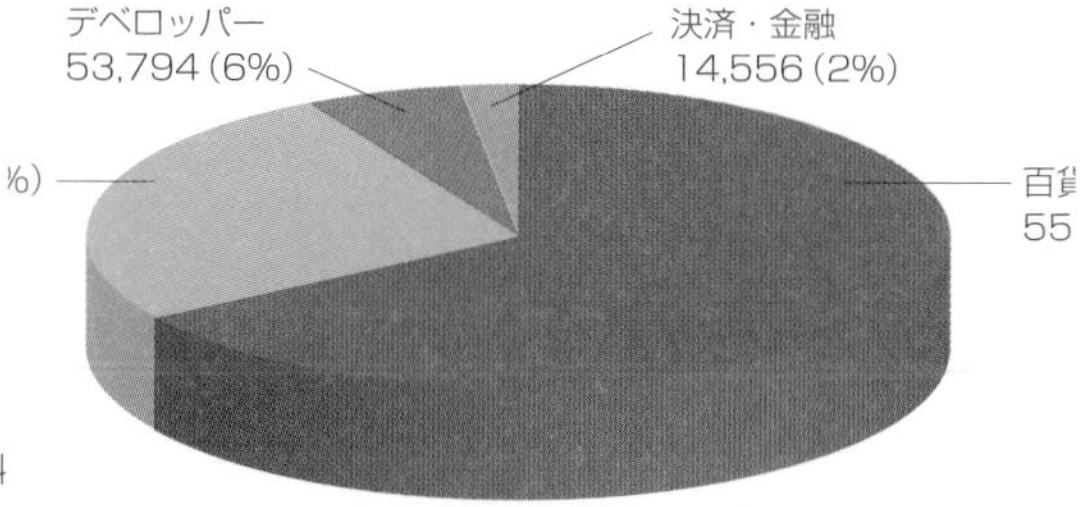

出典：同社決算資料

事業別営業利益（2022年2月期、単位：百万円）

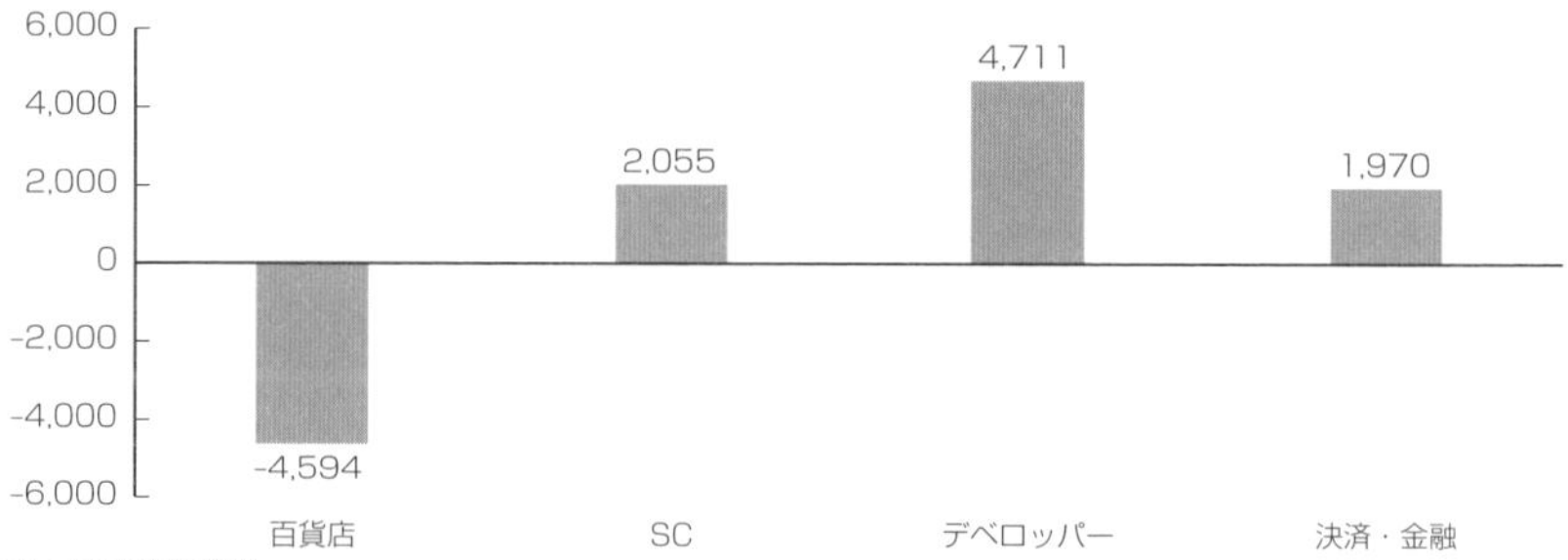

出典：同社決算資料

ワンポイントコラム

【パルコの低迷】 かつては若者の間でファッション文化の発信基地ともいわれたパルコの業績が低迷しています。近隣に映画館を含む娯楽施設を揃えた大型商業施設ができ、インターネットによる情報発信が幅を利かせる現在、当初の役割を終えたとの見方があります。

5 デベロッパー戦略にシフト（J・フロントリテイリング②）

J・フロントリテイリング（JFR）は、八割以上を占めるリテール事業のシェアを二〇三〇年度までに六割程度に抑える構造改革に取り組み、脱百貨店化を鮮明にする計画です。

業界では、百貨店の存続意義をも否定するかのような「脱百貨店化」「非小売化」が近年顕著です。コロナ禍によって加速したライフスタイルの変化と少子高齢化で、「特別な場所」感を演出してきた従来型の百貨店ビジネスは大きな曲がり角を迎えています。

JFRは他社同様、コロナ禍で二一年二月期決算は大きく落ち込みました。長年継続してきた黒字経営に戻してV字回復を図るため、中核事業である百貨店事業とショッピングセンター（SC）事業の個人向けビジネスへの依存度を下げ、今後も安定した企業経営ができる体質に転換していきます。

脱百貨店化は、百貨店事業を排して不動産賃貸業に専念する「一〇〇％定期賃貸借モデル」、および不動産賃貸業と百貨店事業をミックスした「ハイブリッドモデル」の二本柱を推進していきます。

従来型の百貨店ビジネスは、**消化仕入***や買取で商売をしてきましたが、これらの方法では売れ行きが良くないと収益は伸びません。一方、売り場を提供して賃貸料を稼げば、商品の売上にかかわらず安定した収益が確保できます。商品を買い取ったり仕入れたりすれば、販売リスクや在庫リスクにさらされます。

百貨店はブランドイメージが命ですから、売れないからといって、老舗の看板に傷をつけるような安易な値下げはできません。

同社はデベロッパー戦略において、今後、オフィスやホテル、複合施設などの非商業分野にも用途を拡大。基幹店がある重点地区の大阪・心斎橋と名古屋・栄での大型複合開発に取り組んでいく計画です。

用語解説

***消化仕入**　商品が売れた時点で仕入れが発生したとみなすこと。販売と納品が同時に起きるという考え方。メーカーにとっては売れ行きの良い店に商品を移動できるメリットがあり、百貨店にとっては在庫リスクなどを回避できる利点がある。

百貨店ビジネスモデルの転換

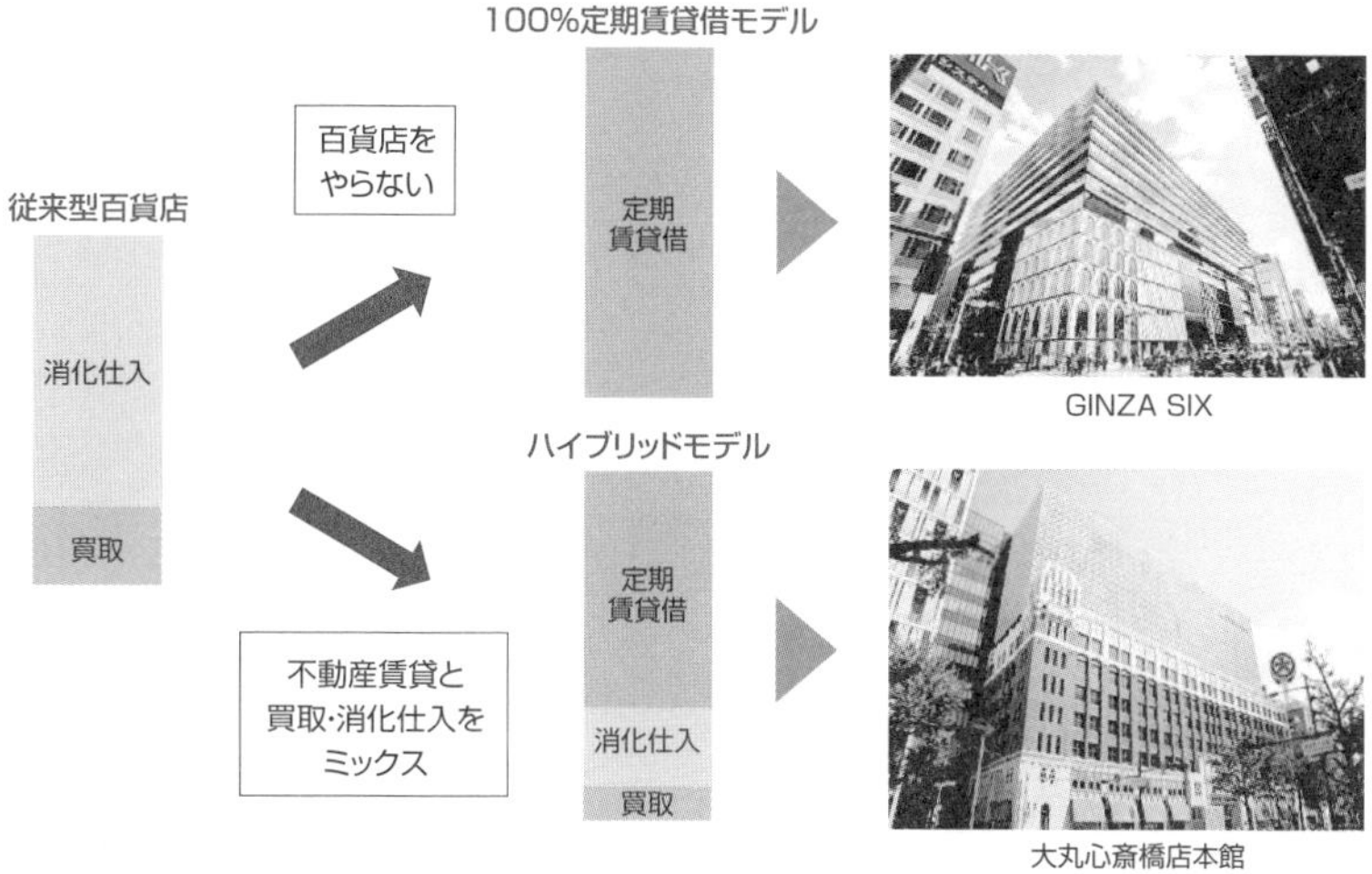

出典：同社 2022 年 7 月 9 日付 IR 資料「『完全復活』から『再成長』へ～ J. フロントリテイリングの変革～」

J. フロントリテイリングのセグメント別営業利益シェア

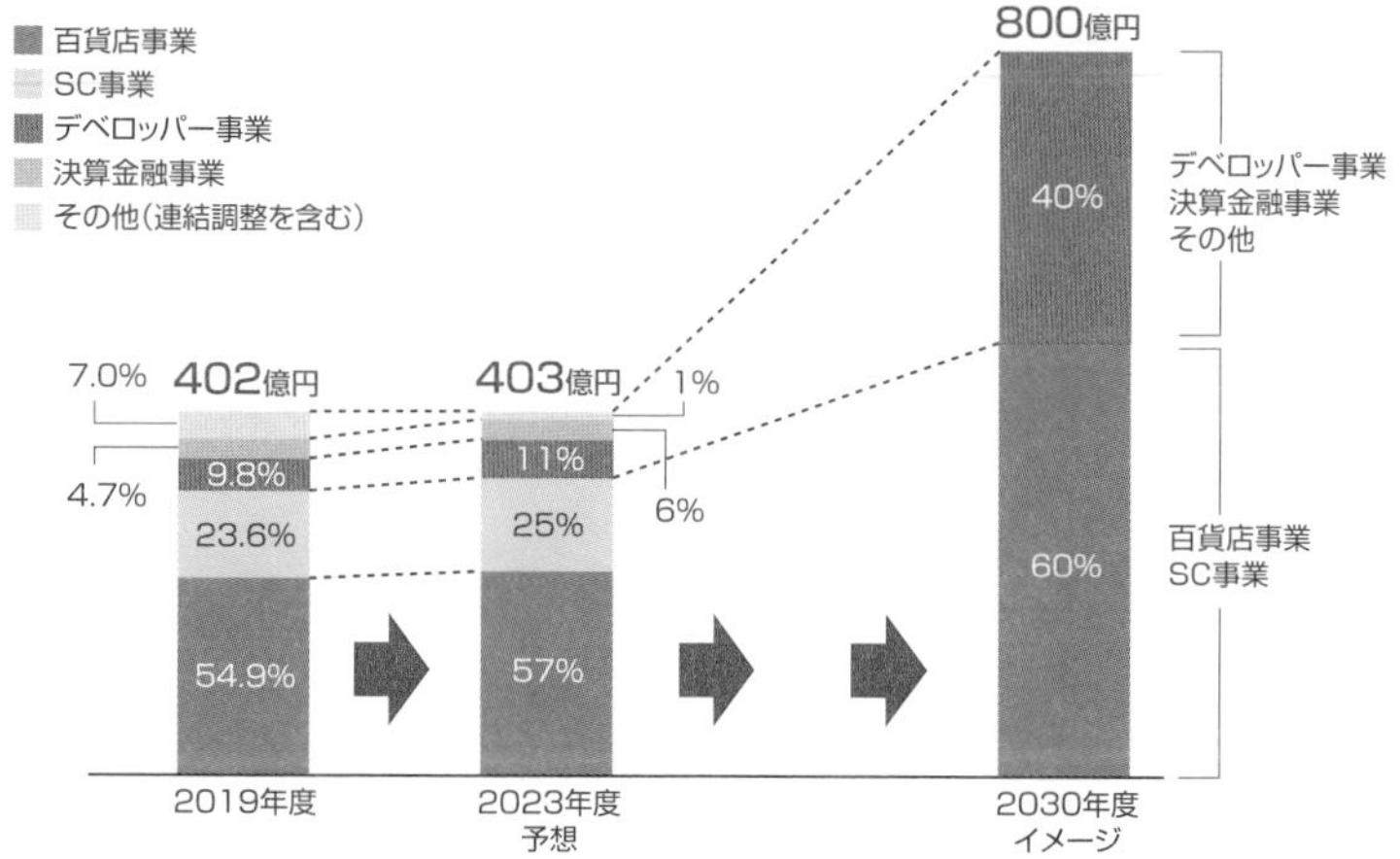

出典：同社　統合報告書 2022

ワンポイントコラム

【デベロッパー事業再編】　JFRは2023年3月にパルコのデベロッパー事業をJ.フロント都市開発に統合します。2020年にパルコを完全子会社化すると共に大丸松坂屋百貨店の不動産事業をパルコに移管し一元化していましたが、それを元に戻す格好になります。JFRがグループの不動産事業を重視している表れといえるでしょう。

6 大型店構造改革（高島屋①）

高島屋は「バラの包み」で知られ、関東・関西の二大都市圏を中心に展開する老舗百貨店。重厚な建物と屋号からにじむ安定感で、全国区の知名度があります。

一八三一年に初代飯田新七が京都烏丸《からすま》で始めた古着・木綿商高島屋が創業の原点。一九五八年にニューヨークに出店。六九年にはショッピングセンター形式の店舗を開設して売上高一兆円を記録するなど、長く業界最大手の一角として地歩を占めてきました。

二〇一八年に関東地区の中核店舗・日本橋店を大規模改装。本館の隣にショッピングセンターをオープンし、ヨガや茶道の教室を含む一〇〇以上のテナントが入居。コト消費で客を取り込んで話題を集めました。

関東と関西の両地区に大型店舗があり、二二年度の店別売上高のベスト一〇には東京・日本橋店（四位）、横浜店（五位）、大阪店（七位）、京都店（一〇位）と業界最多の四店が入っています。二大都市圏のベッドタウン店舗（玉川・柏・泉北・堺）も売上高一〇〇億円を超えており、粒揃いの店を抱えています。

二二年度はコロナ禍による不振から脱したものの、今後もエネルギーコストの上昇や消費減退、インバウンドの行方など不安定要素があって早期の売上回復は見込めないとの判断から、同社の看板である大型店の構造改革を断行。少数精鋭の要員配置適正化、清掃や警備など外部委託部分の内製化*などで販管費を削減し、コロナ禍前の営業利益三〇〇億円の回復を目指しています。

インターネット通販事業の売上は、店舗売上が持ち直した反動で二二年度はやや減少しましたが、化粧品や特選ブランド、ギフト商材など百貨店ならではの品揃えを強化。二三年度には一九年度から三〇〇億円あまり上乗せして売上五〇〇億円を目指しています。

用語解説

***内製化**　社外に委託していた業務を社内で行うこと。かつては「非生産的な業務はアウトソーシング（外部委託）し、本業に資源を集中させる」ことが産業界で流行したが、経費節減を狙いに、社内で処理できる業務は外部委託をやめるケースが増えている。

高島屋の業績推移（単位：百万円）

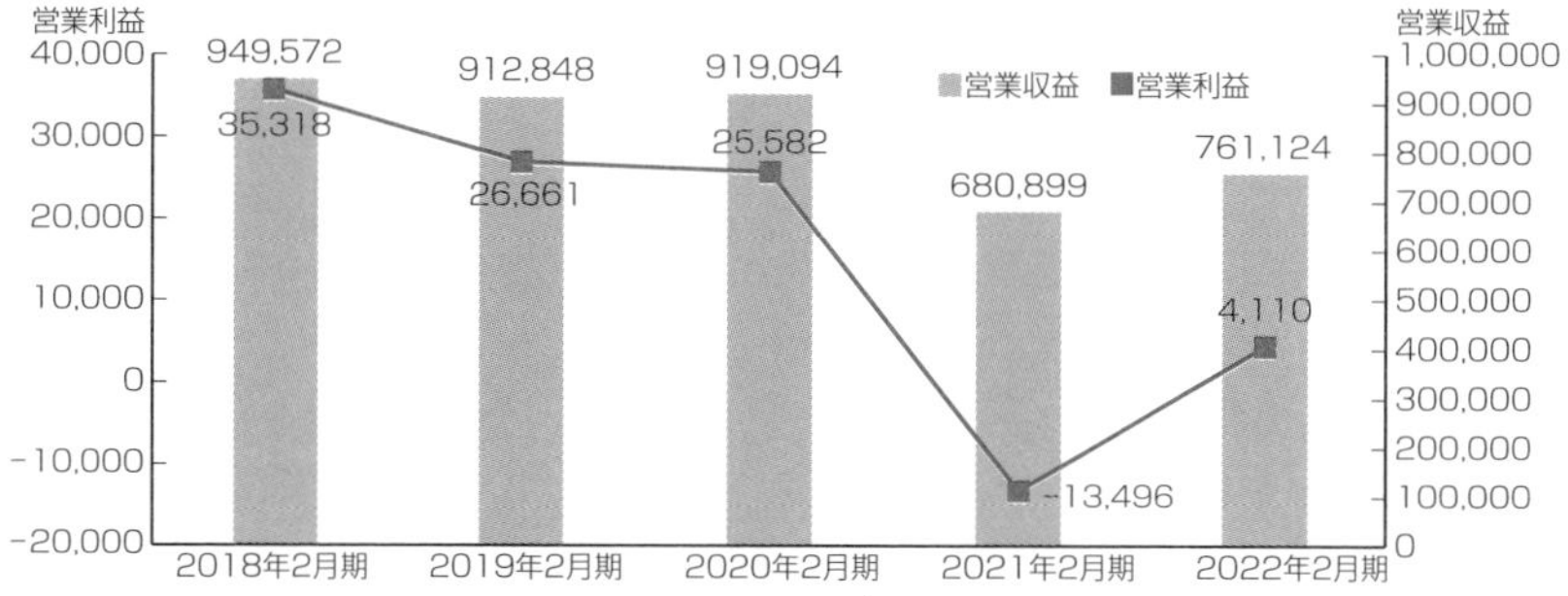

出典：同社決算資料

店別売上高（2022年2月期、単位：百万円）

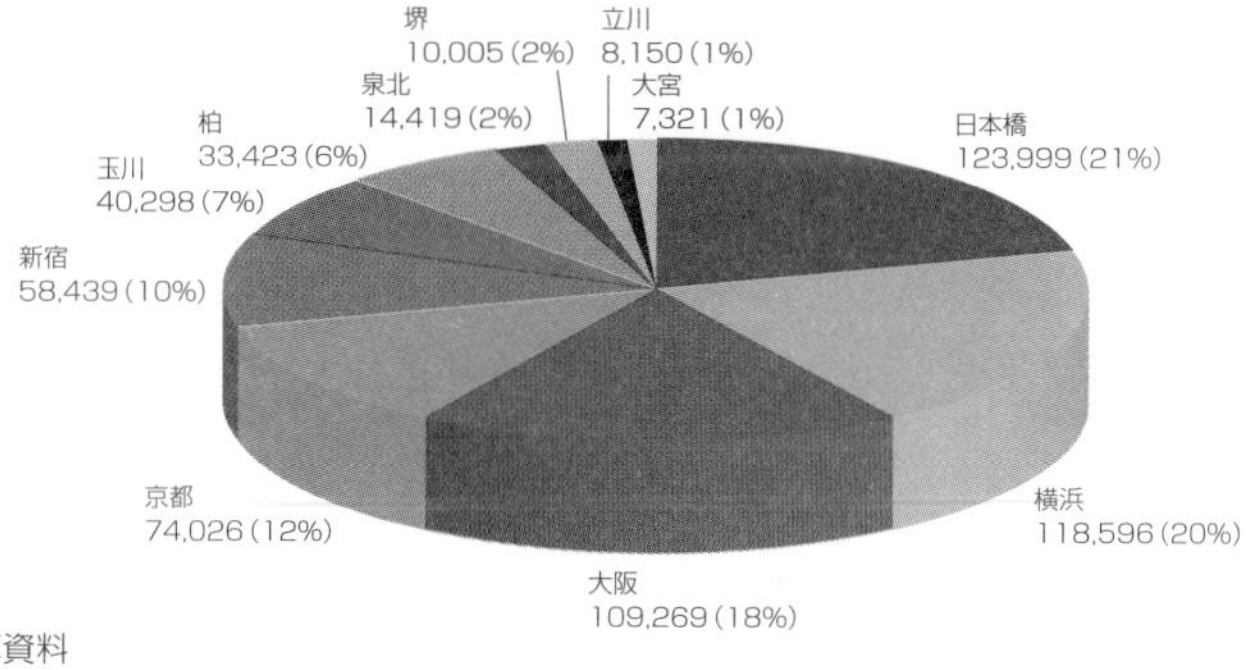

出典：同社決算資料

商品別売上高シェア（2022年2月期、単位：百万円）

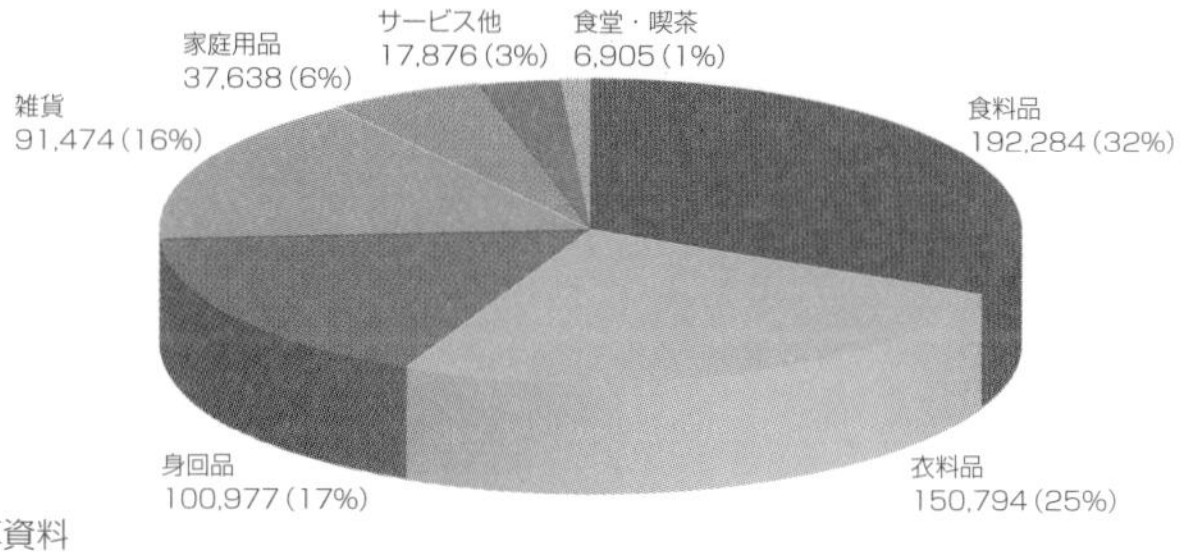

出典：同社決算資料

ワンポイントコラム

【バラの包みを始めた理由】　1952年に就任した飯田慶三社長は洋画家としても知られ、四季を問わず誰からも慕われるバラを百貨店のシンボルにしたい、との要望から決まったとされる。現在使われているのは4代目のデザイン。

7 新たな金融サービスを展開（高島屋②）

高島屋は二〇二二年から新たな金融サービスを始めました。好採算事業である金融業に一段と注力し、友の会組織の充実や次世代顧客の獲得を図る狙いです。

二〇年六月、インターネット専業銀行最大手の住信SBIネット銀行が提供する銀行機能「**NEOBANK***」を活用した「高島屋ネオバンク」をスタートさせました。高島屋ネオバンクは、高島屋を利用する顧客を対象にした住信SBIネット銀行の専用支店であり、同行に口座を開設すればスマートフォンのアプリで銀行取引ができます。預金・融資・決済という銀行サービスが利用可能で、ATM（現金自動預け払い機）も全国のセブン銀行、ローソン銀行などのコンビニATMが利用できます。

同サービスは、高島屋が得意としている友の会事業の積み立てを利用できるのが特色。「高島屋のスゴイ積立」（スゴ積み）は一二カ月分積み立てると一カ月分のボーナスが付与される仕組みです。小売業では互助会組織の友の会活動が盛んですが、高齢化やコロナ禍などにより近年は沈滞気味です。ネオバンク導入は、一九六二年にスタートし、百貨店業界では最大級ともいわれる「タカシマヤ友の会」の活性化を狙ったものと思われます。

各百貨店は一定数の富裕層顧客を抱えています。金融緩和政策でゼロ金利が長期化し、銀行預金の魅力が失われて久しい昨今。百貨店が持つ友の会の利殖機能が富裕層の資産形成ニーズに合致し、「スゴ積み」導入で四九歳以下の友の会会員が三・七倍、男性比率が五倍、積立額も二・七倍にそれぞれ増加しました。

●友の会の活性化狙う

高島屋の事業を二二年二月末決算で見ると（棒グラ

用語解説

＊**NEOBANK**　住信SBIネット銀行が業務提携先の企業に対して銀行のインフラを提供するBanking as a Service（BaaS）事業。JALやTポイント、ヤマダ電機なども同様のサービスを展開している。

フ参照）、不動産事業である商業開発に次いで金融業が高収益であることがわかります。

同社では二〇年六月、顧客の資産形成・承継などの相談を受けたり金融商品を取り扱ったりするファイナンシャルカウンターを東京・日本橋店にオープン。また二一年三月には高島屋カードのオンライン即時発行を開始し、顧客の資産運用を支援するソーシャルレンディング事業にも進出しています。

ネオバンクの導入でスマホ世代の新規顧客を取り込む一方、友の会会員にも新たな金融機能を提供して利便性を向上させ、二三年度の会員数を五〇万人に増やす（二一年度四五万人）計画です。ネオバンクはスマホでサービスが完結するので、高島屋のインターネット通販事業にも寄与します。友の会だけでなく、店頭とECの連動による売上増大が期待できるほか、デジタル化の推進で業務効率の向上や投資コスト削減にもつながります。

高島屋の事業別売上高（2022年2月期、単位：百万円）

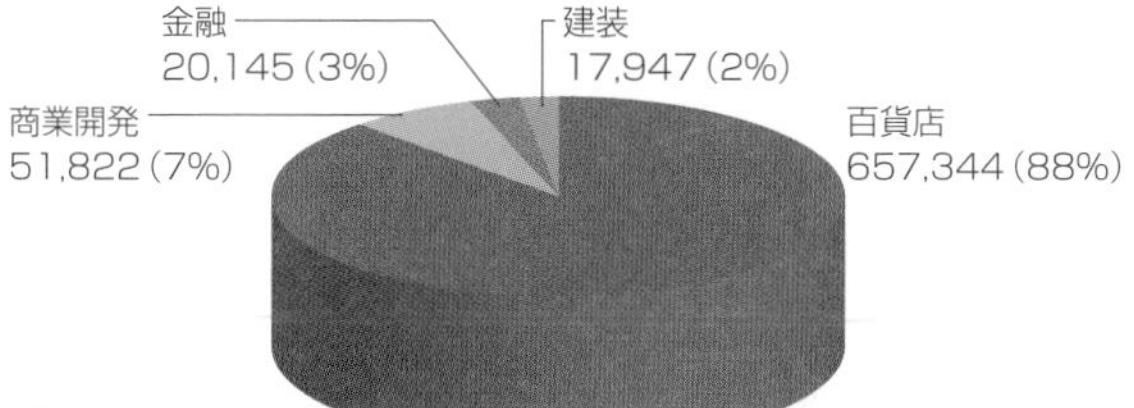

出典：同社決算短信

高島屋の事業別営業利益（2022年2月期、単位：百万円）

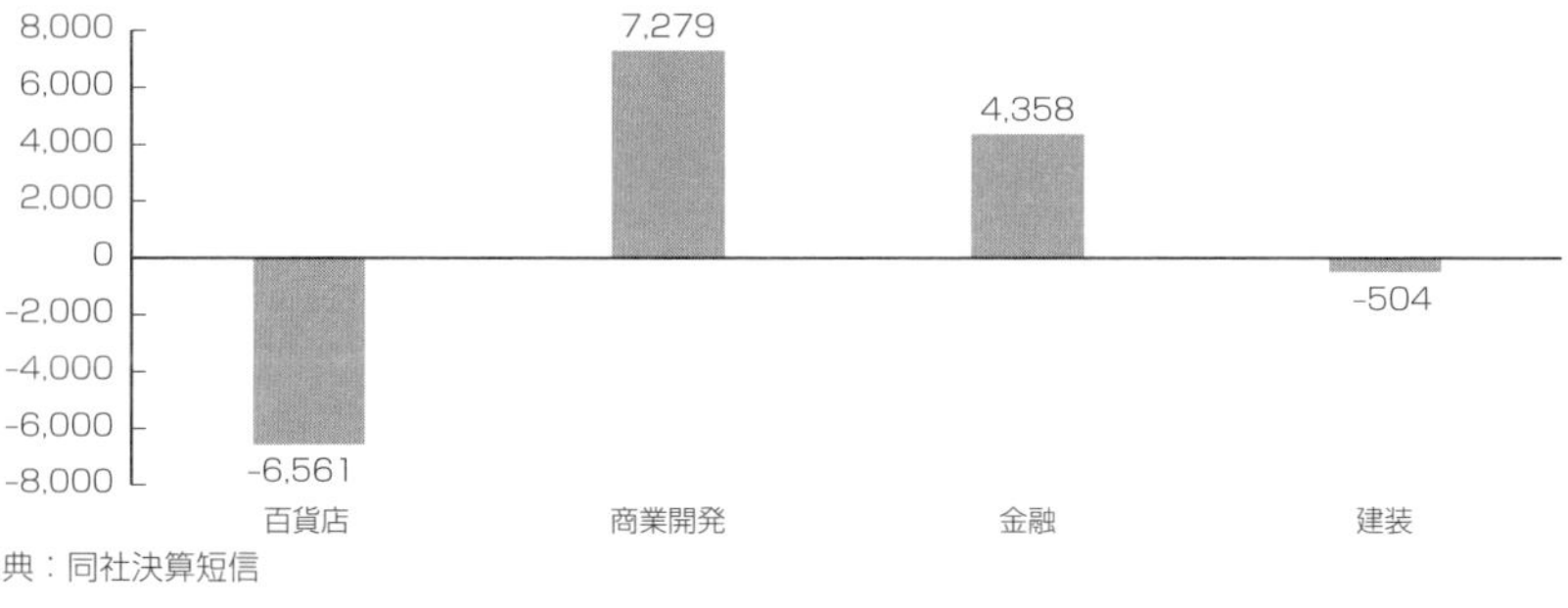

出典：同社決算短信

ワンポイントコラム

【友の会は信販事業である】　友の会事業は正式には「前払式特定取引」といい、割賦販売法に基づく許可事業です。組織として立ち上げるには、厳しい財務条件をクリアする必要があります。

8 関西スーパー争奪戦（エイチ・ツー・オーリテイリング）

エイチ・ツー・オーリテイリング（H2O）は食品事業を第二の柱とするべくスーパー事業に注力。グループ内のスーパー再編に取り組んでいます。

H2Oは二〇〇七年一〇月、阪急ホールディングスと阪神電鉄*が経営統合して誕生した持株会社。大阪の中心街・梅田に本店を構える阪急百貨店と阪神百貨店の二店合計は、店別売上高ランキングで長年首位の伊勢丹新宿本店に肉薄する規模です。京阪神地区における百貨店売上とシェアは、大丸を擁するJ・フロントリテイリングや高島屋をしのいでトップです。

同社がいま最も力を入れているのが食品スーパー事業。二一年一二月、首都圏のスーパー準大手「オーケー」との間で生じた「関西スーパー」（一九五九年設立）の争奪戦を制して連結子会社化しました。そして二二年二月に中間持株会社「関西フードマーケット」を設立してスーパー三社を傘下に収め、関西では最大級のスーパーグループが誕生しました。イズミヤと阪急オアシスは二三年四月に合併予定で、将来的には合併会社と関西スーパーが合併を重ねることも予想されます。

関西スーパー買収により食品事業の重要度が高まっています。二三年三月期中間決算で売上高は二二〇四億円の百貨店事業に対し、食品事業は二〇五八億円、営業利益は一六億円と肩を並べています。梅田地区では無類の強さを見せる百貨店事業ですが、他のエリアではいまひとつ。このままでは食品事業が「第二の柱」どころか主軸を担う最重要領域になりそうです。

同社は二二年一一月、高島屋との間で結んでいた資本提携を解消し、持ち合っていた高島屋の株式を売却しました。業務提携は継続しますが、百貨店事業から食品事業へのシフトがここからもうかがえます。

用語解説

***阪神電鉄**　1905年に営業開始。正式名称は阪神電気鉄道株式会社。営業キロは48.9㎞（2021年3月末）。

エイチ・ツー・オーリテイリングの業績推移（単位：百万円）

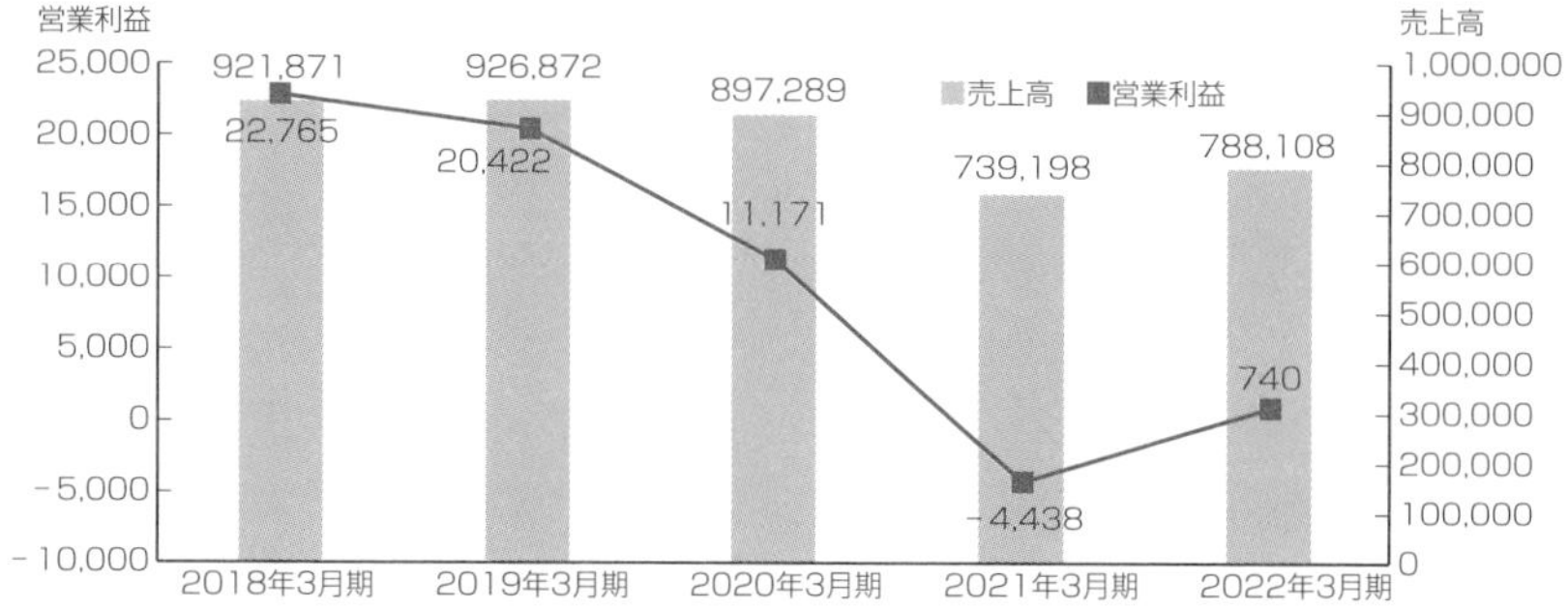

※収益認識に関する会計基準適用前の数値

出典：同社決算資料

事業別売上高（2022年3月期、単位：百万円）

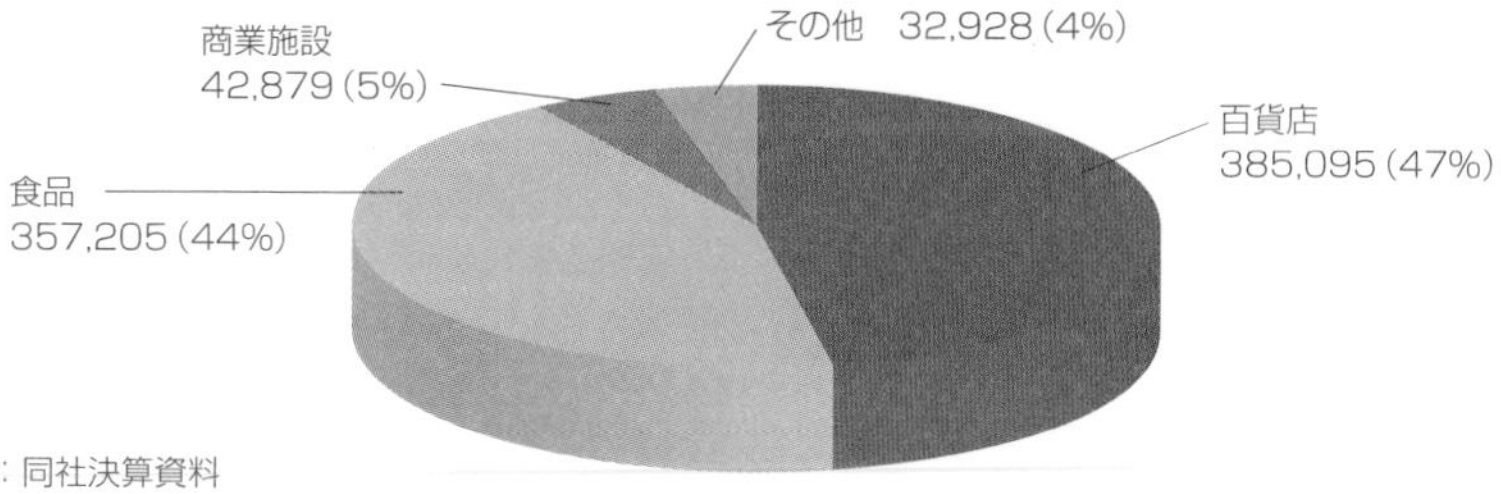

出典：同社決算資料

事業別営業利益（2022年3月期通年、単位：百万円）

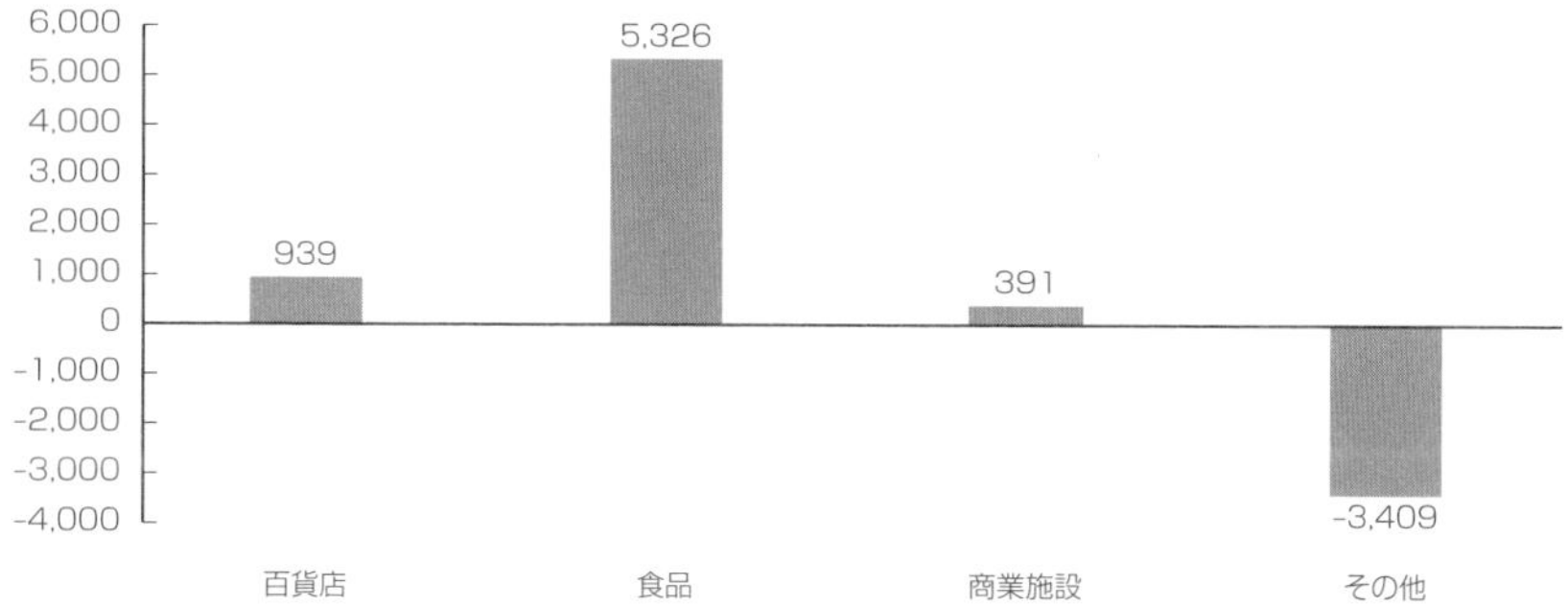

出典：同社決算資料

ワンポイントコラム

【スーパーの教科書と呼ばれた】 1959年に1号店を開店させた「関西スーパー」創業者の北野祐次氏は、業界団体の会長を務めつつ、同業他社に生鮮品の鮮度管理をはじめとする自社のノウハウを惜しみなく公開したことから、同社は「スーパーの教科書」と呼ばれました。

9 「売らない店」で稼ぐ（丸井グループ）

丸井グループは、非物販テナントを増やして百貨店との差別化を鮮明にしています。ハウスカードに始まり、テナント賃貸業化、「売らない店」――と時代の先端を走っています。

　丸井グループは二〇一五年三月期から画期的な事業改革を断行しました。同社は、運営するテナントビルに入居する専門店に対して「売上高の増減でテナント料（家賃）が変動する」百貨店型の契約をしていました。これを定額の家賃制度（定期借家契約）に移行し、収益の安定化を図る大胆な改革です。

　丸井は家具の月賦販売で六〇年代に開業。八〇年代には若者向けのブランド商品を並べ、**ハウスカード**＊での分割払い限定販売を開始して急成長を遂げ、キャッシングにも注力しました。ところが〇六年の貸金業法成立後は業績が急降下。VISAのライセンスを取得してハウスカードとの併用をスタートさせました。一五年度からは店舗の売上に連動しないテナント賃貸業化で息を吹き返し、そして二一年度から「売らない店」を掲げて積極展開しています。

　「売らない店」は、主にインターネット販売を軸にした新興のネット企業群を指します。彼らは丸井に出店しますが、そこでモノは売らず、アパレルの採寸をしたり化粧品の使用体験を提供したりします。顧客は商品が気に入ればインターネットで購入手続きをします。その際に丸井は、自社カードである「エポスカード」で決済すれば割り引くサービスを付与するなど、テナント賃料のほかに利益を稼ぐことができます。

　資金力の乏しい企業でも、駅前一等地にある丸井に進出すれば知名度・信用度の向上が見込めます。「売らない店」戦略は、丸井にとっても「他の百貨店や大型商業施設にはない独自のテナント特性を構築できる」というメリットがあります。

用語解説

＊**ハウスカード**　クレジットカードを発行する企業やそのグループ企業での決済に限定したカードのこと。発行企業にとっては顧客データを管理しやすいというメリットがあるものの、消費者にとっては利用範囲が狭くて利便性に劣る。

丸井グループの業績推移（単位：百万円）

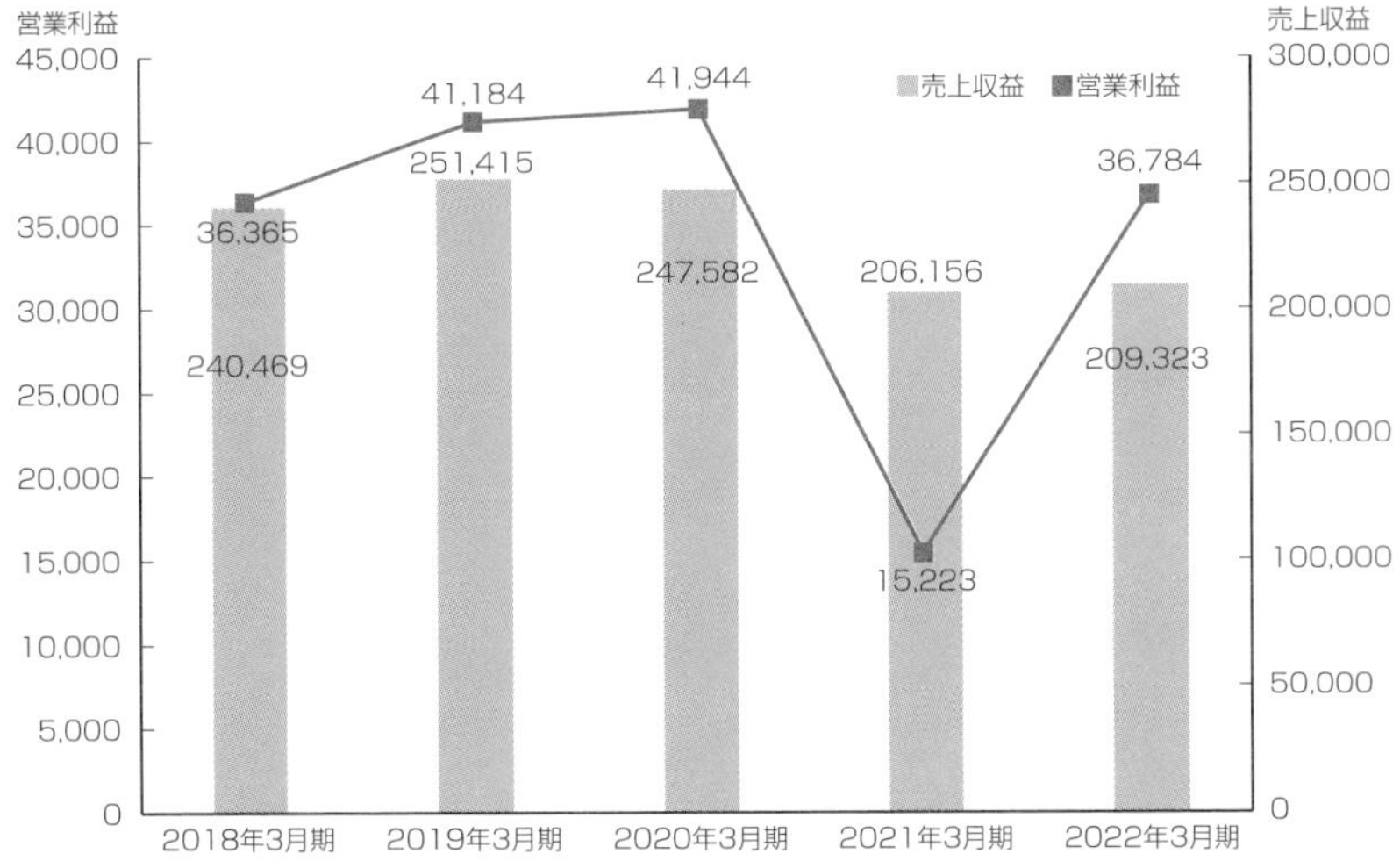

※収益認識に関する会計基準適用前の数値
出典：同社決算資料

「売らない店」の進捗状況

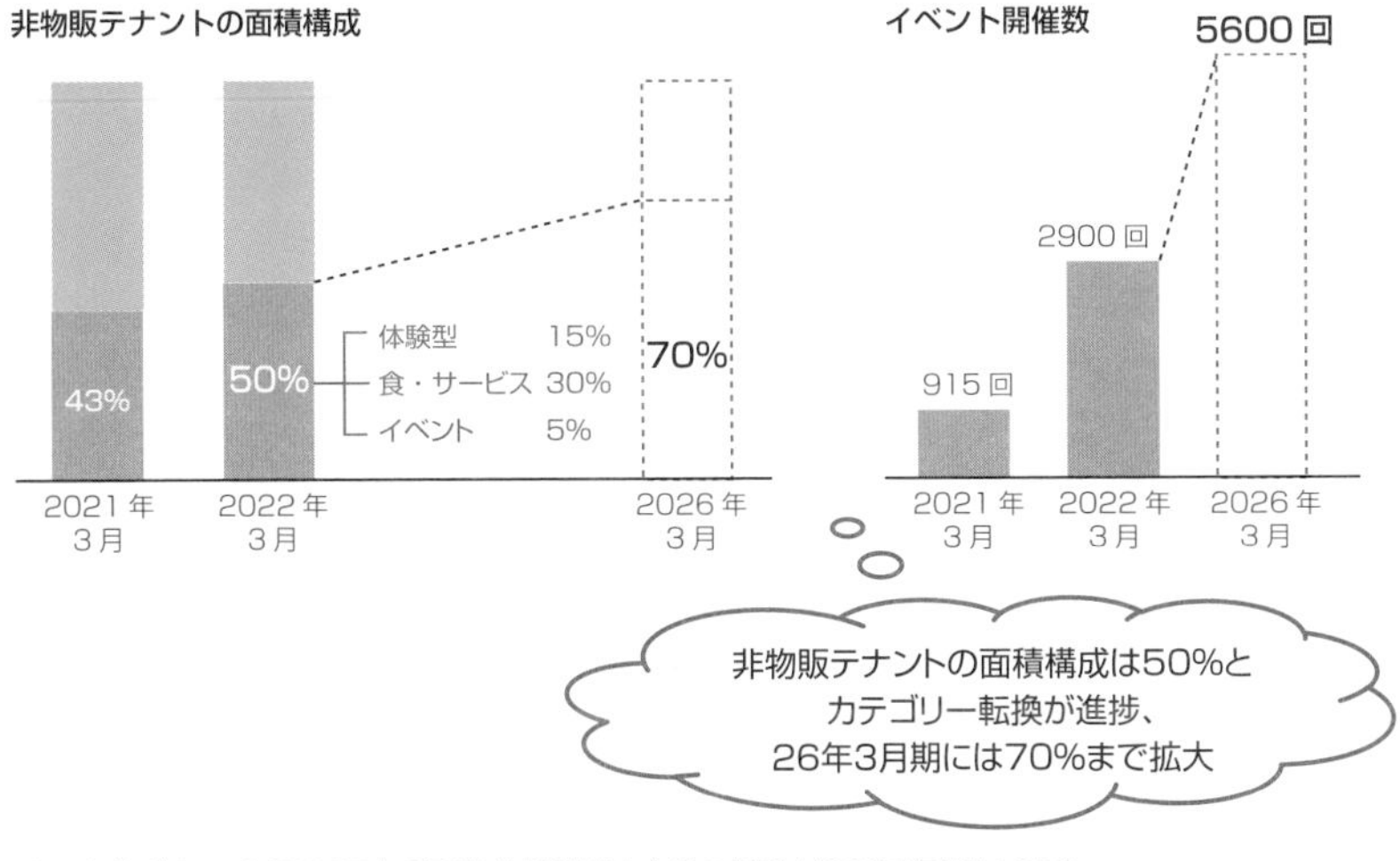

出典：丸井グループ「2022年3月期 決算説明と今後の展望」(2022年5月12日)

ワンポイントコラム

【丸井の自動車免許】 筆者は1980年代のはじめ頃、自動車免許を取得するため、自動車学校と提携している丸井のローンを組みました。ボーナスで残債を一括返済しようとしてお店に行ったら、露骨に嫌な顔をされたのを覚えています。金利をとれないからだと、あとでわかりました。

10 電鉄系の生き残り戦略（近鉄、東急、東武、小田急、京王百貨店）

顧客をダイレクトに呼び込めるのが、電鉄系百貨店の強みであり生命線です。ターミナル駅周辺の再開発で専業百貨店との競合は厳しく、生き残りに懸命です。

鉄道会社を親会社に持つ電鉄系百貨店は、都市部のターミナル駅に基幹店を構えています。しかし、立地の良さにもかかわらず専業の百貨店との顧客争奪は激しく、独自色を出していくことが求められています。

親会社である電鉄はコロナ禍で乗客数が激減し、定期券などの安定収入が落ち込んで苦しい経営状況が続きました。その余波を受けて、主要ターミナル駅に基幹店を構える系列の百貨店も集客力が低下しましたが、コロナ禍三年目となる二一年度には薄日が差してきました。

電鉄系百貨店で唯一上場している近鉄百貨店は、二〇二一年度からの四年間で百貨店事業を商業開発事業に変革し、新規事業の拡大を図る中期経営計画を立てています。一九年度時点では百貨店事業が八割を占めていますが、長期的には三〇年度に商業開発と新規事業が半々という事業比率を実現し、主に沿線生活経済圏でトップシェアを目指しています。

●東急、小田急は本店営業終了

東急百貨店は二三年一月に渋谷本店の営業が終了。渋谷駅前の「ヒカリエ」を改装、強みのビューティ（化粧品）を前面に打ち出し、隣接する食品売り場の「東横のれん街」「東急フードショー」など三つの拠点を拡充して渋谷地区のシェアを死守する方針です。

東武百貨店は、東京・池袋の本店をはじめ、船橋店（千葉）および栃木県内の三店舗を構えています。二一年六月に早期退職者二〇〇人を募集する一方、①フロアMD*の見直し、②EC事業の拡大、③外商の強化

用語解説

＊MD　「マーチャンダイジング」（MerchanDising）の略。商品の仕入れや価格設定、売り場の陳列、販促手段など商品政策全般を指す。

＊越境EC　国境を越えて自国以外に商品を販売する電子商取引を指す。中国における越境ECは2022年度に5兆円規模に拡大するとの指摘もある。

——を柱とする事業構造改革に着手しました。基幹店の池袋本店は、二二年七月に家具の「匠大塚《たくみおおつか》」、八月に家電量販大手の「ノジマ」が新規出店するなど、集客力の高いテナントを誘致しています。池袋では、西武百貨店が二三年三月に売却され、跡地の一部に大手家電量販店が入居するとの情報があり、池袋地区の百貨店地図が塗り変えられるかもしれません。

　小田急百貨店は、基幹店である新宿店の営業が二二年九月に終了。拠点を西口ハルク店に移し、食品・化粧品・国内ブティックを中心に営業を継続しています。また二一年六月に中国**越境**ＥＣ*事業の日本法人と提携し、デジタル事業の拡大を目指しています。

　京王百貨店は二二年一一月、新宿店に新業態のカフェラウンジ「Ｌｏｕｎｇｅ　Ｋ」をオープン。買い物以外の時間を過ごすための場を提供し、集客力の向上につなげたい意向です。東京・新宿地区は小田急百貨店の終了と改修など再開発が進んでおり、京王百貨店も「次の一手」が注目されています。新宿は国内最大のターミナル拠点で業界最大の激戦区。電鉄系と専業の百貨店がひしめくだけに目が離せません。

電鉄系百貨店の2021年度売上高

近鉄百貨店 売上高：981億円 店舗数：10	・百貨店事業を商業開発事業に変革する年中計展開（2021-2024） ・百“貨”店から百“価”店への事業展開で沿線社トップ目指す
東急百貨店 売上高：792億円 店舗数：10	・本店営業終了（2023/1）、「渋谷ヒカリエ」改装で渋谷生き残り ・強みの「ビューティー」強化、百貨店業界初の楽天ポイント導入も
東武百貨店 売上高：497億円 店舗数：5	・早期退職200人を募集（2021/6） ・フロアMD見直し、EC拡大、外商強化など事業構造改革
小田急百貨店 売上高：321億円 店舗数：3	・新宿店営業終了（2022/9）、西口ハルク改装で対応 ・中国向け越境ECの事業領域を拡大（2021/6～）
京王百貨店 売上高：271億円 店舗数：8	・新業態のカフェラウンジをオープン（2022/11）、集客力向上 ・業界最大の激戦地・新宿で「次の一手」に注目?

※収益認識に関する会計基準を適用
出典：各社決算資料

ワンポイントコラム

【ターミナル駅にヨドバシ進出】　売却予定の「そごう・西武」の跡地３カ所にヨドバシカメラが進出することが判明しました。池袋・渋谷・千葉の駅前周辺は新たな小売競争が始まります。これらの地区の電鉄系百貨店にとってライバルがまた１つ増えます。

column

その昔、デパートは非日常だった

日曜日、親子で手をつなぎ意気揚々と正面玄関をくぐると、何やら香ばしい匂いが鼻を突く。何十人も入りそうな広いエレベーターに乗り食堂階へ。日の丸の小旗が刺さったオムライス、黄色い卵焼きの上にかかる真っ赤なケチャップが食欲をそそり、脇にはサクランボ2つにポテトサラダ。お子様ランチを平らげて屋上の観覧車に乗るが、高いところは大の苦手だった……。

その昔、デパートは非日常でした。

1960年代、小学校の帰り道。途中で立ち寄る同級生の家は、玄関の引き戸を開けるといきなり土間で、その奥はもう四畳半。それがすべてです。土間へ降り、サンダルをつっかけて調理場を使います。どの家庭も大体そうでした。誰もが貧しかったので、貧しいとも思わず暮らしていました。そんな生活の毎日ですから、デパートに出かけるというのは特別なことで、その日は朝からソワソワです。何を買うでもなく、食堂で洋食を食べて屋上で遊ぶだけです。どれもが高くて買い物などは論外。デパ地下などない時代ですから、親とすれば遊園地代わりに連れていってくれたのでしょう。

そのデパートは、福岡県久留米市にある井筒屋でした。県中部では最大の百貨店で、最盛期に足を運んでいたのかもしれません。「デパート」は井筒屋を意味していました。しかし2009年に閉店しています。伊勢丹系のハイカラな岩田屋、スーパー最大手だったダイエーなどができて競合に耐えられなくなり、業績回復を果たすことができなかったようです。

近年はデパートと呼ぶ人がめっきり減りました。高島屋とか伊勢丹とか、ズバリ店名で呼ぶことが多いようです。プレーヤーの数が増えたこともあり、近頃は閉店する百貨店が少なくありません。店長以下、スタッフ全員が正面入口に勢揃いして深々と頭を下げる閉店挨拶も見慣れた光景になりました。小売の王者・百貨店の落日を見る思いです。

第4章

スーパー業界の最新動向と課題

スーパー業界は他業態との競合が激化しており、いかにして差別化を図るかが重要な経営課題になっています。地方スーパー同士の協業も活発になってきました。本章では、セブン＆アイ系を除くスーパー各社の戦略に焦点を当てています。

1 スーパー業界の現状

全国のスーパーマーケットの売上高はコロナ禍にもかかわらず比較的堅調に推移していますが、インターネット通販が食料品に進出して品揃えを強化しており、警戒しています。

経済産業省の商業動態統計によると、一四年は消費税が五%から八%に引き上げられたことでスーパーマーケットの販売額は前年比二%減。翌一五年から一六年にかけては前年対比は僅かに減少、一七年から二〇年は増加傾向を示し、二一年は微減。二二年は微増と持ち直しており、総じてスーパー業界の売上動向は低成長で推移しています。

二〇年前半に国内で顕在化したコロナ禍の中、業界は巣ごもり需要によるまとめ買いにより客単価が上がり増収となった一方、ロシアの**ウクライナ**＊侵攻やエネルギー価格高騰による原材料高で減益の傾向を見せています。部門別の販売額では、衣料品が年々減少しているのに対し、飲食料品は年を追うごとに増えています。近年急速に力をつけているインターネット通販は、衣料品などに強みがあります。最近は食品分野で品揃えを強化していますが、いわゆる生鮮三品（野菜・鮮魚・精肉）は、実店舗のスーパーマーケットに軍配が上がります。

スーパー業界では、衣料品がネット通販に押されていることなどを受けて、衣料品販売の比率が高いＧＭＳ（総合スーパー）を食品スーパーに業態転換するところが増えているようです。衣料品は利益率が高いといわれますが、ネット販売や専門店に押され気味で、撤退が目立ちます。

また、郊外のＧＭＳやショッピングセンターは乱立気味で、特徴の薄れた店から利用客が遠のく傾向にあり、家の近くの食品スーパーで買い物をする消費者が増加しています。

用語解説

＊**ウクライナ**　1991年、ソ連邦崩壊により独立。首都はキーウ（キエフ）で、人口は約4373万人（2020年時点）。1986年に原子力発電所事故があったチョルノービリ（チェルノブイリ）は首都から110キロ北方に位置する。

4-1 スーパー業界の現状

スーパーの商品別販売額の推移（単位：億円）

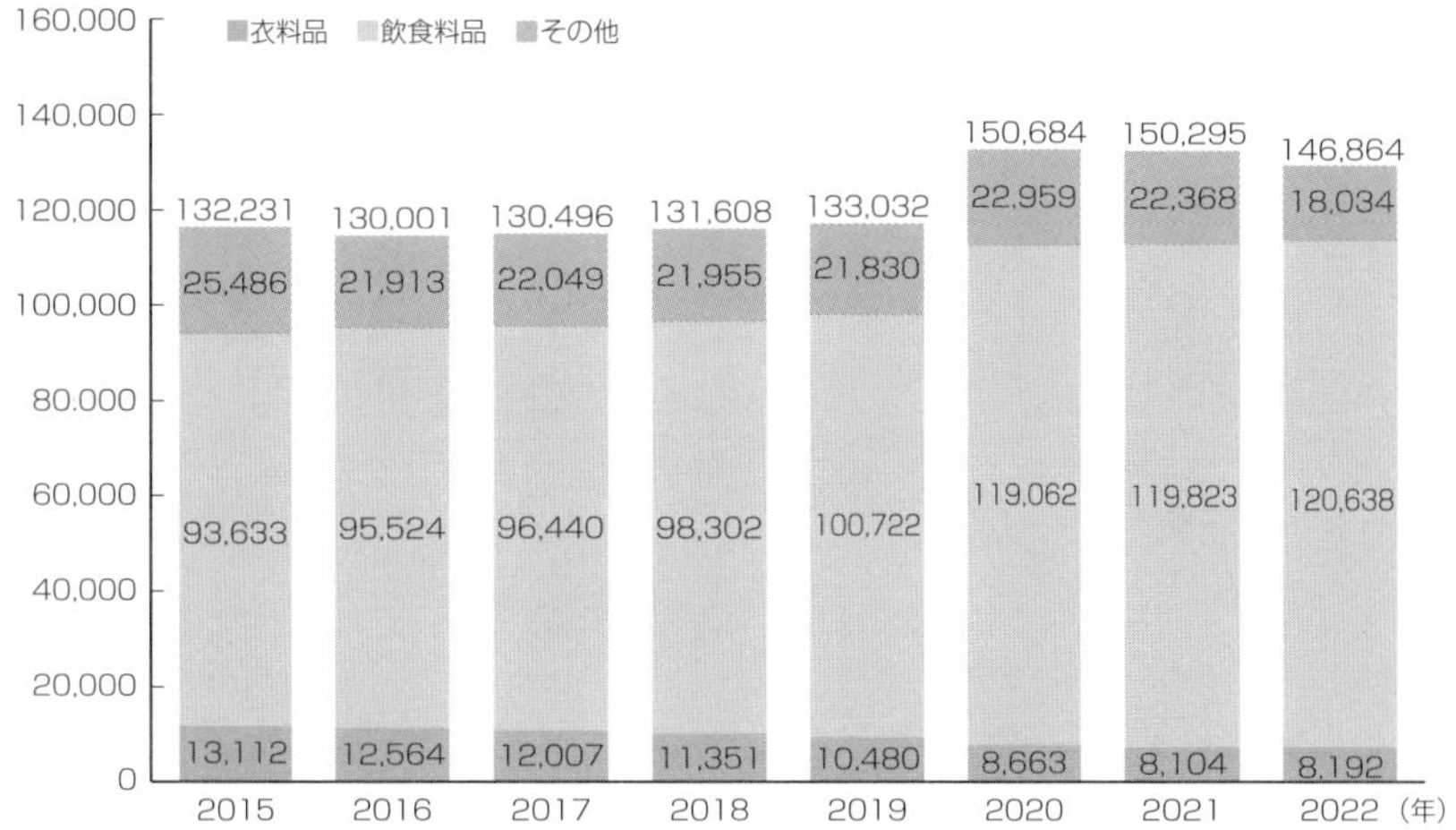

出典：経済産業省 商業動態統計 時系列データ「百貨店･スーパー商品別販売額及び前年（度、同期、同月）比」をもとに作成

スーパー売上高トップ10（2021年度、単位：億円）

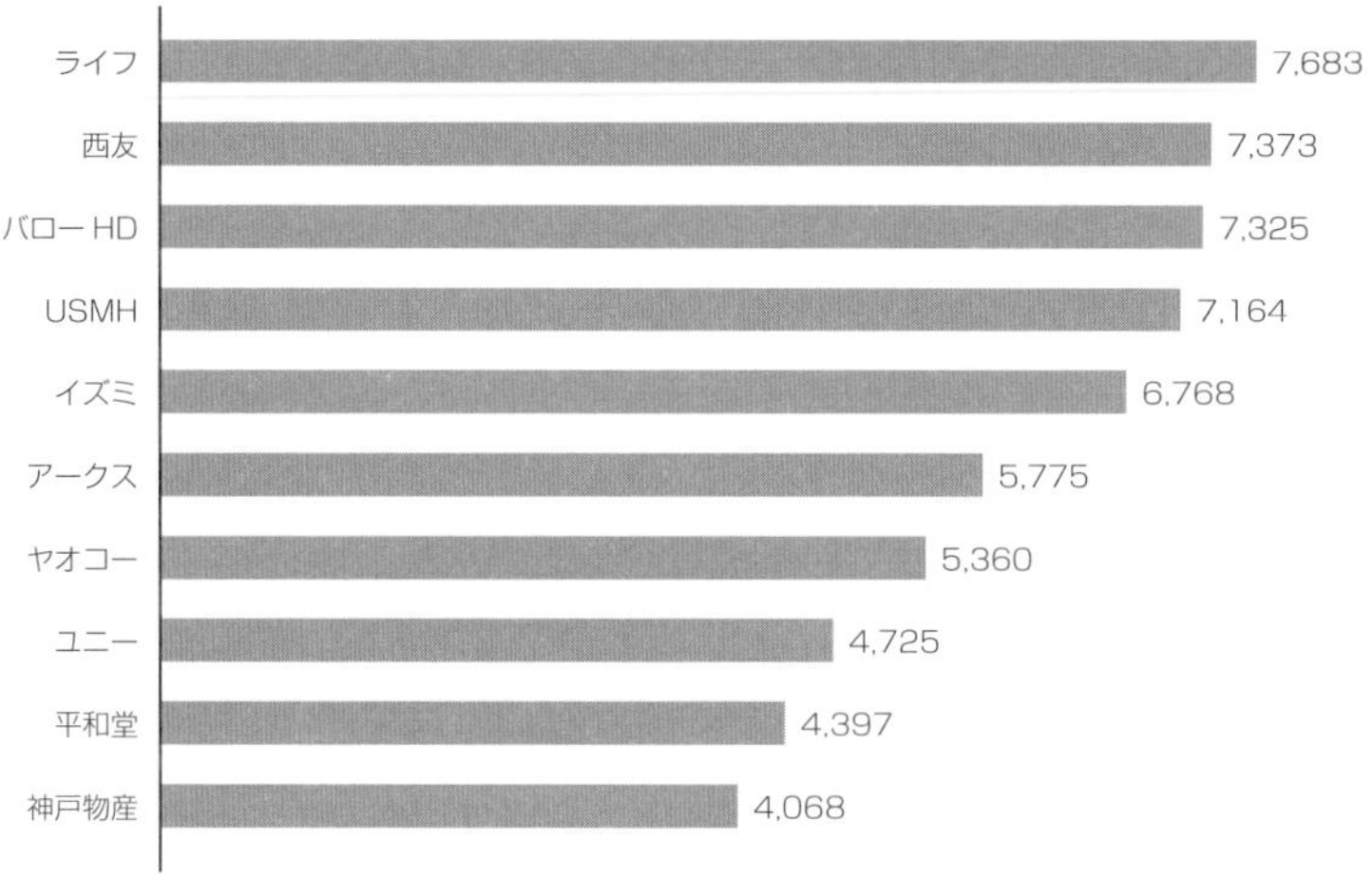

出典：各社決算資料

2 同質化競争からの脱却（ライフコーポレーション）

ライフ（運営：ライフコーポレーション）は、国内の二大消費地である近畿圏と首都圏を中心に展開されている広域エリアの食品スーパーです。独自色の発揮、ライバルとの差別化をテーマに業務展開しています。

ライフは、食品スーパーでは長年にわたってトップ級の売上高を続けています。その原動力になっているのは、積極的な出店攻勢です。二〇二三年二月期決算は、営業収益が前期比一・二％増の七六八三億円、営業利益が同一六・三％減の二二九億円と増収減益を記録。PB商品の販売強化が奏功した一方、新規出店やECでのコストが増加しました。

　ライフの最大の特色は、関東と関西で同規模の業容を維持していることです。関東地区の四都県に一二五店を有し、売上高は三六八六億円。関西は二府二県に一六〇店を構え、三七六四億円と拮抗《きっこう》しています。

　同社は「同質化競争からの脱却」を今後のスーパー事業経営の基軸に据えています。安易な価格競争は企業の体力を弱め、持続的な成長を阻む懸念があると判断。ライバルの動向に合わせるのではなく、独自の経営路線を歩むことにしました。

　二三年度からの中期経営計画策定にあたって、「スーパーマーケット四・〇」を掲げています。一九五〇年代の国内スーパー時代を「一・〇」、二〇〇〇年代のネットスーパー時代を「二・〇」、二〇一〇年代の**オーガニック***拡大期を「三・〇」と捉え、今後は実店舗やネットスーパー、オーガニック商品が切れ目なくつながる次世代型のスーパーを志向しています。

　二二年一〇月、創業者の清水信次氏が老衰のため九六歳で永眠しました。一九六一年に一号店を開店してから六〇年ほど。業界有数のスーパーチェーンに育て上げた生みの親の死去で、ライフは名実共に新しい時代を迎えたといえるでしょう。

用語解説

***オーガニック**　organicは有機物の意味。化学肥料や農薬を使わない野菜、および添加物の入っていない食料品全般を指す。

ライフの業績推移（単位：百万円）

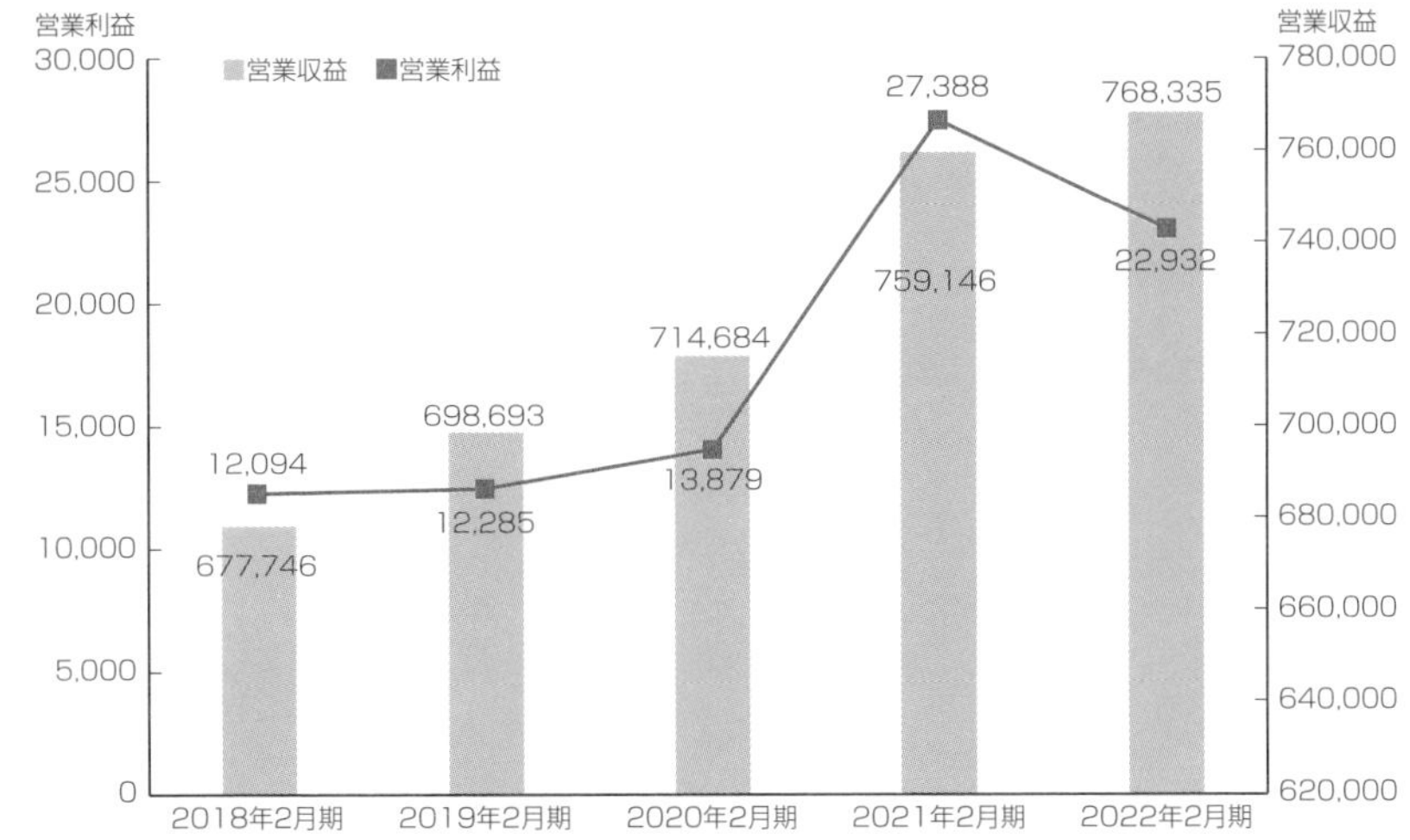

出典：同社決算短信

地区別売上高と店舗数、シェア（2022年2月期、単位：店・百万円）

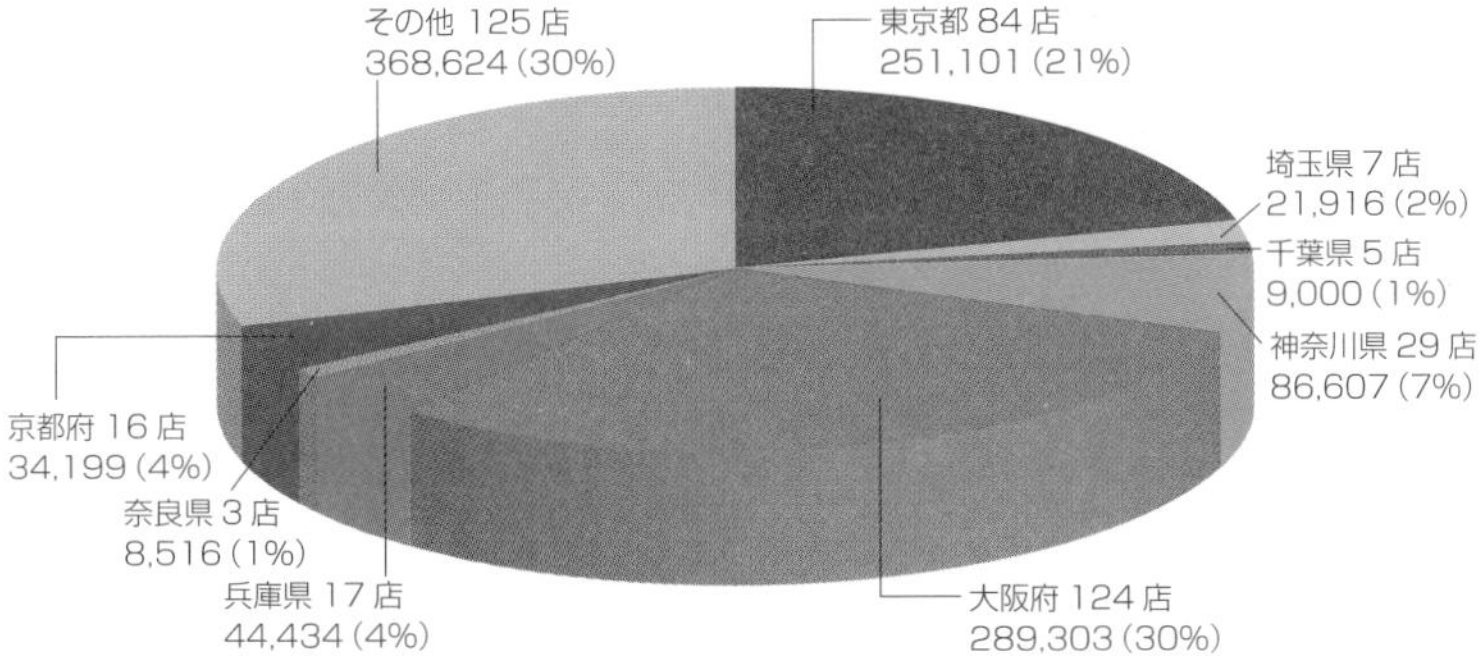

出典：同社2022年2月期決算・参考資料

3

デスティネーション・ストア戦略（バローHD）

東海・北陸の中部エリアで店舗展開しているバローホールディングス（HD）は、二〇一五年に持株会社に移行。地盤である東海エリアで「バロー経済圏」構築を目指しています。

　バローHDは一九五八年に岐阜県恵《え》那《な》市で創業。東海、北陸を中心に関東甲信越、関西などの二〇府県に食品スーパーマーケット（SM）三二五店、ドラッグストア四九四店、ホームセンター（HC）一六〇店、スポーツクラブ一八七店、ペットショップ二一七店など二三一八店を有し（二二年一一月）、中部エリアでは小売最大手の一角です。

　二二年三月期連結決算は営業収益七三二五億円、営業利益二二一億円を記録しました。スーパーやドラッグストアの買収で売上が増加、店舗新設および改装コストも増加しました。売上に占める各事業のシェアは、六割がSM事業、利益率の高いドラッグストア事業が二割、HC事業が一割などとなっています。

　同社の成長戦略は、来店の決め手となる商品力を有する「デスティネーション・ストア」構想にあります。二〇二二年度からは出店を抑制し、既存店の改装を重点的に進めています。コンビニやドラッグストアなど競合業態が食品販売を強化、ECサイトでの食料品購入も一般化している中で、スーパーの武器である「商圏の近さ」による優位性が失われていると判断。これまで以上に商圏を広げて顧客を獲得するため、生鮮品の強化を軸に「来店したくなる店舗づくり」に注力しています。郊外店は店舗改装、都心部の店は生鮮部門に特化した店舗づくりを目指しています。

　また、一八年一二月に業界大手のアークスなど二社と共に設立した「新日本スーパーマーケット同盟」は、共同仕入れを進めて原価低減を実現させるなど、提携効果が出ています。

ワンポイントコラム

【1カ月あまりの社長交代】　2022年6月にバローHD社長に就任した横山悟氏（66歳）が、体調不良により同年8月、1カ月あまりで辞任しました。後任は田代正美会長（兼任）。また、流通技術本部長の小池孝幸氏（50歳）が代表権のない社長代行を兼務しました。

バローHDの業績推移（単位：百万円）

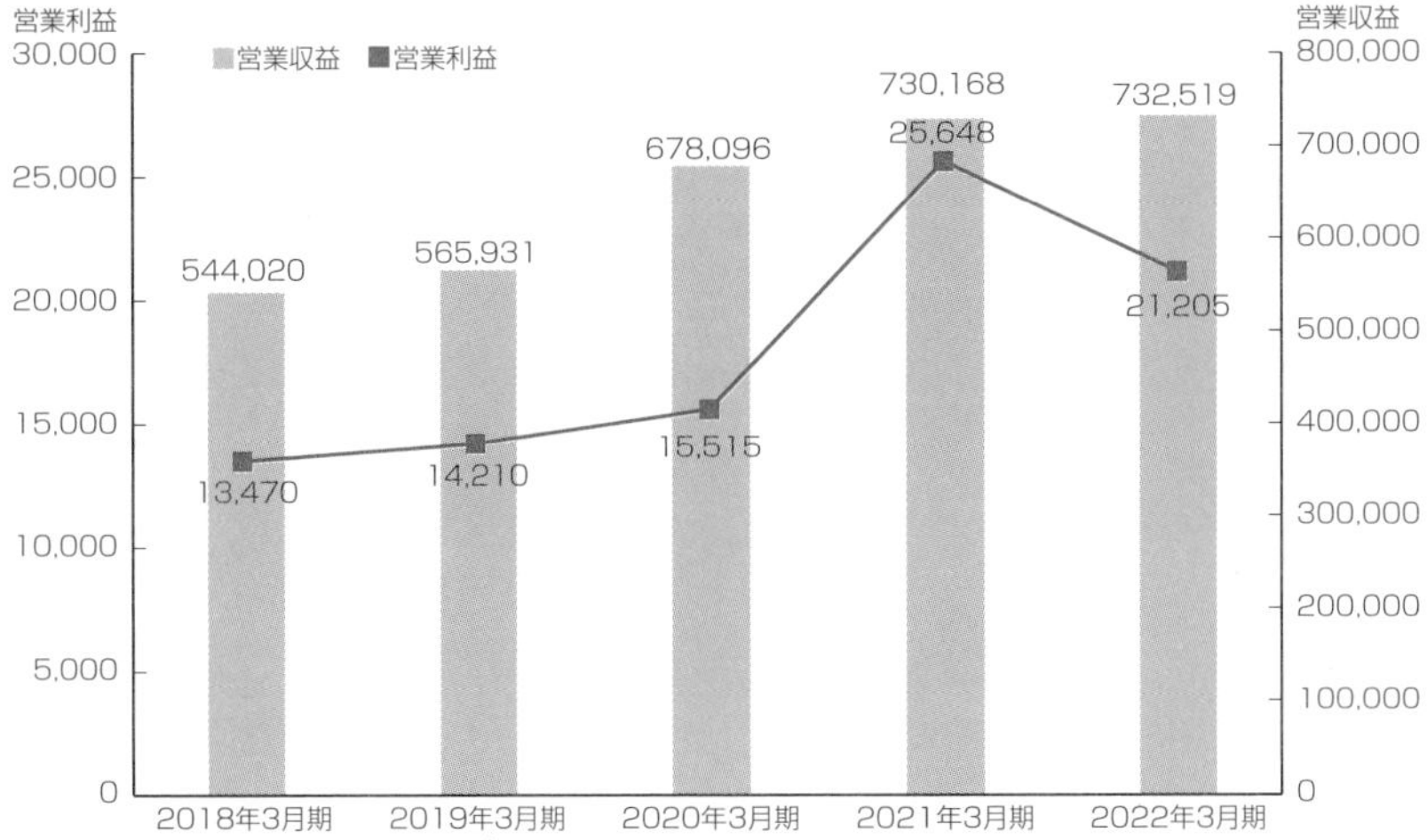

出典：同社決算資料

事業別売上収益（2022年3月期、単位：百万円）

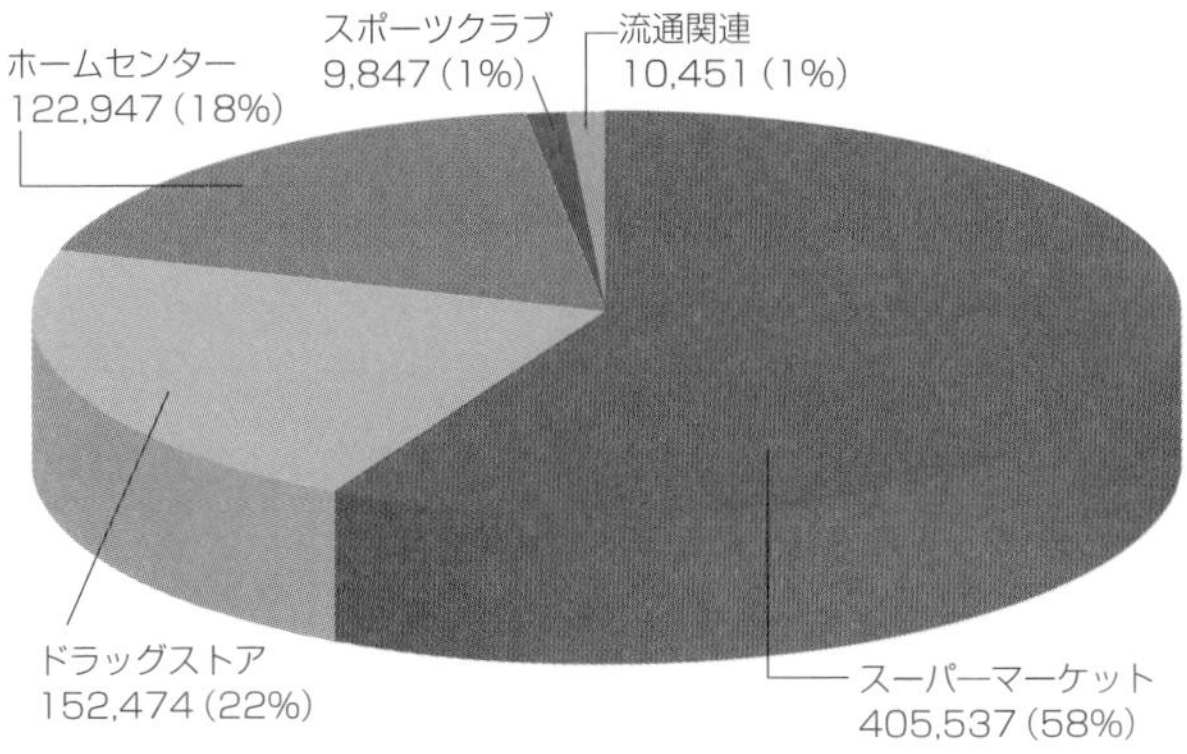

出典：2022年3月期連結決算補足資料

4

急務の経営効率化（USMH）

ユナイテッド・スーパーマーケット・ホールディングス（USMH）は、首都圏を地盤にする三つのスーパーを傘下に持つ共同持株会社で、イオンの関連企業です。

同社は二〇一五年三月、イオングループのマックスバリュ関東、旧ダイエー傘下で同じくイオン系列のマルエツ、茨城県を地盤とするカスミのスーパー三社が連合体を組んでできた共同持株会社です。

二〇二二年二月期連結決算は、営業収益が前期比二・四%増の七一六四億円、営業利益が同三六・四%減の一二一億円と増収減益を記録。デリカ（総菜）部門が伸長し増収に貢献しましたが、レジ周りのシステム投資や改装コストにより減益になりました。

三社の業容を見ると、都心部に多くの店舗があるマルエツの売上高が五割を超えており、次いでカスミが約四割、マックスバリュ関東は六%となっています。

USMHの課題は経営の効率化です。同じイオングループのスーパーながらこれまで独自の経営を展開してきたために、商品開発から物流、店舗戦略までに非効率な面があり、これらを一元化して経営効率を上げる必要があります。**売上高営業利益率***は他のスーパーと比べて見劣りしており、生産性の向上が急務です。

二〇年度からの三年間の中期経営計画では、三社の本部機能をUSMH本部に集約し、**直間比率***を引き下げて店舗に人員を再配置。店舗ではデジタルの活用で売り場での固定作業を効率化するなどしてコスト改革を図っています。マルエツやマックスバリュ関東では、スマートフォン決済「スキャン&ゴー」を一九年一〇月から導入しています。

新店コストは前回中計（一七〜一九年度）に比べて約半分に抑える一方、改装経費を倍増。デジタル関連の開発投資を増やしていく計画です。

用語解説

***売上高営業利益率** 売上高に占める営業利益の割合。数値が大きいほど、効率的に利益を上げていることを示す。

USMHの業績推移（単位：百万円）

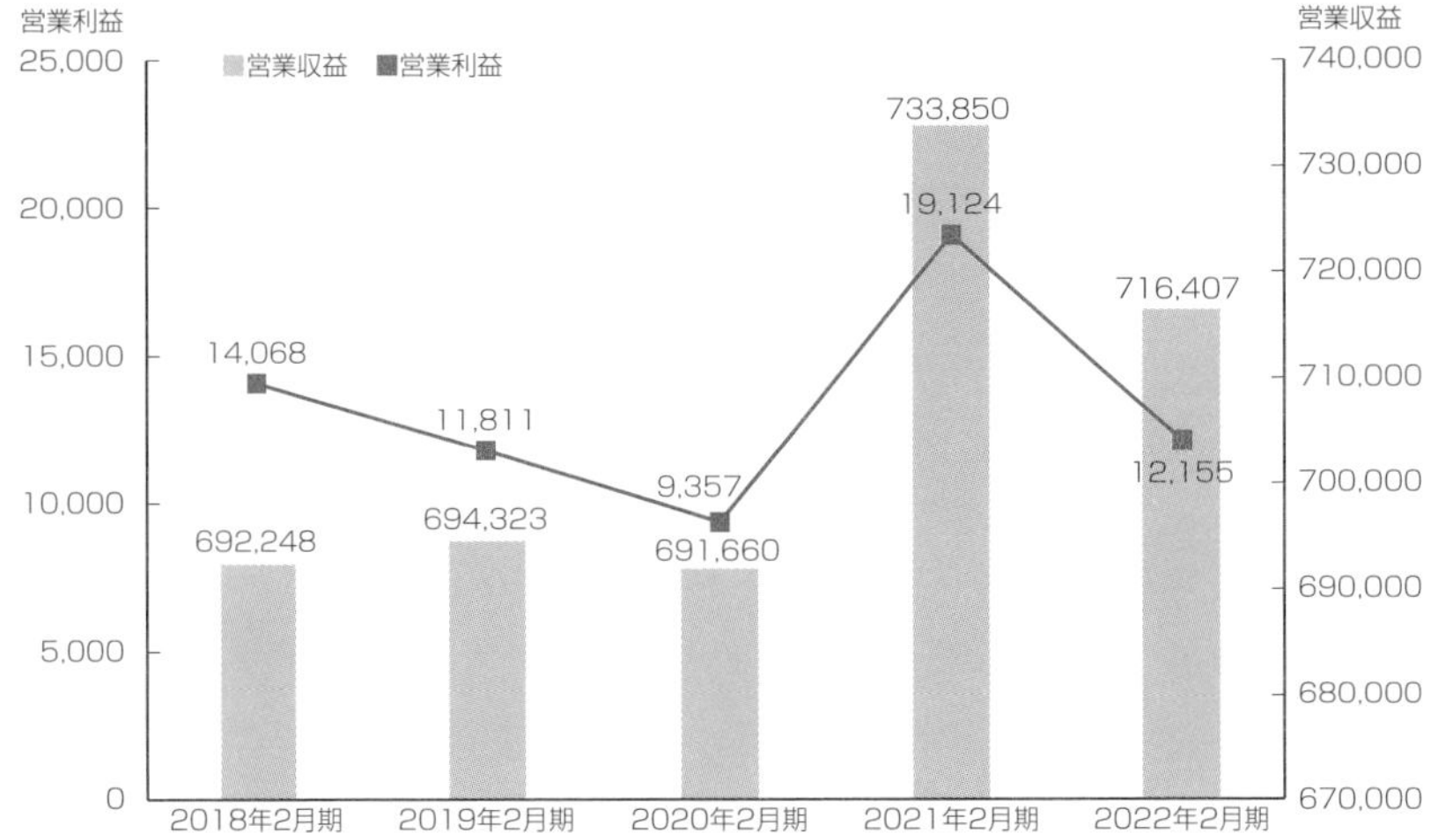

出典：同社決算短信

3社の売上高と店舗数、従業員数（2022年2月期）

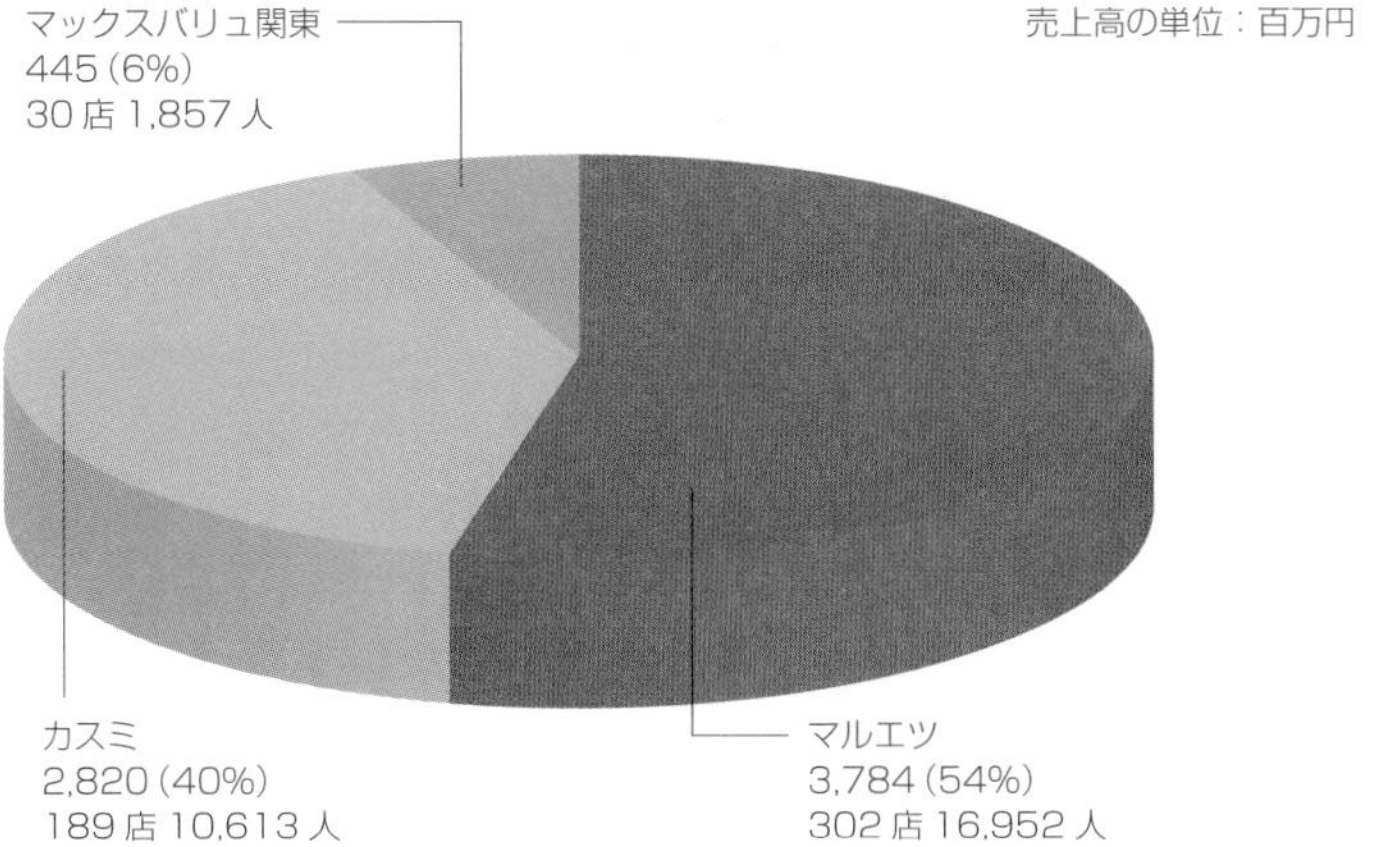

出典：同社2022年2月期決算参考資料

用語解説

＊**直間比率**　総務・人事などの管理業務を間接部門、営業・製造など売上に直接結び付く業務を直接部門と規定し、それぞれの部門と全体の従業員数（または人件費）の比率を表した数値のこと。本文では「間接部門従業員数÷全体従業員数」で求めた値を想定している。

5 中四国・九州に強固な地盤築く（イズミ）

イズミは西日本地区への集中出店、大型ショッピングセンターの展開を軸にした戦略で好業績を維持しており、業態開発にも熱心です。

イズミは、中四国・九州に食品スーパー（SM）一二〇店、ショッピングセンター（SC）六四店、近隣型ショッピングセンター（NSC＊）三店の計一八七店舗を展開しています（二〇二二年二月期時点）。二二年二月期連結決算は、営業収益が前期比〇・四%減の六七六八億円、営業利益が同三・〇%減の三四七億円と減収減益。二一年の巣ごもり需要が一巡し、食品スーパーの収益が減少しました。

イズミの経営における最大の特徴は、西日本地区に集中的に出店する店舗戦略にあります。中四国にSM五九店、SC四三店。九州地区はSM六一店、SC一九店。エリア別の売上高比率は中国地方四一・八%、九州地方三七・八%となっています。

特に、ライバルが目白押しの九州地区では、九五年に「ゆめタウン遠賀《おんが》」（福岡県）を開店させて九州進出を果たして以降、版図を拡大。一四年には福岡、熊本の地場スーパー二社を買収。九州への侵攻を強めてきました。二〇年には業務提携したセブン&アイHDのPB（セブンプレミアム）の販売を開始しています。

二一年四月に中期経営計画を策定。営業収益八三〇〇億円、営業利益四五〇億円達成の目標を掲げました。さらに、二〇三〇年には中四国・九州を軸にした三〇〇店舗体制を実現し、営業収益一兆円の大台乗せと営業利益率（対売上高比）六%を目指す計画です。二五年までの五年間の総投資額はSM事業に四九〇億円、GMS事業（SC・NSC）に五七〇億円、デジタル関連などに四四〇億円を予定しています。

用語解説

＊**NSC**　食品スーパー（ゆめマート）を核に、複数の大型専門店を1カ所に集積した、イズミの新業態「ゆめモール」を指す。2013年11月、下関市に1号店がオープンした。

イズミの業績推移（単位：百万円）

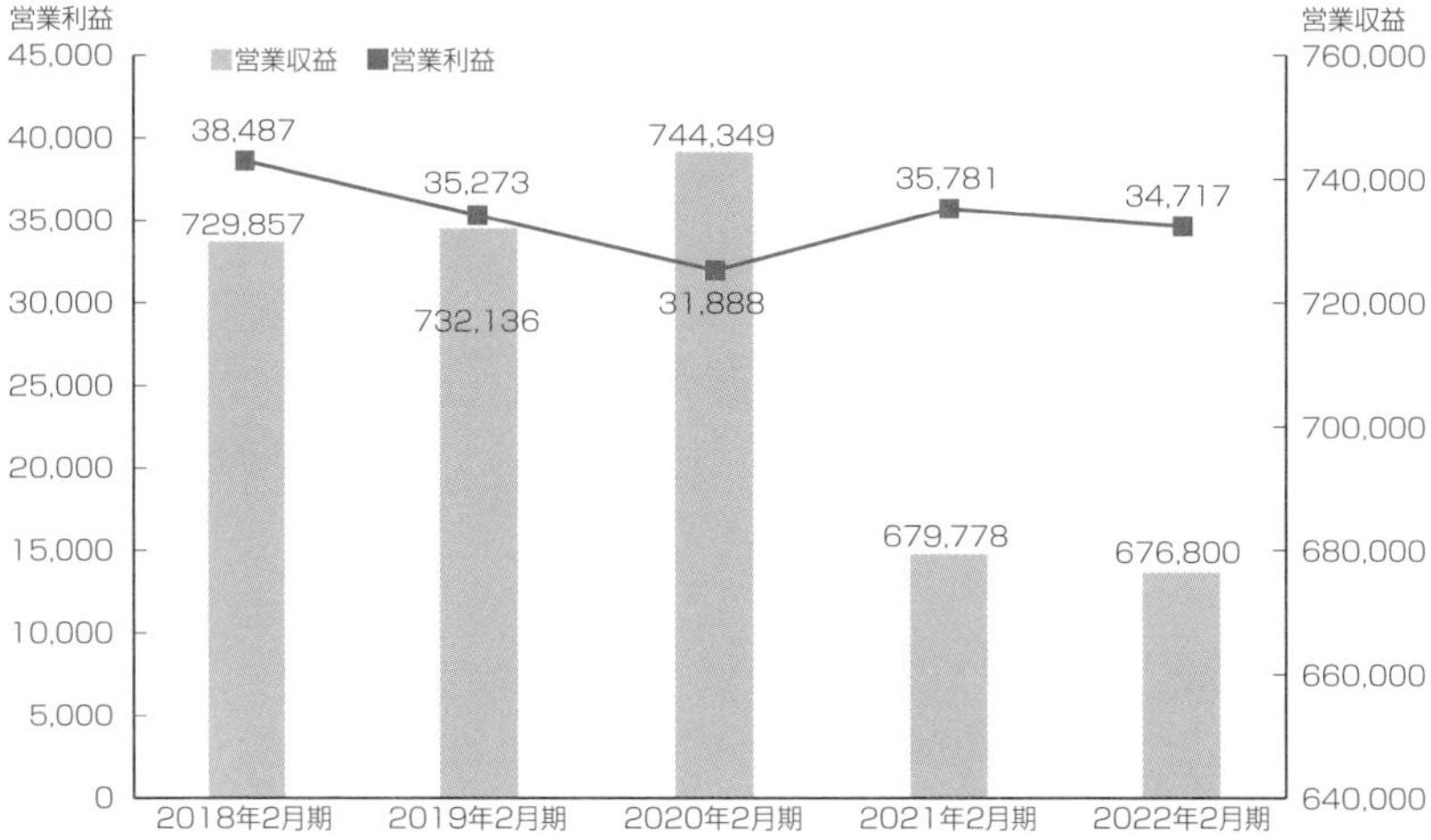

出典：同社決算短信

第二次中期経営計画（2021-2025）

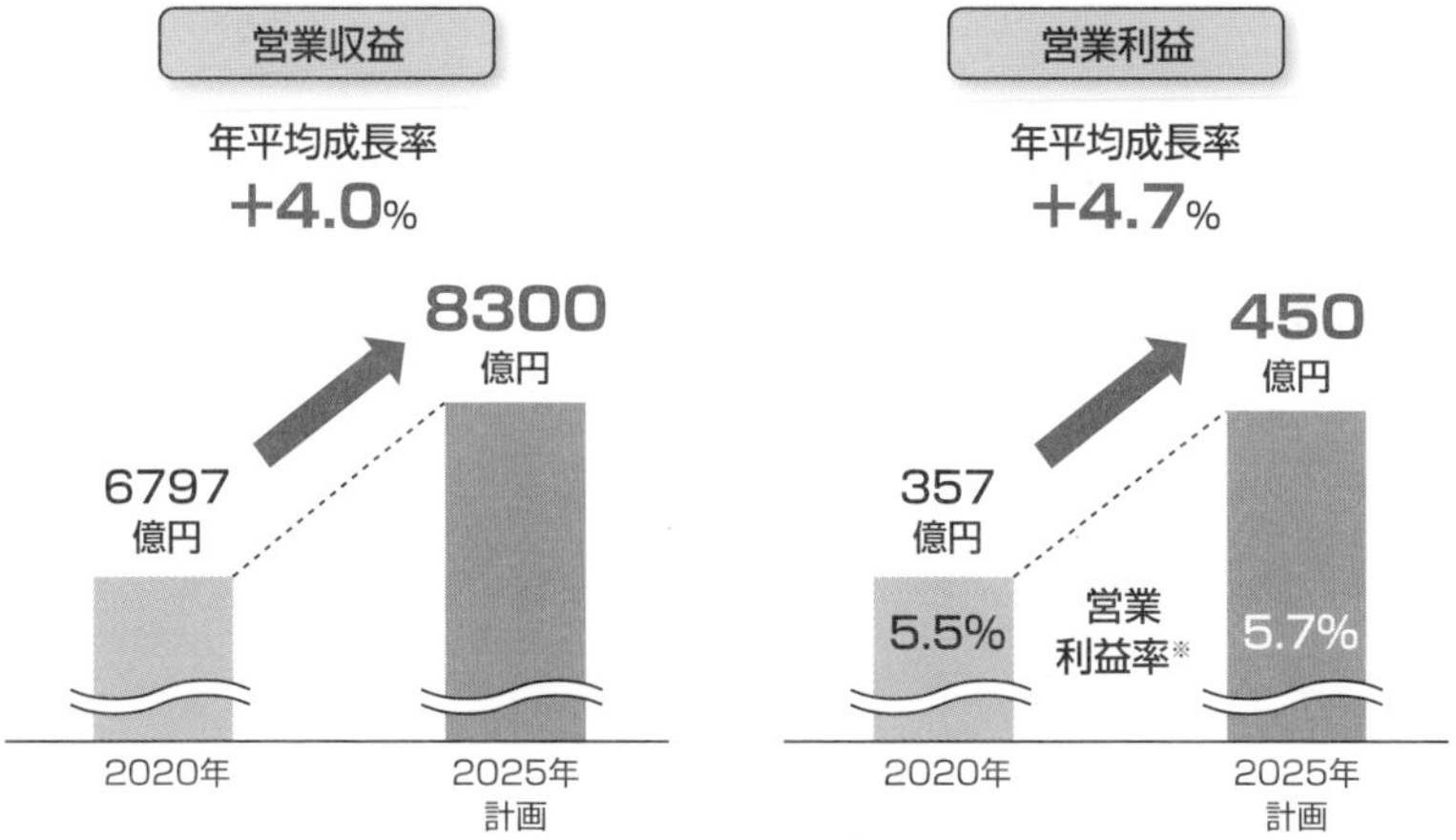

※営業利益率は、対売上高比

出典：同社 2021 年 4 月 13 日付「第二次中期経営計画」

6 関東圏に進出（アークス）

アークスは北海道・東北に多くの食品スーパーを有する持株会社で、道内スーパー最大手。巨大流通資本に対抗すべく、統合再編を繰り返して業容拡大を続けています。

アークスグループは一九六一年に札幌市で創業したダイマルスーパーが母体で、北海道内の食品スーパーを積極的に買収して業容を拡大。〇二年には持株会社制に移行し、現在のグループ展開を本格化しました。

一一年には八戸市に本拠を置く食品スーパーのユニバース、一二年にはジョイス（現・道北アークス）、一四年にはベルプラス（現・ベルジョイス）を傘下に収め、道内にとどまらず北東北にまで版図を拡大しています。二三年二月期の連結業績は売上高五七七五億円（前期比三・七％増）、営業利益一五五億円（二二・三％減）と増収減益を記録しました。二一年四月にグループとして初めて関東圏（栃木県）のスーパー「オータニ」が加わり、売上高を上乗せした一方、販管費の増加で減益になりました。

アークスはイオン、セブン&アイの流通二強に対抗すべく、中小のスーパーを糾合して連合軍を形成。その舵《かじ》取り役を果たしており、グループ内のスーパー各社の自主性を重視する「**八ヶ岳連峰経営＊**」を展開しています。一八年一二月、業界大手のバローなど二社と共に「新日本スーパーマーケット同盟」を組織して戦略的な資本業務提携を結んでおり、業界再編のリーダー的存在になっています。

大手スーパーに対抗して経営を維持していくには、中小の業者が集結して共同仕入れによる原価低減を図ることが不可欠。また、商品開発力を高めるためにはPB商品の拡充も重要な課題で、多くの中小スーパーが導入しているPBブランドであるCGCとの協力体制を強化しています。

用語解説

＊**八ヶ岳連峰経営**　アークスの横山清社長が掲げる経営理念。屋号や売り場づくりなどの個性を生かし、商品仕入れなど顧客から見えない部分は効率化を図る。似た高さの山（同規模のスーパー）が連なることから命名した。

アークスの業績推移（単位：百万円）

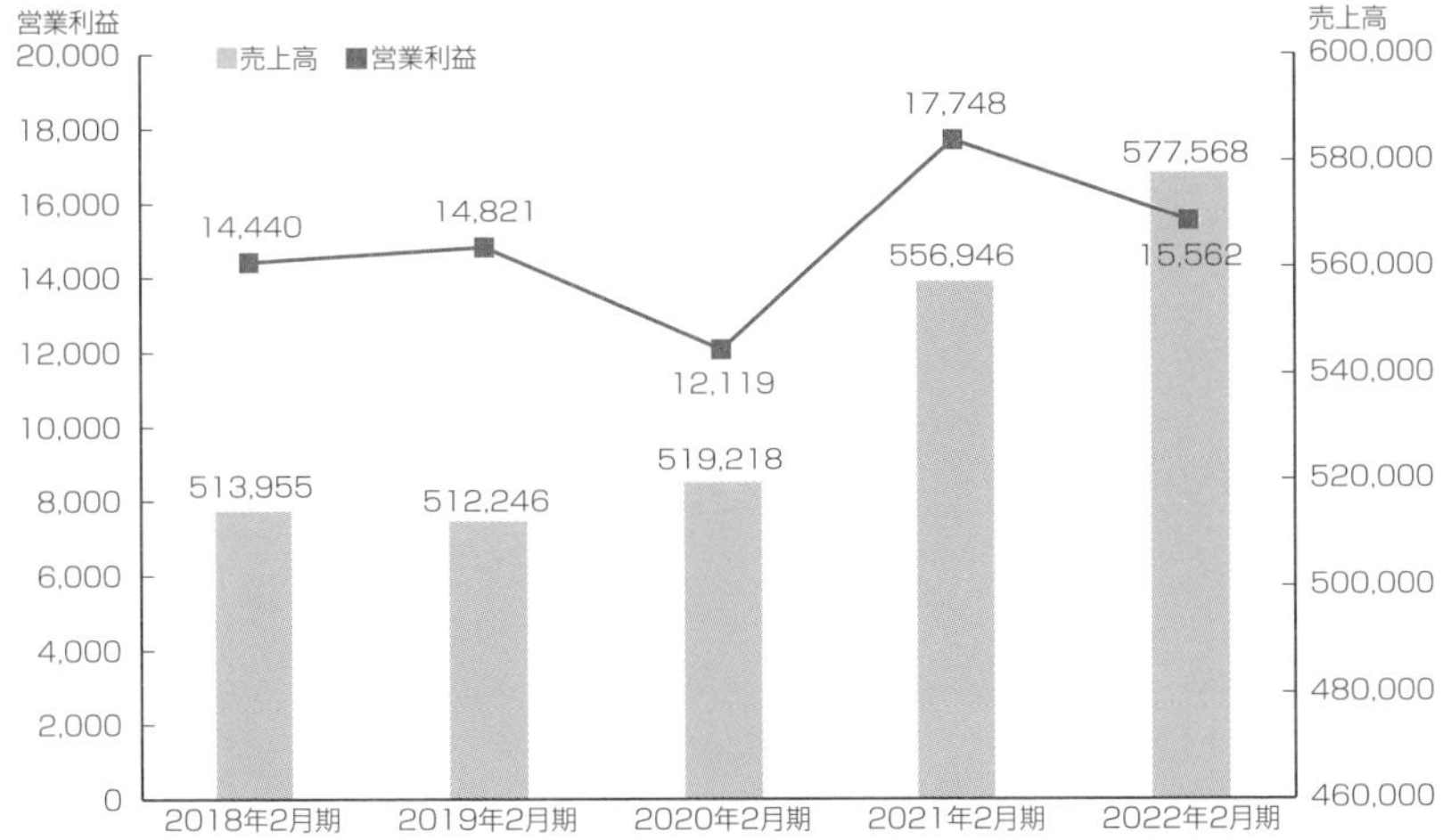

出典：同社決算短信

グループ各社の売上高と店舗数（単位：億円・店）

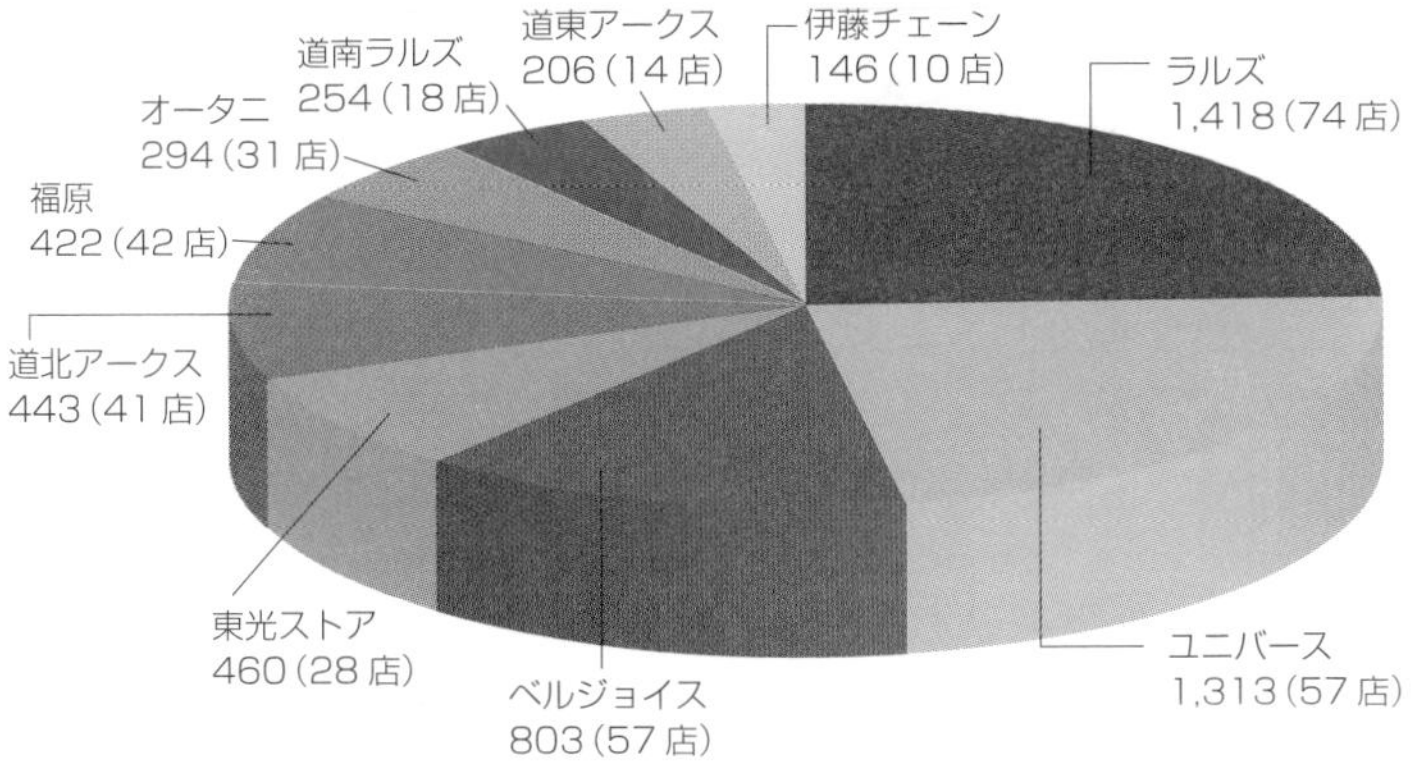

出典：同社決算短信

第4章 スーパー業界の最新動向と課題

7 増収増益を更新中（ヤオコー）

ヤオコーは本拠地の埼玉県を中心に店舗網を拡大し、増収増益を続けています。二〇一七年にディスカウントストア（DS）を買収、二三年には自社DSを開業させています。

　ヤオコーは、埼玉県など関東の一都六県に一九二店舗（二三年三月末現在）を展開する、業界有数の食品スーパー（SM）です。二三年三月期業績は、営業収益が前期比五・五％増の五三六〇億円、営業利益が同七・二％増の二四〇億円となり、三三期連続で増収増益を記録。巣ごもり需要で売上が増加、好採算のデリカ（総菜）が伸長して利益を押し上げました。

　同社は二三年四月からの三カ年を対象とする第一〇次中期経営計画を策定。「二割強い店づくり」のスローガンを掲げています。重点施策として、①価格対応、②個店の販売力強化、③独自商品の商品開発・開拓、④生産性の向上――を目指し、二四年三月期の目標を連結で売上高五一五六億円、経常利益二三八億円としています。いずれもすでに二三年三月期に達成しており、今後軌道修正されると思われます。

　ヤオコー最大の強みはデリカ、生鮮品に代表される豊富な食品の取り扱いにあります。特にデリカは大量に調理し小分けにして販売するため利益率が高い戦略商品。好みに合う総菜を**指名買い***する顧客も多いといわれるだけに、集客に直結するスーパーの重要な戦略商品です。同社はデリカと共に青果・精肉・鮮魚といった生鮮品を含めたセンター設備の一層の活用とSPA（製造小売）の機能強化を図る意向です。

　新業態への進出も推進しています。一七年に買収したDS子会社「エイヴイ」から得たノウハウをもとに、二三年八月、新たなDS「フーコット」一号店を飯能《はんのう》市に開店。通常店舗エリアにディスカウント店を投入するドミナント戦略を進めていく計画です。

用語解説

＊**指名買い**　顧客が特定の店舗で商品やサービスを購入するとあらかじめ決めている状態のこと。または、購入する商品やサービスの具体的な名称や型番をあらかじめ決めている状態のこと。

4-7 増収増益を更新中（ヤオコー）

ヤオコーの業績推移（単位：百万円）

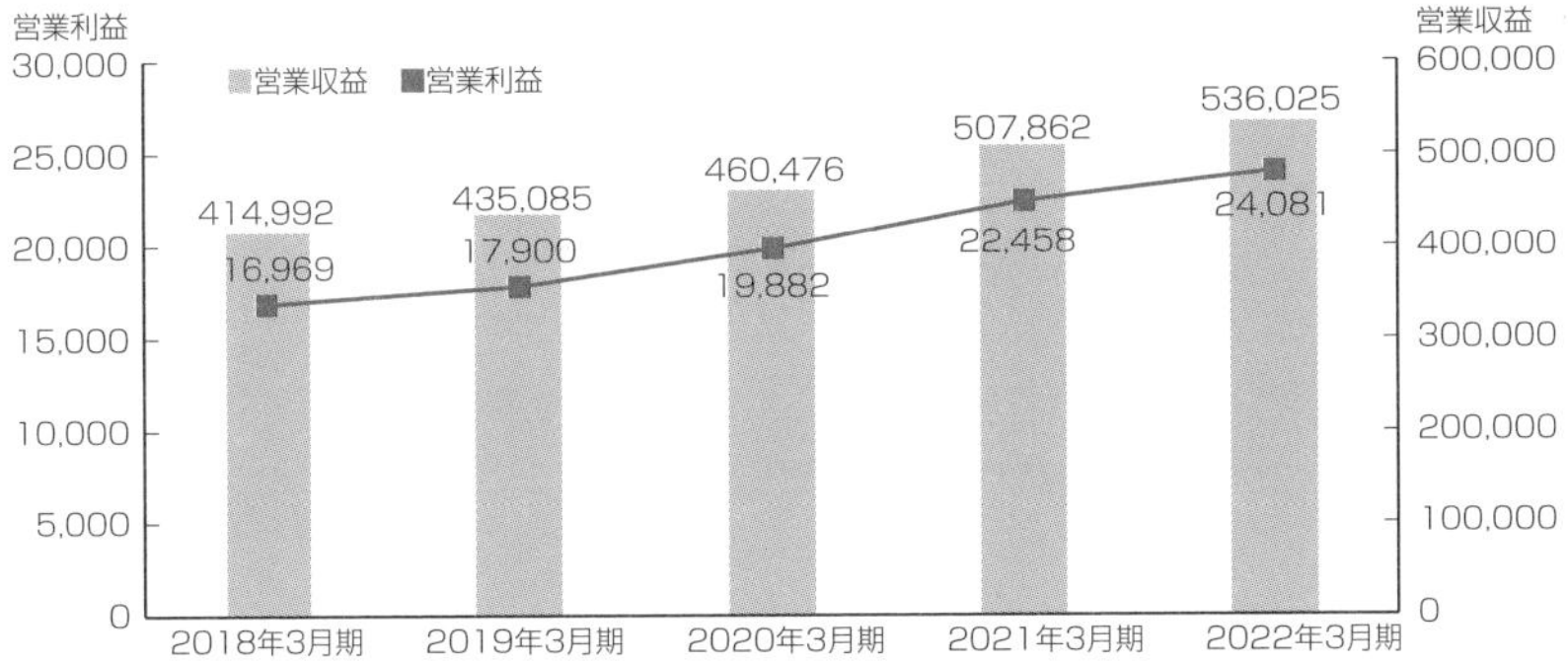

出典：同社決算資料をもとに作成

商品部別の売上高（2022年3月期、単位：百万円）

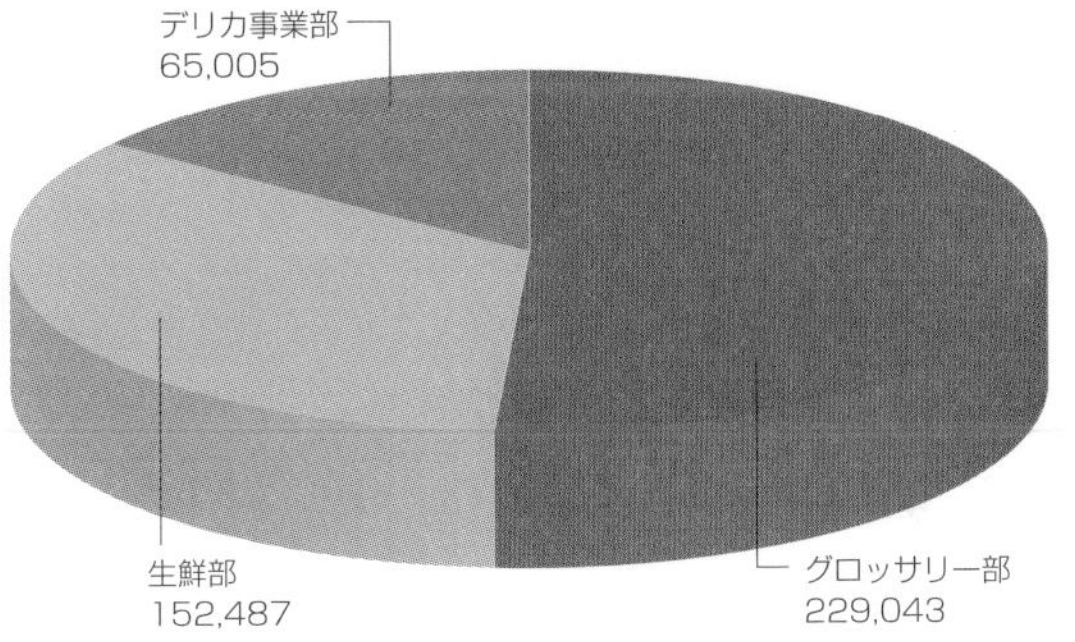

出典：同社決算資料

都県別店舗数（2022年3月期）

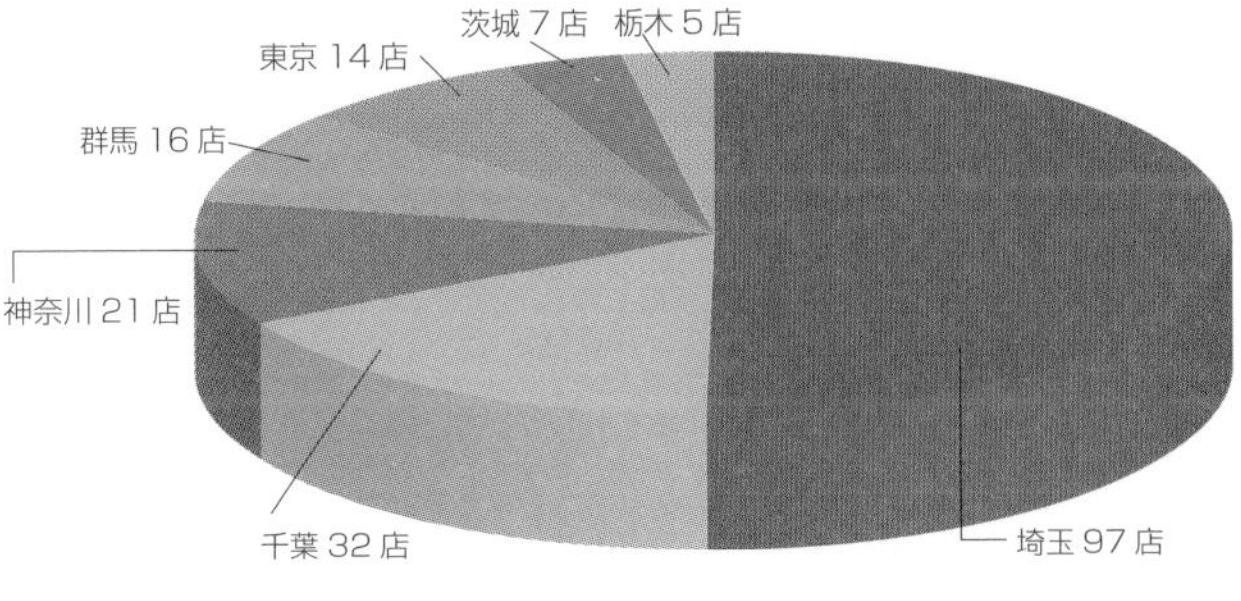

出典：同社決算資料

8 多彩な店舗業態が裏目?(ユニー)

ユニーは東海地区を中心に関東、信越・北陸、近畿の広域圏で店舗展開している業界大手。GMS、SM、SC、DSにまたがる多彩な店舗タイプを誇る総合スーパーグループです。

ユニーは一九七一年、衣料系スーパー二社が合併して設立されました。その後、業績は順調に推移していたものの、二〇一〇年代に入ると下降し始めました。

経営再建を目指して一三年に持株会社へ移行(ユニーグループ・ホールディングス)。一六年にファミリーマートと経営統合してユニー・ファミリーマートHDに社名変更しました。一七年にはドンキホーテHD(現PPIH)がユニーを買収し現在に至ります。

この一〇年間は経営が迷走した感があります。スーパー業界では巣ごもり需要と石油価格の高騰などによる原材料高とで増収減益が業績トレンドになっていますが、ユニーの直近二年は減収減益です。

ユニーは関東地区の六県に一三店舗、東海四県に一〇三店舗、信越・北陸の五県に一六店舗、近畿二県に二店舗の一三四店舗と広い営業エリアがあります。

もう一つの特徴は四業態九種類にも及ぶ店舗タイプです。食品スーパー(SM)は「ピアゴ」など三タイプ、SC、GMS、DSもそれぞれ二タイプあります。

しかしこの二つの特徴が成長の阻害要因になっていないでしょうか。関東地区では大票田の東京都に店舗がありません。また、親会社パン・パシフィック・インターナショナルホールディングス(PPIH)との協業によって生まれたともいわれる多様な店舗タイプが集客力を弱めている可能性があります。

PPIHの主軸であるドン・キホーテへの業態転換が進んでいますが、**カニバリ***のリスクが生じるとの指摘もあり、難しい問題を抱えています。

用語解説

***カニバリ** cannibalization。自社競合、共食いのこと。自社または自社の属する企業グループの商品が自社商品と競い合い、疲弊する状態を指す。

ユニーの業績推移（単位：百万円）

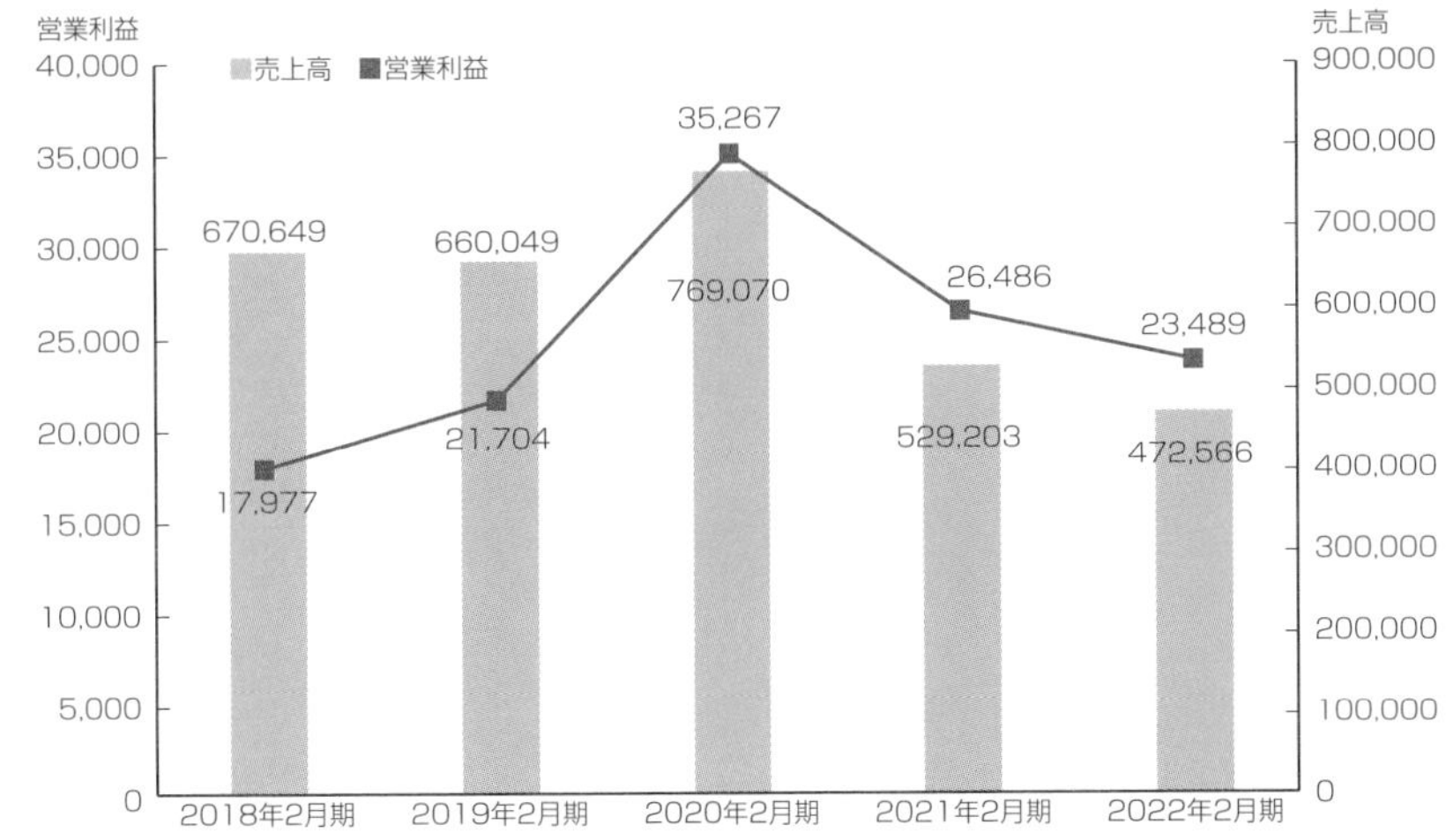

出典：同社決算公告

ユニーの４業態９タイプの店舗

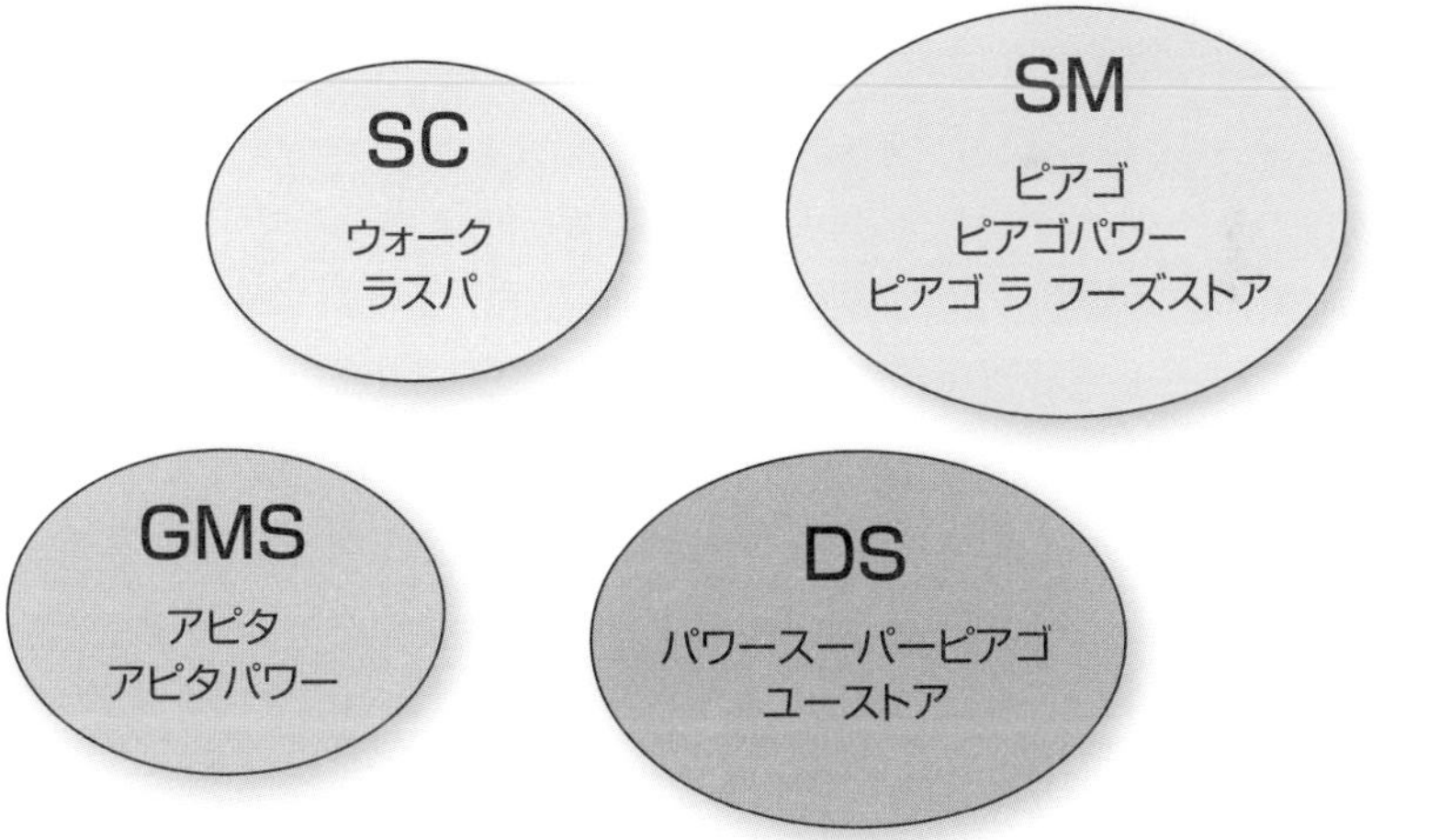

出典：同社 Web サイト

9

都市部小型店を志向（平和堂）

平和堂は、滋賀県を中心に集中出店するドミナント戦略を展開し、強固な地盤を築いています。総合スーパー（GMS）、食品スーパー（SM）の二業態を駆使し、京阪神や東海地区にも進出しています。

滋賀県を中心にGMSやSMを展開する平和堂は、二〇二二年二月期連結決算で営業収益が前期比〇・一％増の四三九七億円、営業利益は同九・四％増の一五三億円と増収増益を記録。しかし単体では巣ごもり需要が一巡して減収でした。生産性向上による人件費抑制効果などで連結の営業利益は増加しました。

平和堂は巧みな店舗戦略で今日の地位を築きました。一定地域に多店舗を集中して出店し、面展開で優位に立つ**ドミナント戦略***を基本に据えています。毎日の暮らしに必要なものを取り揃えた生活便利店と、大型ショッピングセンターを組み合わせて出店。地域密着を図り、地域一番店となることを目指しています。その中心は滋賀県で七七店舗。全売上高の四割強を稼いでいます。経営戦略の特徴では、幅広い業態でのフランチャイズ（FC）運営が挙げられます。子会社の「ダイレクト・ショップ」は、書籍やCD・DVDの有力企業のFCやフィットネス大手のFCも展開しており、滋賀県民の生活に深く浸透しています。

今後の店舗開発では、二府七県の商圏への進出は変わらないものの、高コストの京阪神や愛知県の大都市圏では三〇〇坪（約九九〇㎡）規模の小型店を中心に出店することを目指しています。

二二年二月にはネットスーパーを京都府宇治市の店舗でスタートさせました。専用のスマホアプリで注文した商品を指定の場所に届ける仕組みです。また、利用者自らがスマホを操作して店内で買い物をしながら決済できる「スマホレジ」を、二四年二月までに関西地区の二〇店舗あまりに導入する計画です。

用語解説

＊ドミナント戦略　dominantは支配的、または優位に立っている状態を指す。小売業では特定地域に集中した店舗展開を行うこと。代表例にセブン-イレブンの店舗戦略がある。

平和堂の業績推移（単位：百万円）

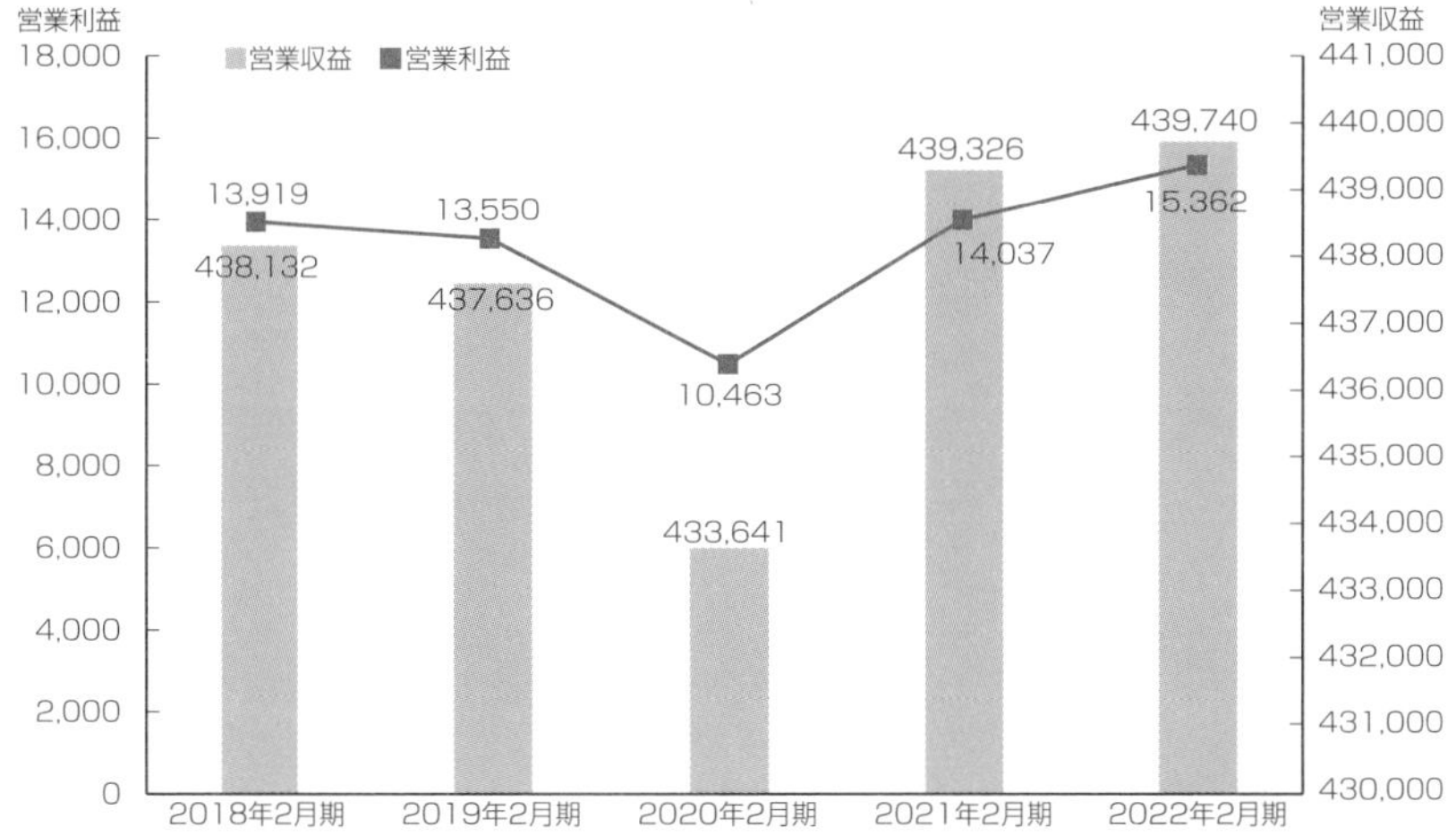

出典：同社決算短信

県別の売上高と店舗数（2022年2月期、単位：百万円・店）

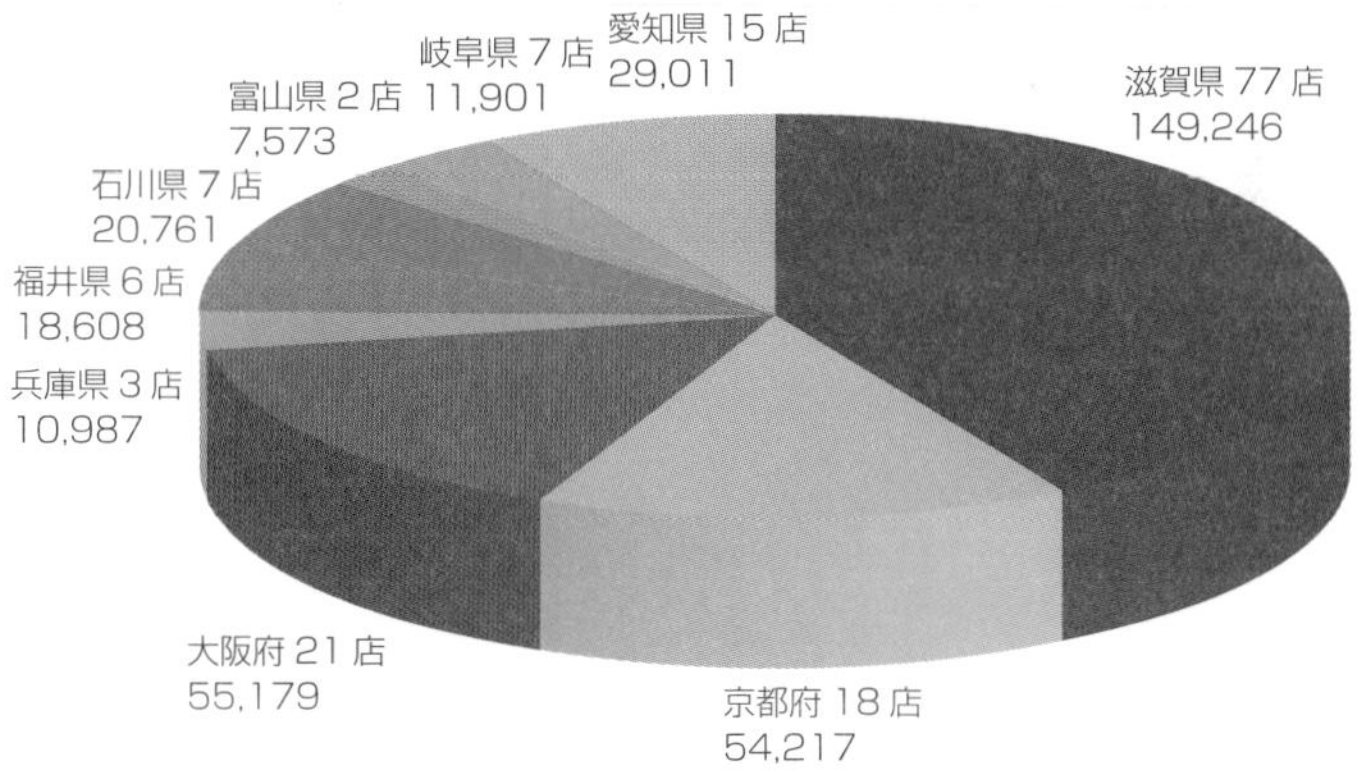

出典：同社決算資料

10

人気の業務スーパー（神戸物産）

神戸物産は飲食店向けの業務用食品小売でスタートし、現在は一般消費者も含めた「業務スーパー」をフランチャイズ（FC）展開、一〇〇〇以上の加盟店を誇る新興企業として業界の注目を集めています。

神戸物産は一九八一年に兵庫県加古川市で創業。二〇〇〇年三月に「業務スーパー」一号店を同県三木市に開店したのを皮切りにFC展開し、二三年一〇月現在で直営三店を含む一〇〇七店舗を有しています。

同社の特徴は、徹底した製販一体体制と独自のFC展開にあります。国内メーカーの商品（NB＝ナショナルブランド）を陳列していては大手スーパーに太刀打ちできません。自社工場を増やしてPB（プライベートブランド）の品揃えを図り、価格と多様な商品群で消費者を引き付けようという狙いが当たりました。自社グループの工場は国内外に二五カ所あり、食品スーパーとしては国内最多クラス。商品も世界五〇カ国から直輸入しています。数年前にブームを起こした「**タピオカ***」も同社のヒット輸入商品の一つで、これがマスコミなどでも数多く取り上げられ、業務スーパーの知名度が上がりました。

自由度の高いFC制度も特徴の一つ。関東・関西・九州を直轄地区とし、その他は地方ごとに地区ライセンス契約する仕組み。ロイヤリティは負担が小さく、経営の自由度も保証しています。業務スーパーでは生鮮品（青果・精肉・鮮魚）は取り扱わないのが基本ですが、その判断はFC店の裁量に委ねられています。店内に一〇〇円ショップなどのテナント出店も可能です。

こうした柔軟なFC経営が奏功し、一号店開店から二一年目の二二年一月に四七都道府県への出店を達成し、二三年一〇月に一〇〇〇店の大台を突破しました。同年一一月にはオンラインショップもオープンするなど、業容拡大を進めています。

用語解説

***タピオカ**　キャッサバ（熱帯地域でとれる芋の一種）の根茎で作ったでんぷんのこと。ミルクティに入れて飲むことが台湾で流行、2019年に日本国内でも若者を中心にブームになった。

神戸物産の業績推移（単位：百万円）

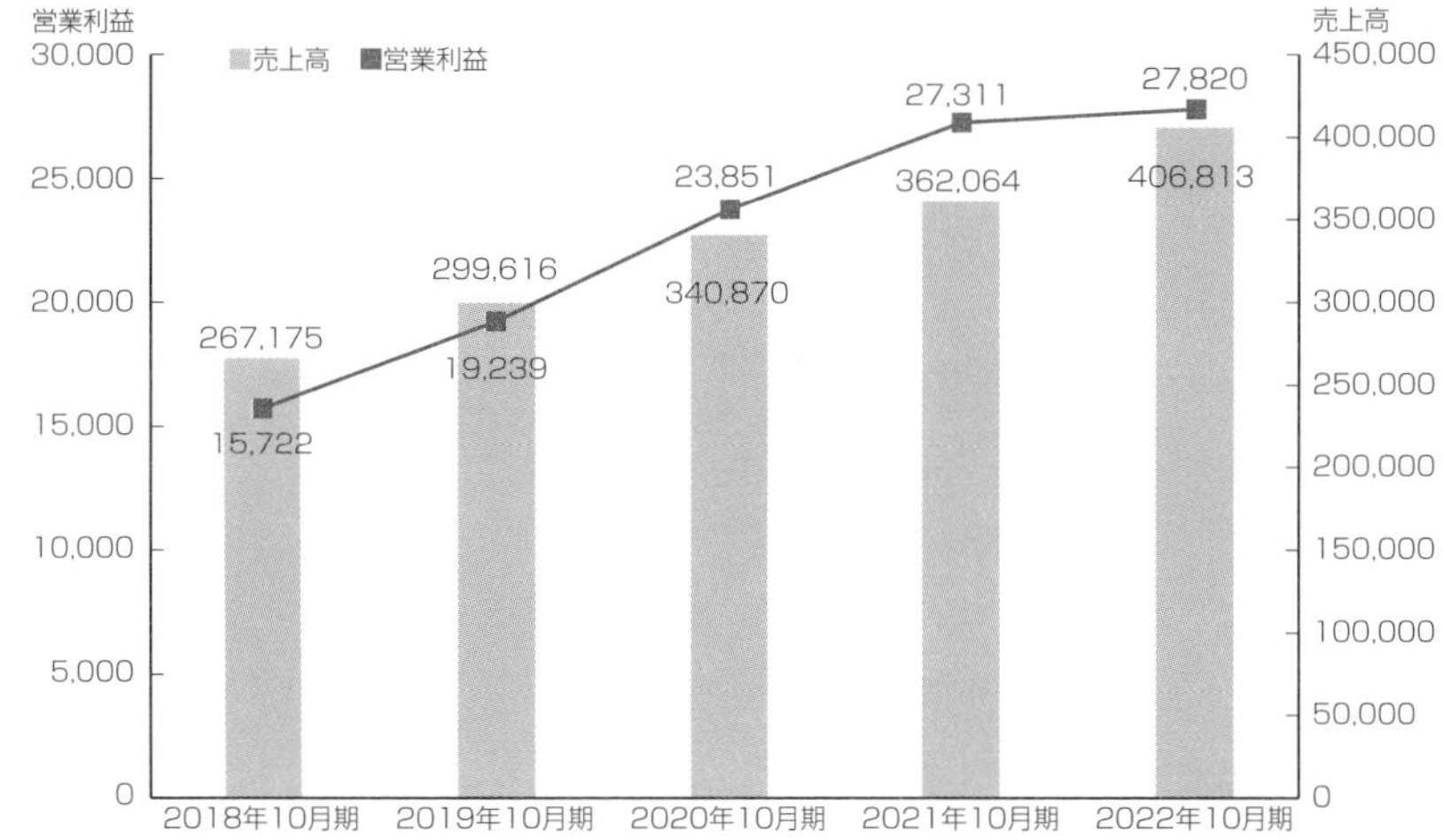

出典：同社 Web サイト「財務情報」

業務スーパーの契約概要と加盟条件（2022 年 10 月現在）

	直轄エリア	地方エリア
契約社数	89 社	15 社
契約単位	1 店舗単位で契約 どのオーナーでも出店可能	県単位で契約 エリアオーナーにより独占権あり
加盟金（消費税等別途）	200 万円	当該エリアの人口× 2 円
保証金	1,000 万円	当該エリアの人口× 5 円
ロイヤリティ	総仕入高の 1%	対象商品の仕入高の 1%
設備費	常温棚および冷凍設備工事約 3200 万～ 3800 万円（これは目安であり、物件により変動する） 別途：設備、建築工事一式、POS レジ、その他準備金など	
配送料	原則本部負担	要相談

出典：同社 2022 年 10 月期決算説明資料

column

ライフ創業者の清水信次氏が死去

ライフコーポレーションの創業者で名誉会長の清水信次《のぶつぐ》氏が2022年10月に老衰のため96歳で死去しました。清水氏は三重県津市生まれ。祖父が経営するタオル製造業が繁盛し幼少期は裕福に過ごしましたが、昭和恐慌で生活は暗転。工場は閉鎖し、両親は大阪に移って食料品店を営みます。

軍国少年だった清水氏は陸軍に入隊しました。しかし、本土決戦が近付いた終戦直前、無謀ともいえる特攻作戦に疑問を抱き、国家への不信感を募らせながら戦後を迎えたといいます。この反抗心がその後の売上税（のちの消費税）の反対運動につながったといわれています。

戦後は闇市で食品を売るなどして資金をため、1956年にライフの前身である清水実業を設立、1961年に食品スーパー「ライフ」を大阪府豊中市にオープンしました。その後は、ライフの業容を順調に拡大し、中堅スーパーからやがて日本一の食品スーパーへと成長させていったのです。その間、1986年には日本チェーンストア協会会長に就任し、売上税導入反対の急先鋒に立ちます。当時の中曽根政権が、経団連の反発の強い物品税ではなく、消費者や流通業者に負担を強いる売上税の導入を持ち出したことで、清水氏らは猛反発しました。氏は多くのテレビ番組に出演して売上税導入阻止の論陣を張り、2001年には小沢一郎氏率いる自由党から参院選に立候補、2010年にも民主党から出馬（いずれも落選）するなど、生涯にわたって行動の人でした。

一貫して国民の生活を守る立場からスーパー経営を続けた清水氏は、経団連など経営者寄りの経済団体に対抗して2011年、「国民生活産業・消費者団体連合会」（生団連）を立ち上げています。当時85歳の高齢でありながら新団体を創設し、流通業界の将来を考えていた氏の遺志を受け継いでいくことが求められます。

第5章

コンビニ業界の最新動向と課題

わが国にコンビニエンスストアが誕生して半世紀が経ちました。街並みにすっかり溶け込んだコンビニですが、同業者間の競争だけでなく異業種との競争も激化し、既存店の売上の伸びが鈍化しています。海外事業の成否が、大手四社の業績格差を一段と広げているようです。

1 コンビニ業界の現状

コンビニエンスストアが国内に誕生して半世紀。売上高一一兆円、店舗数五万五〇〇〇の一大産業に成長しました。しかし、他業態との競合が激化。業界を取り巻く環境は年ごとに厳しくなっています。

七〇年代前半に登場したコンビニは、年中無休と長時間営業という「時間の便利さ」、家や職場の近くにあるという「立地の便利さ」、一カ所で必要なものを買うことのできる「ワンストップの便利さ」を提供することで急成長しました。

日本フランチャイズチェーン協会の調査によると、二〇二一年のコンビニ業界の全店売上高は一〇兆七八一六億円（前年比二二〇八億円増）、店舗数は五万五九五〇店（二六店増）と微増にとどまりました。コロナ禍によるテレワーク、在宅勤務の増加で、都市部のオフィス街にある店舗などを中心に来店客が減少した一方、郊外店では巣ごもり需要からまとめ買いが増加して客単価が上昇しています。二三年二月期における業界大手の国内店舗数は、業界首位のセブン-イレブンが二万一二〇五店（前期比一二〇店増）、二位のローソンは一万四六五六店（一八〇店増）、三位のファミリーマートが一万六五六九店（七七店減）。

近年はドラッグストアが食品の品揃えを強化した「**フード&ドラッグ***」型店舗を増設し、コンビニを脅かしています。スーパー業界も小商圏に絞った業態開発を進めてコンビニ型の「ミニスーパー」を新設するなど、他業態との競争は熾烈になっています。

また、国内コンビニが飽和状態にあるため海外事業への傾斜を一段と強める傾向が見られる一方、業績不振の海外店を閉鎖するなど海外戦略の見直しを進めている大手もあり、海外ビジネスでは明暗を分けています。

用語解説

***フード&ドラッグ**　スーパーマーケットとドラッグストアを融合した店舗のこと。医薬品の販売領域が広く、食品のまとめ買いをする傾向の強い米国では、一般的な小売店舗の形態といわれている。

コンビニの全店売上高と店舗数の推移（単位：億円・店）

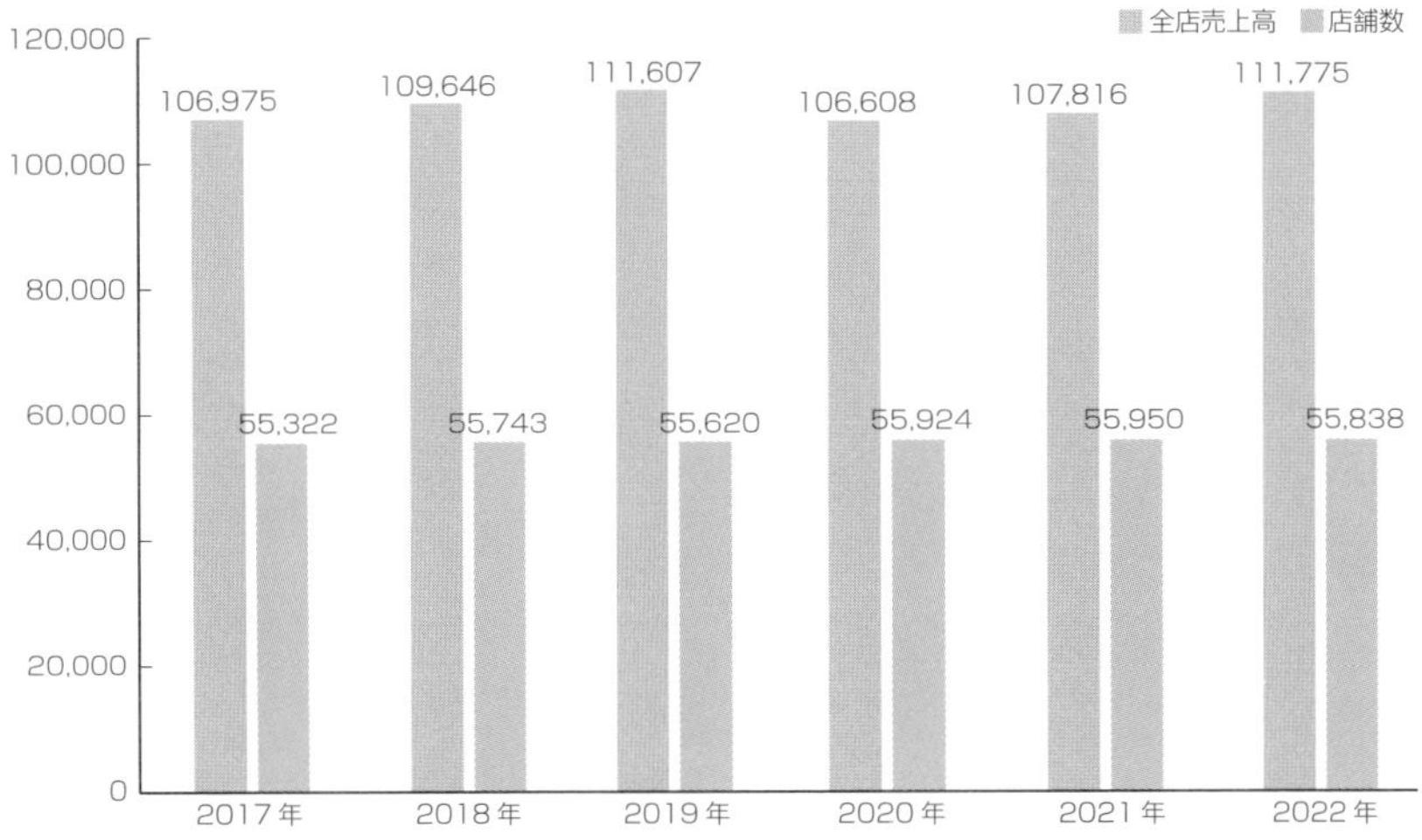

出典：日本フランチャイズチェーン協会統計資料

コンビニの客数と客単価の推移（単位：百万人・円）

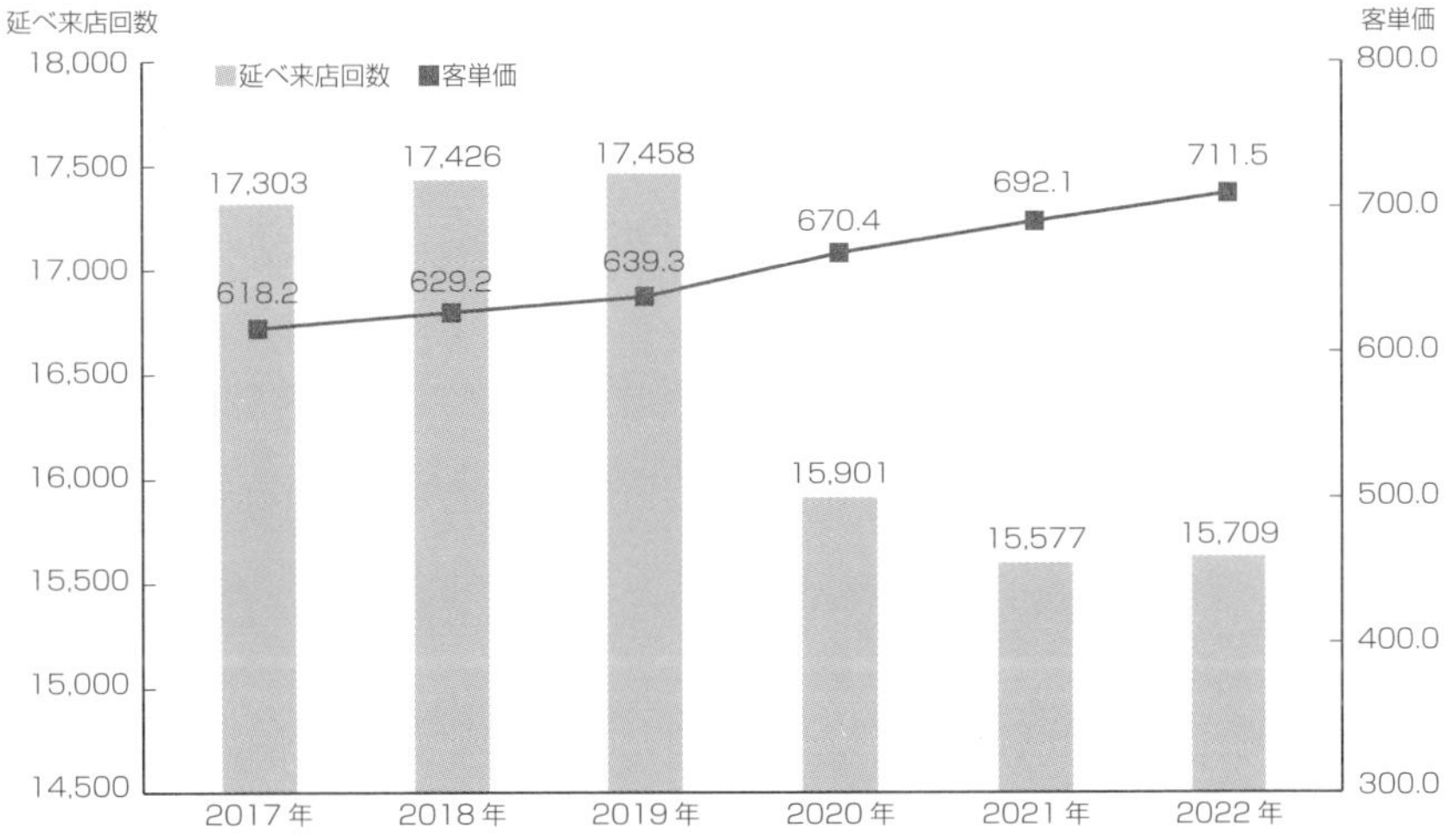

出典：日本フランチャイズチェーン協会統計資料

2 国内は鈍化、海外重視（セブン-イレブン①）

コロナ禍にもかかわらず業界の絶対王者セブン-イレブンは全体としては好調を維持していますが、海外依存度を高めて国内のじり貧傾向を補完しているのが実状です。

セブン-イレブンの業績を見ると、売上高（営業収益）において海外部門が国内部門を大きく引き離しているのに対し、本業の儲けを示す営業利益は逆に国内のほうが海外を常に上回っています。また、店舗数は海外が国内の半分程度。国内店舗は同業他社やドラッグストアなどとの競合で飽和状態に達し、特定地域に複数店舗を出して攻略するドミナント戦略も頭打ちの傾向にあります。

国内では効率的な営業を展開できていますが、海外では店舗運営などで高コストを強いられているために、売上増ながら利益が必ずしもそれに比例していない、という現状が見てとれるのではないでしょうか。

とはいえ、小売業は店舗を増設して売上を増やすのが生命線。国内で店舗開設がこれ以上進まないと判断すれば、海外に活路を見いだすほかありません。

二三年一月に設立したセブン-イレブンインターナショナル（SEI）は、二一年五月に買収した北米のコンビニ「スピードウェイ」との統合を機に、収益性を重視した事業モデルの構築を図っています。スピードウェイ社のガソリンスタンド併設率と直営店比率、不動産の自社保有率を改善するなどしていく計画です。

また、SEIの店舗数は世界的なファストフード店やコーヒーチェーンに比べて多いのですが、進出国・地域は一六と限られており、グローバル展開も課題。二一年一〇月のインド（ムンバイ一号店）に続き、二三年一月にはイスラエルに初めて進出（**テルアビブ**＊一号店）するなど、版図拡大を推進しています。

用語解説

＊**テルアビブ**　イスラエル第2の都市。同国はエルサレムを首都と定めているが、エルサレムに対する同国の主権は国際的に限定的にしか認められていないため、テルアビブが実質的な首都だといわれている。1972年に同市内の空港で銃乱射事件が起き、実行犯３人が日本人だったことでも知られる。

5-2 国内は鈍化、海外重視（セブン-イレブン①）

コンビニ事業の営業収益の推移（単位：百万円）

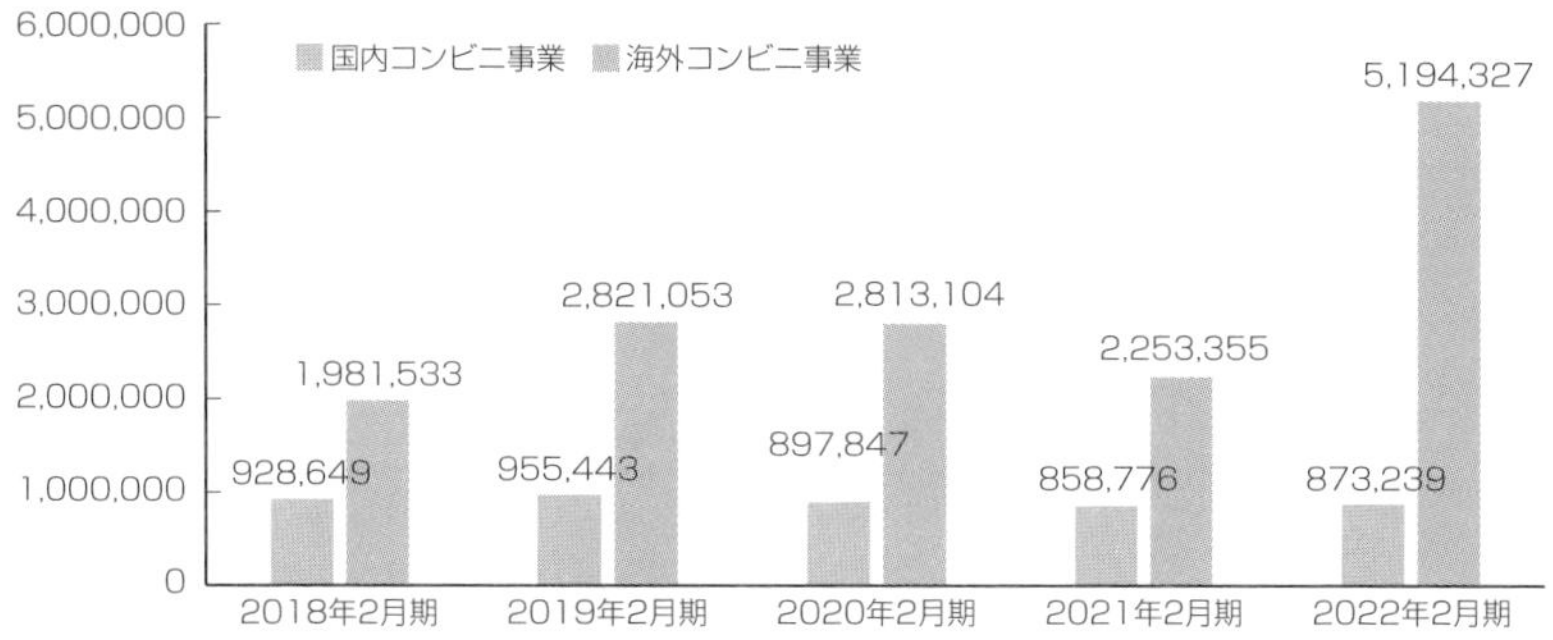

出典：セブン&アイ・ホールディングス決算補足資料

コンビニ事業の営業利益の推移（単位：百万円）

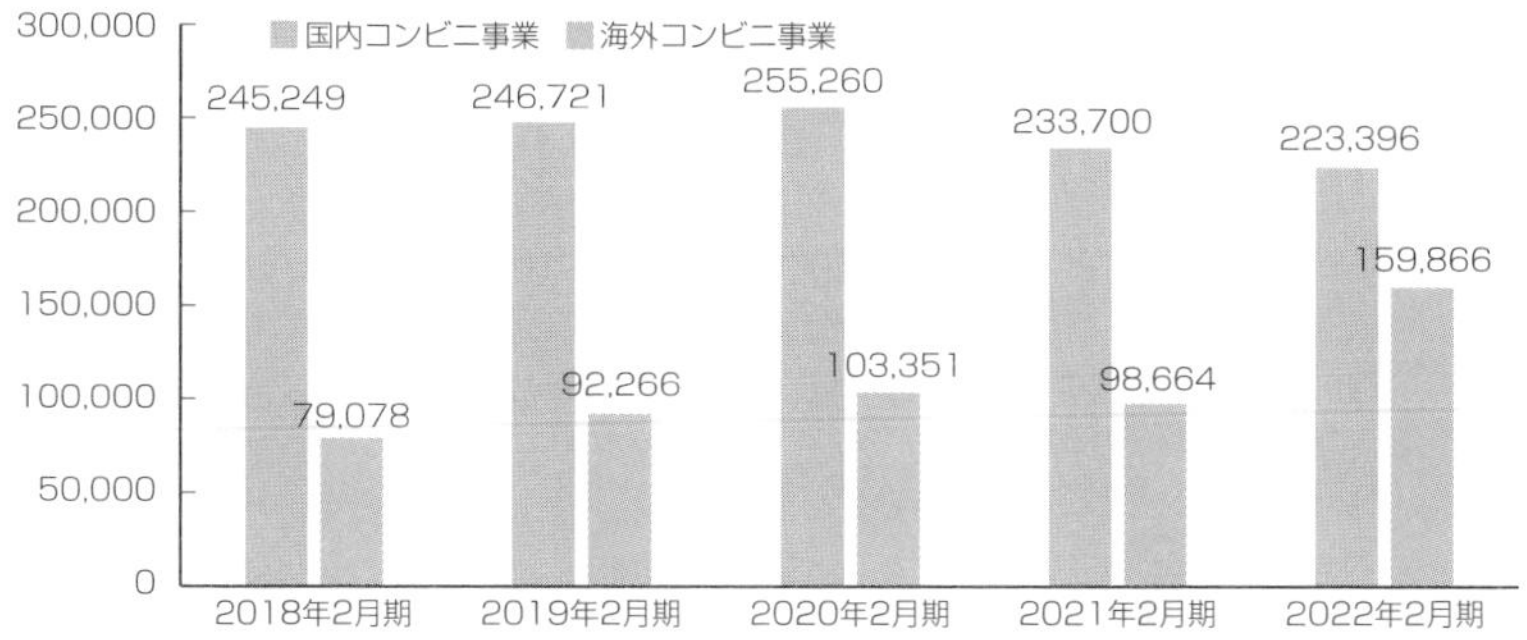

出典：セブン&アイ・ホールディングス決算補足資料

コンビニ事業の店舗数の推移

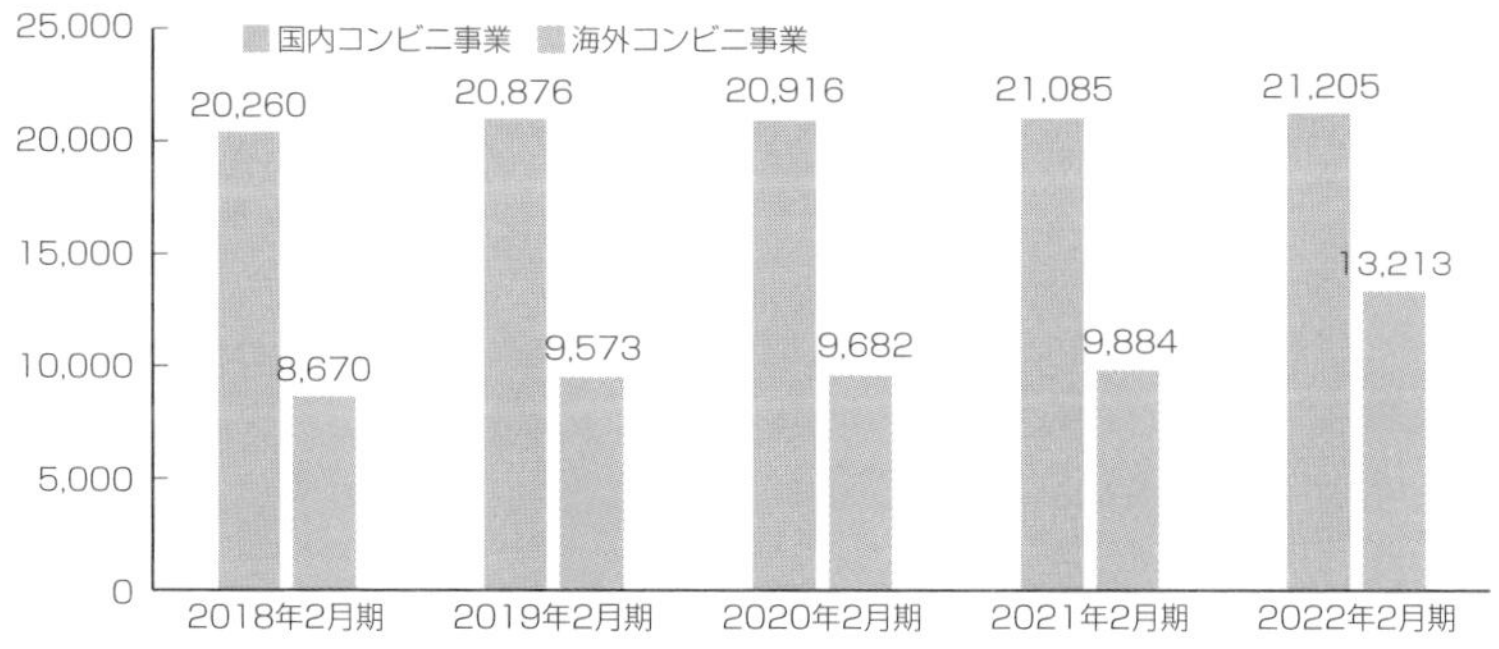

出典：セブン&アイ・ホールディングス決算補足資料

3

小商圏化を加速（セブン-イレブン②）

コロナ禍で新たな生活様式が生まれ消費行動が変化したことを受けて、店内で一〇〇円ショップの商品や割高な雑貨などの取り扱いを開始するといった対策を講じています。

コロナ禍で外出自粛や在宅勤務の傾向が強まり、小売業界は「客数減、客単価増」の傾向が続いています。感染を警戒して買い物の回数を減らし、一度にまとめて商品を購入する利用者が増えたためです。

以前から高齢化の進行で近距離の店舗での買い物機会が増えつつありましたが、コロナ禍では高齢者に限らず近場の使い慣れた（行き慣れた）店に限定する消費者が増加しています。従来は少し遠いスーパーで買い物をしていた人が、近くのコンビニで夕食の買い物を済ますようになりました。コンビニ業界でもこうした「**小商圏***」化への対応が課題になっています。

店舗サイドでは、冷凍ものを含む総菜の品揃えを充実させるため、冷蔵ケース（チルド台）を新型のものに取り替えたりするところも出てきました。セブン-イレブンでは二〇二〇年から、売上規模としては従来の半分程度の商圏に新店を開設し、店内レイアウトも個店対応で構築する方式をスタートさせ、都心店舗などでチルド台を増設したりしてきました。

同社は二一年八月から一〇〇円ショップ「ダイソー」や、グループ企業で割高・良質の文具などの雑貨を揃えた「ロフト」と協業して、コンビニに新たな商品群を導入しています。コンビニが品揃えを強化することで、近場で買い物を済ませるような仕組みをつくり、小商圏ニーズに対応していく狙いがあります。

セブン&アイHDはロフトのほかにも多彩な小売業態を抱えているので、グループ最大の店舗ネットワークを持つセブン-イレブンとグループ内の他業態との複合店舗化が今後一層進むことも予想されます。

用語解説

***小商圏**　半径1～2キロ程度で、小規模な商店や商店街が営業できる範囲を指す。都市部の大商圏とは異なり、人口規模が小さく、店舗まで徒歩や自転車などの手軽な移動手段で来ることのできる範囲。

小商圏ニーズに対応する

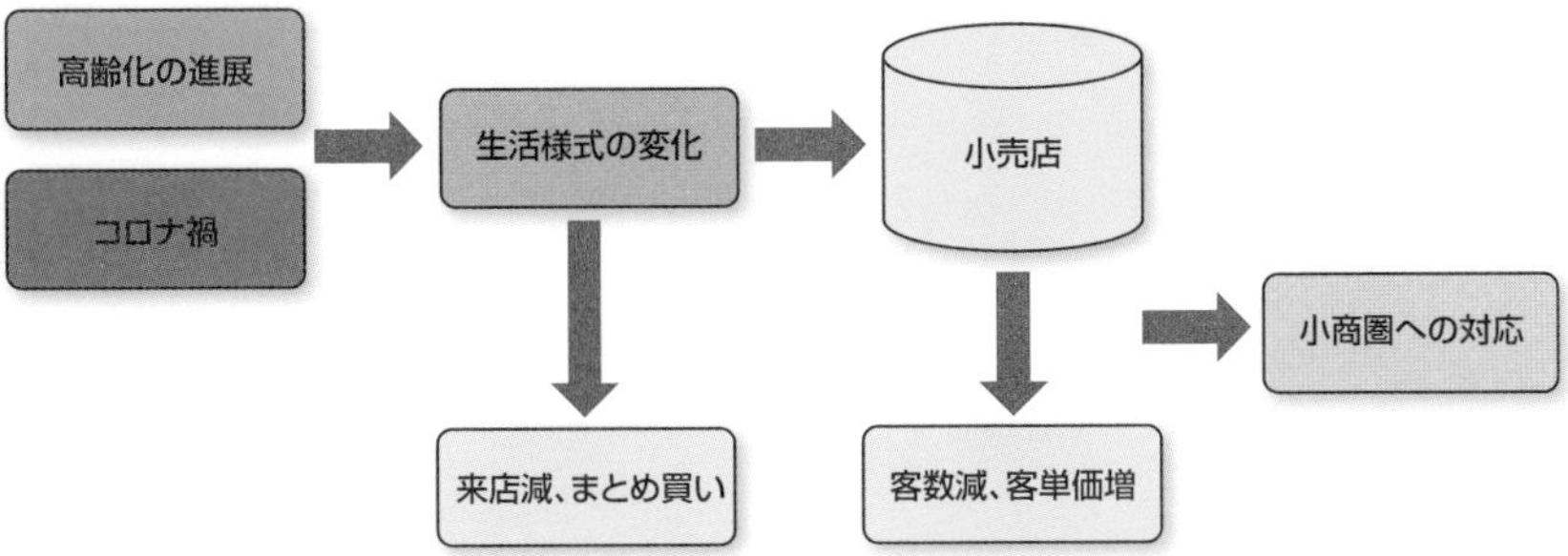

新たな商品群の導入

100円ショップの
商品や割高な雑貨など
品揃え強化で対応

4 設立五〇周年控え大改革（ローソン①）

二〇二五年に設立五〇周年を迎えるローソンは、事業構造の変革を推進中。独走するセブン‐イレブンを追いかけ、資金効率の高い経営体制を目指しています。

　ローソンは二〇年に「大変革実行委員会」を立ち上げ、翌年に中長期の経営計画「チャレンジ二〇二五」を策定しました。コロナ禍で生まれた新たな生活様式に対応した経営戦略を進める狙いがあります。

　委員会は、①売り場大変革、②収益構造大変革、③事業会社、④働きがい大変革――に分類されています。①は日販改善のために店舗の理想形を追求し、店内厨房《ちゅうぼう》の導入や冷凍・日配食品分野の商品刷新などを展開するプロジェクトです。二五年にROE（自己資本利益率）一五％以上、EPS（一株当たり当期純利益）五〇〇円以上を達成するべく、資金を効率的に使って利益を増やしていく狙いです。

　ファミリーマートと共に業界最大手セブン‐イレブンを追走するローソンですが、その差は縮まりません。平均日販（二二年二月期）はセブン‐イレブンの六四万六〇〇〇円に対して四九万八〇〇〇円。ファミリーマートの五二万一〇〇〇円にも及びません。こうしたジリ貧傾向にピリオドを打つため、売り場の変革を軸に抜本的な改革に着手したものと思われます。

　二二年二月期は三五〇〇店規模の改装を行い、約一三〇〇店で店内調理できる「まちかど厨房」を導入し、できたてのおにぎりや弁当、サンドイッチを提供しています。地域のブランド米を使用したおにぎりで売上増につなげています。また、コロナ禍で需要増の冷凍食品の品揃えも強化しています。

　さらに、二〇年六月から実験販売していた**良品計画**＊の「無印良品」の導入を本格化。二三年中には全国の店舗に無印ブランドの日用品を陳列する計画です。

用語解説

＊**良品計画**　1980年に西友ストア、西武百貨店、ファミリーマートなどで「無印良品」の販売を開始し、89年に西友から独立した。ノーブランドの日用品を数多く販売しているが、近年は住宅分野、家具などへと事業拡大が続いている。

ローソンの業績推移

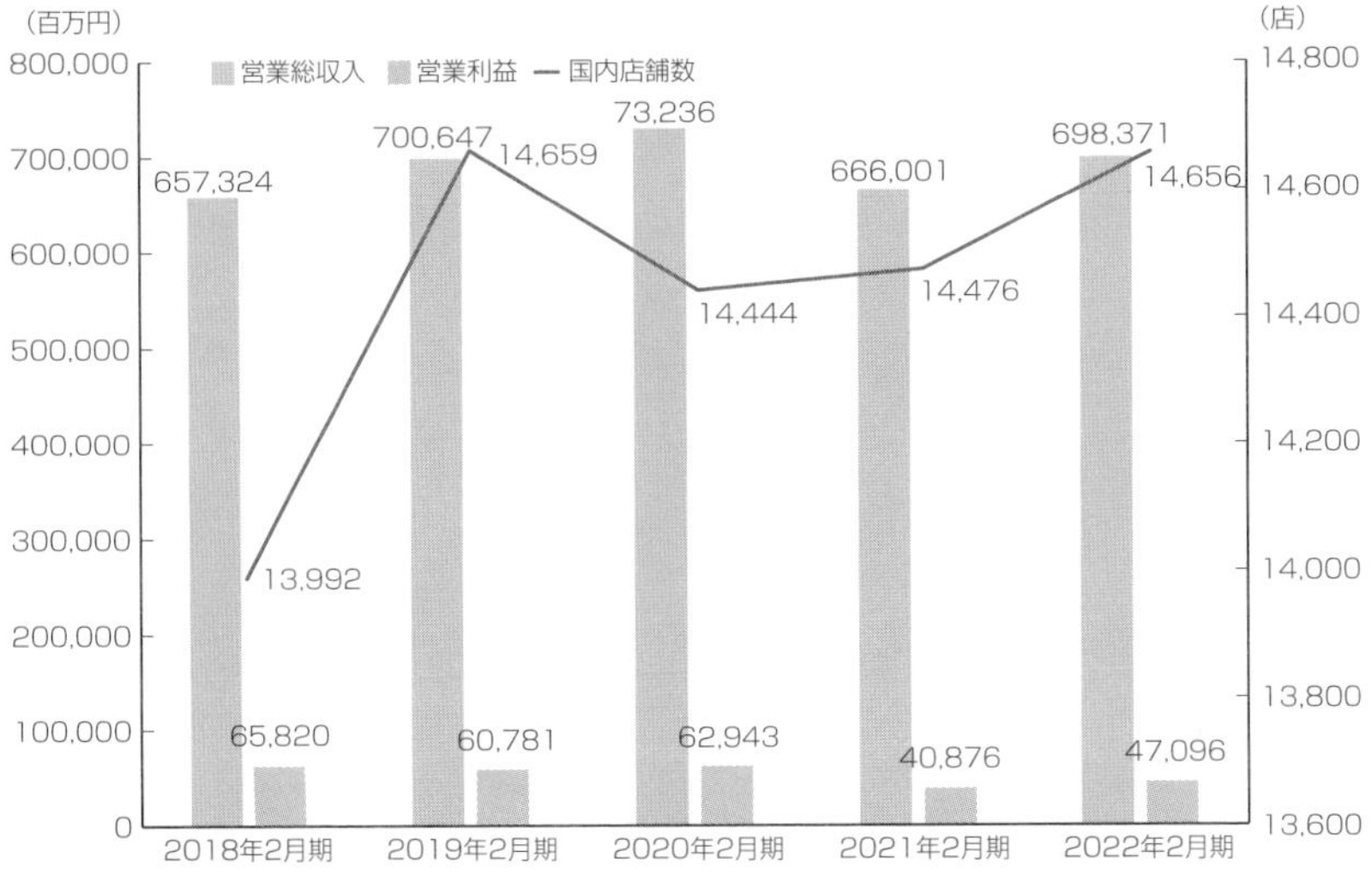

出典：同社決算補足資料

ローソンの商品別売上高（2022 年 2 月期、単位：億円）

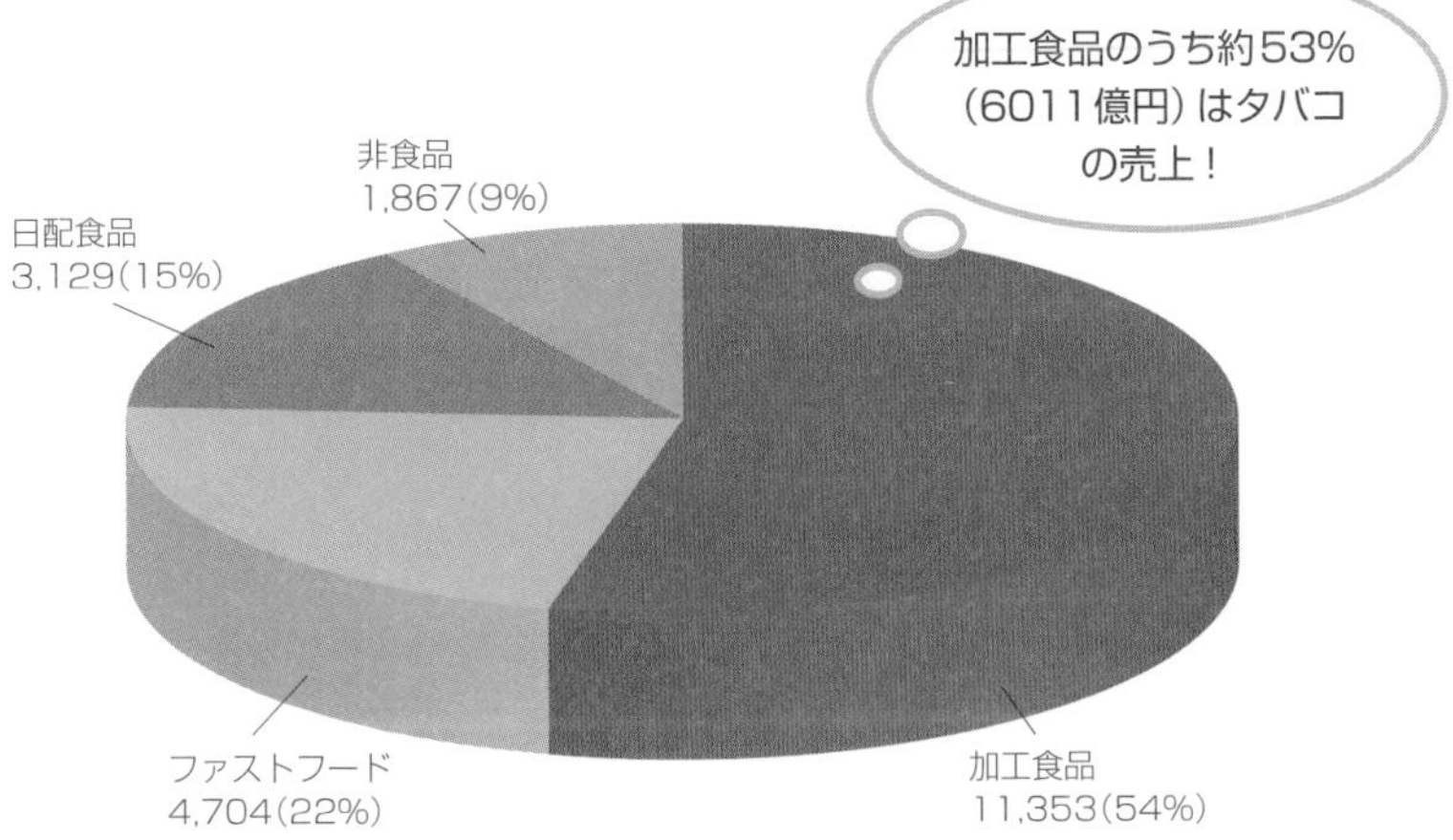

出典：同社決算補足資料

5 成城石井の上場取り下げ（ローソン②）

ローソンは傘下の高級スーパーの株式を公開し、得られた上場益をコンビニ投資に振り向ける計画でしたが、取りやめることにしました。

ローソンは二〇一四年、東京都内を中心に割高な商品を取り扱う高級スーパー「成城石井」を買収し、完全子会社としました。同年八月には、シネマコンプレックス（複合映画館）で国内大手のユナイテッド・シネマも傘下に収めており、多角経営を展開してきました。

二三年二月期における事業別の営業利益構成比は、国内コンビニ事業が六〇％、成城石井事業が二四％、シネコンなどのエンターテイメント事業が五％、一八年一〇月に開業したローソン銀行を軸にした金融事業が六％などとなっています。主力のコンビニ事業では、中核の「ローソン」のほか、低価格商品を扱う「ローソン一〇〇」、有機野菜などを使った食品の「ナチュラルローソン」など、業態開発にも注力しています。

成城石井は中核事業のコンビニに次ぐ第二の事業です。ローソンとしては、コンビニへの集中投資を図ると共に、他の事業に対しても効果的に資金を投下するため、本体以外にもう一つの上場企業を持つことで最適な資本政策を実施する――という狙いで二三年九月、東京証券取引所に成城石井の上場を申請しました。

しかし同年一二月、上場申請を取り下げました。経済情勢や市場動向を踏まえたものとみられていますが、上場前の公開価格の予想が想定よりも低かったため、売り出しのタイミングとしてベストではないと判断したのだろう、との指摘もあります。

成城石井は時価総額二〇〇〇億円を超えるとの指摘があり、上場後の売却益や**自社株買い***を見越してコンビニなどへの成長投資の青写真を描いていたものとみられます。ここで安売りすれば上場後の株価維持

用語解説

＊**自社株買い**　自社の株式を自社の資金で取得する（買い戻す）こと。取得した株式は現金化して株主への配当に充てたり、従業員持ち株制度に利用することが多い。買い入れて処分すれば株数が減少して一株当たりの価格が上がるので、ROEが向上する。

にも影響するので、上場取り下げはグループ内企業における資本政策にも少なからず影響を与えるものとみられます。とりわけ経営計画「チャレンジ二〇二五」はROEやEPSといった資本効率の改善を目標に掲げているだけに、巨額の資金調達にもなる予定だった親子上場の先送りは、ローソンにとって経営計画の軌道修正を迫られる事態をも招きかねません。

●中国は一万店、ATM事業拡大

成城石井は直営の一六九店舗（二二年二月末）を有し、営業総収入一〇八六億円（前期比五・四%増）、営業利益一二二億円（八・八%増）と堅調に推移。二二年七月に新たなセントラルキッチンが稼働開始するなど、得意の総菜の製造能力が向上しました。

海外事業としては、中国本土でコンビニ事業を展開しており、二二年七月に五〇〇〇店を突破、二五年には一万店を目指しています。コロナ禍による行動規制が続いているだけに、同社は厳しい事業環境下にあるようです。金融関連はローソン銀行のATM事業が軸ですが、提携金融機関の拡大が課題です。

事業別の営業利益（2022年2月期、単位：百万円）

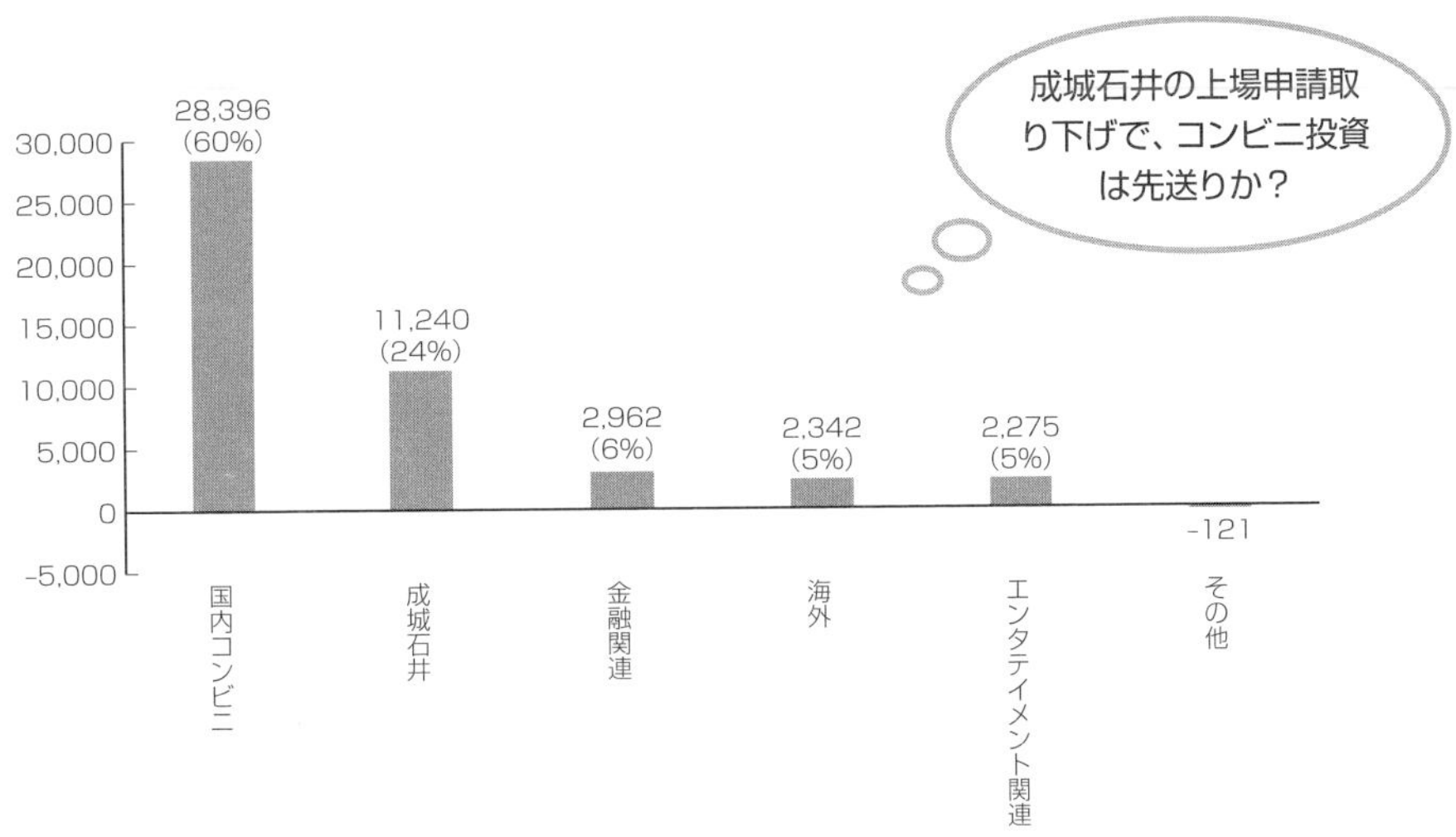

出典：同社決算補足資料

6 新PB取り扱い開始（ファミリーマート①）

ファミリーマートは経営再編を重ねたのちコンビニ専業に回帰。二〇二二年からの中期経営計画で新機軸を打ち出しています。

ファミリーマートは二〇一六年、東海地方を営業地盤とするユニーグループ・ホールディングス（HD）と経営統合してユニー・ファミリーマートHDを設立。

一方、一七年にディスカウントストア最大手のドン・キホーテHD（現パン・パシフィック・インターナショナルホールディングス、以下PPIH）と資本業務提携を締結。旧ユニーHD傘下の総合スーパー「ユニー」をPPIHに売却してコンビニ事業単体企業として元の体制に戻り、持株会社体制を解消して一九年九月に株式会社ファミリーマートとして再スタートを切りました。この間、伊藤忠商事がファミマの株式の過半数を取得して子会社化。ファミマは二〇年一一月に上場廃止となりました。

同社が一六年からの相次ぐ経営再編で得たものは、コンビニ店舗網の拡大。店舗数はローソンを抜いて業界二位にはなりましたが、業容拡大につながっているようには見えません。

二二年四月から始動した中計では、最大の強みであるコンビニ事業の基盤強化を掲げ、再成長を実現する三年間と位置付けています。

その中核戦略の一つが、新たなプライベートブランド（PB）である「ファミマル」の育成。ブランド力を高めるため、二一年一〇月から既存PBの「ファミリーマートコレクション」を「ファミマル」、総菜などの「お母さん食堂」や弁当などは「ファミマルKITCHEN」などに整理統合し、八一〇種類の商品展開を図っています。中計最終年度の二五年二月期までに「PB売上比率三五％以上」の達成を目指しています。

ワンポイントコラム

【「お母さん食堂」の署名活動】　2017年に販売開始したPBのネーミングに対して、2020年、女子高校生などから「母親が食事を作るのが当たり前との偏見を助長しかねない」という理由で名称変更のネット署名活動が起きた。ファミマでは、「ファミマル」への変更は署名活動の影響を受けたものではないと否定している。

ファミリーマートの業績推移

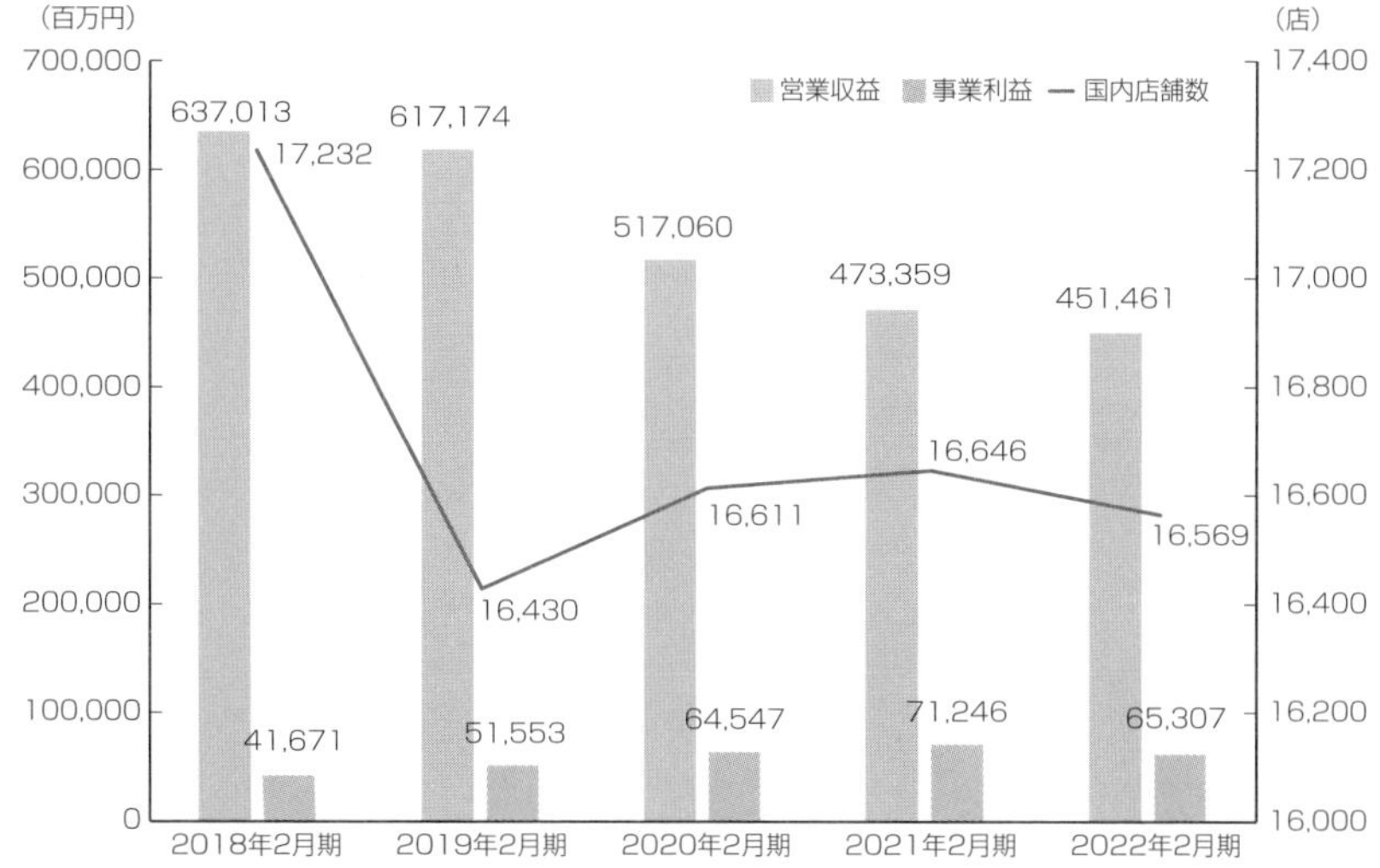

出典：同社決算短信など

ネーミングを統一し PB を集約

出典：同社 Web サイト

7 広告・メディア戦略に活路（ファミリーマート②）

ファミリーマートは新規ビジネスの一環として、店舗を活用したメディア事業を開始。国内コンビニでは初めての試みとして注目されています。

同社は二二年度からの三カ年の中期経営計画で、「主力のコンビニ事業の基盤を活用した新規ビジネスの拡大」を掲げています。

その一環として、店舗を媒体に見立てた広告・メディア戦略を展開することにしました。二一年一〇月、親会社の伊藤忠商事などとの共同出資で「ゲート・ワン」を設立。全国のファミマ店舗で視聴できるデジタル**サイネージ**＊を設置しています。

デジタルサイネージは、モニターやプロジェクターなどによる映像の情報・広告媒体の一種。設置している場所の地域特性を生かしたターゲット戦略が可能で、特定の顧客に的を絞った広告を発信できるのが特徴だといわれています。コンビニ業界では初の導入。

全国約一万六六〇〇の店舗では、月間延べ四・五億人の利用者との接点があります。膨大な顧客とのアクセス数は、媒体効果としては既存の紙媒体をしのぐものがあり、また、都市部、郊外、ビジネス街、住宅地区など、それぞれの店舗の立地にマッチした広告が打てます。二二年六月には三〇〇〇店舗にデジタルサイネージを導入。月間延べ八二〇〇万人以上との接触が可能なメディアを構築しています。

コンビニには圧倒的に多くの人が来店し、ほぼすべての世代が利用しています。ＰＯＳレジのシステムには購買データなどの情報も蓄積されているため、広告を出稿する企業は、そのデータを活用して広告展開することができ、高い訴求力を発揮することができます。ファミリーマートのこの試みが成功すれば、他社にも波及しそうです。

用語解説

＊**サイネージ**　signage。標識、記号とも訳される。動画広告、液晶ディスプレイなど電子的に表示されたものをデジタルサイネージと呼ぶ。

ファミリーマートの広告・メディア戦略

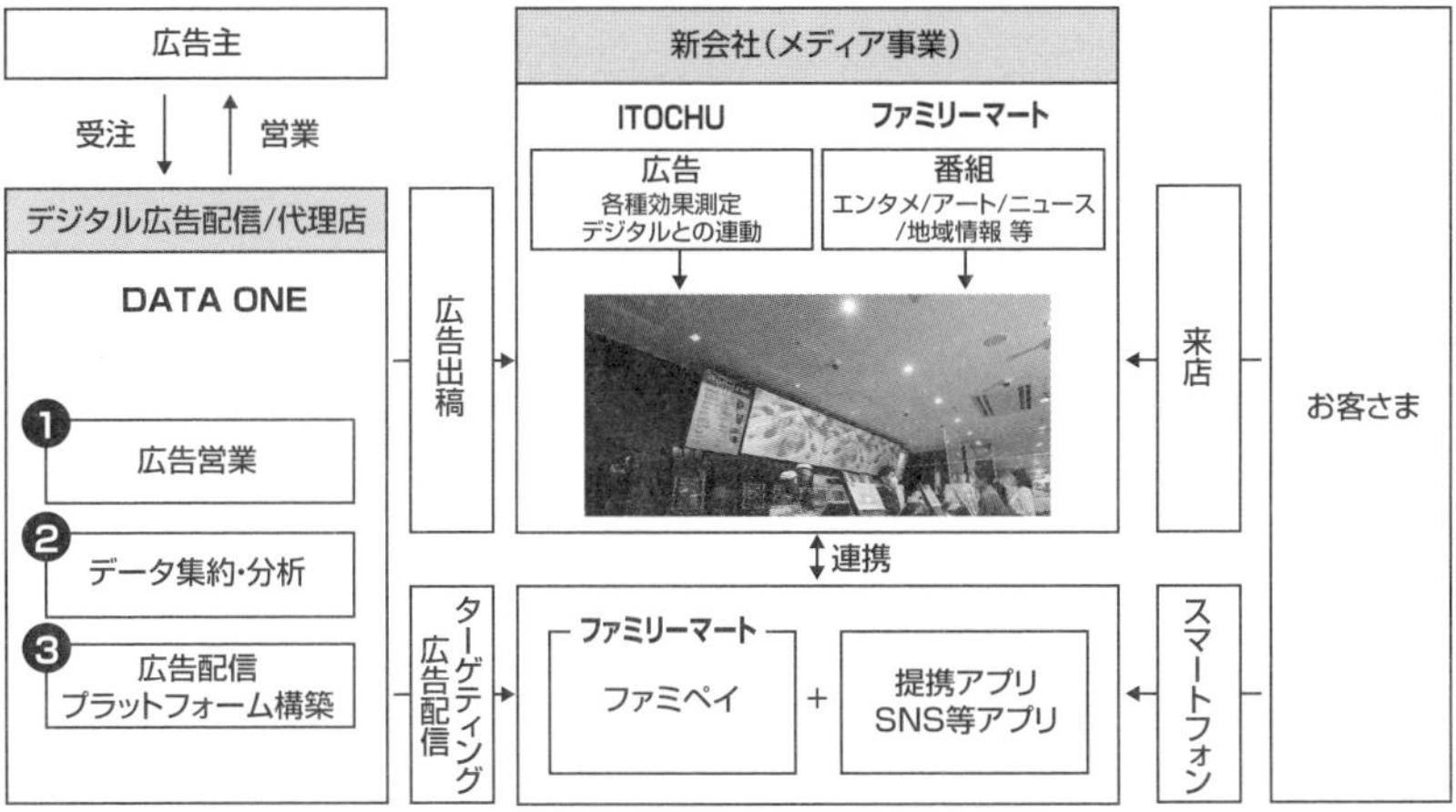

出典：同社 2021 年 8 月 19 日付ニュースリリース

大画面デジタルサイネージ　FamilyMartVision

出典：同社 2021 年 8 月 19 日付ニュースリリース

8 業績低迷で海外リストラ（ミニストップ）

業界四位のミニストップは海外事業で大ナタを振るい、業績低迷にストップをかけました。海外拠点はベトナム一三八店舗を残すのみです。

ミニストップは、親会社のイオンが早くから海外進出したことから、国内よりも海外の店舗が多いのが特徴でした。最も多いのが韓国（二一年二月末時点）で二五九一店。次いでフィリピンの四五六店、ベトナム一二〇店、中国七八店でした。

アジアを中心とする海外店は、賃金の上昇で人件費が増加するなど赤字経営が続き、国内店でも既存店売上高が低調で不採算店舗の閉鎖が相次ぎました。

二二年三月に韓国の全店舗を韓国財閥のロッテに譲渡。フィリピンの店舗は二一年二月に現地で合弁関係にある企業に売却したほか、中国の現地法人は二一年一〇月に清算しました。二一年二月時点で二七一一店舗あった海外店は、ベトナムの一三八店舗（二二年二月末現在）を残すだけになりました。日本国内とベトナムに経営資源を集中させるという、やや変則的な経営戦略になりました。

海外事業の大リストラによって、二三年二月期の中間決算は営業利益五〇〇万円とごくわずかながら四年ぶりに営業黒字を達成しました。

ミニストップは流通二強の一角であるイオンのグループ企業で、イオングループが持つ経験豊富な商品開発力や質の高い店舗オペレーション機能を活用できる経営風土にあります。

しかしそれを上手く生かすことができず、戦略の軸足を海外に置くあまり、結果的に国内事業をおろそかにしたことはなかったでしょうか。今回の事業資産の見直しで、国内事業への成長投資を加速させ上昇したいところです。

ワンポイントコラム

【韓国コンビニ事情】 韓国コンビニ首位は旧LG財閥系の「GS25」、2位は過去にファミリーマートと合弁を組んでいた「CU」、店舗譲渡先のロッテはセブン-イレブンのFCで3位につけ、譲渡前の韓国ミニストップは5位につけていました。

ミニストップの業績推移

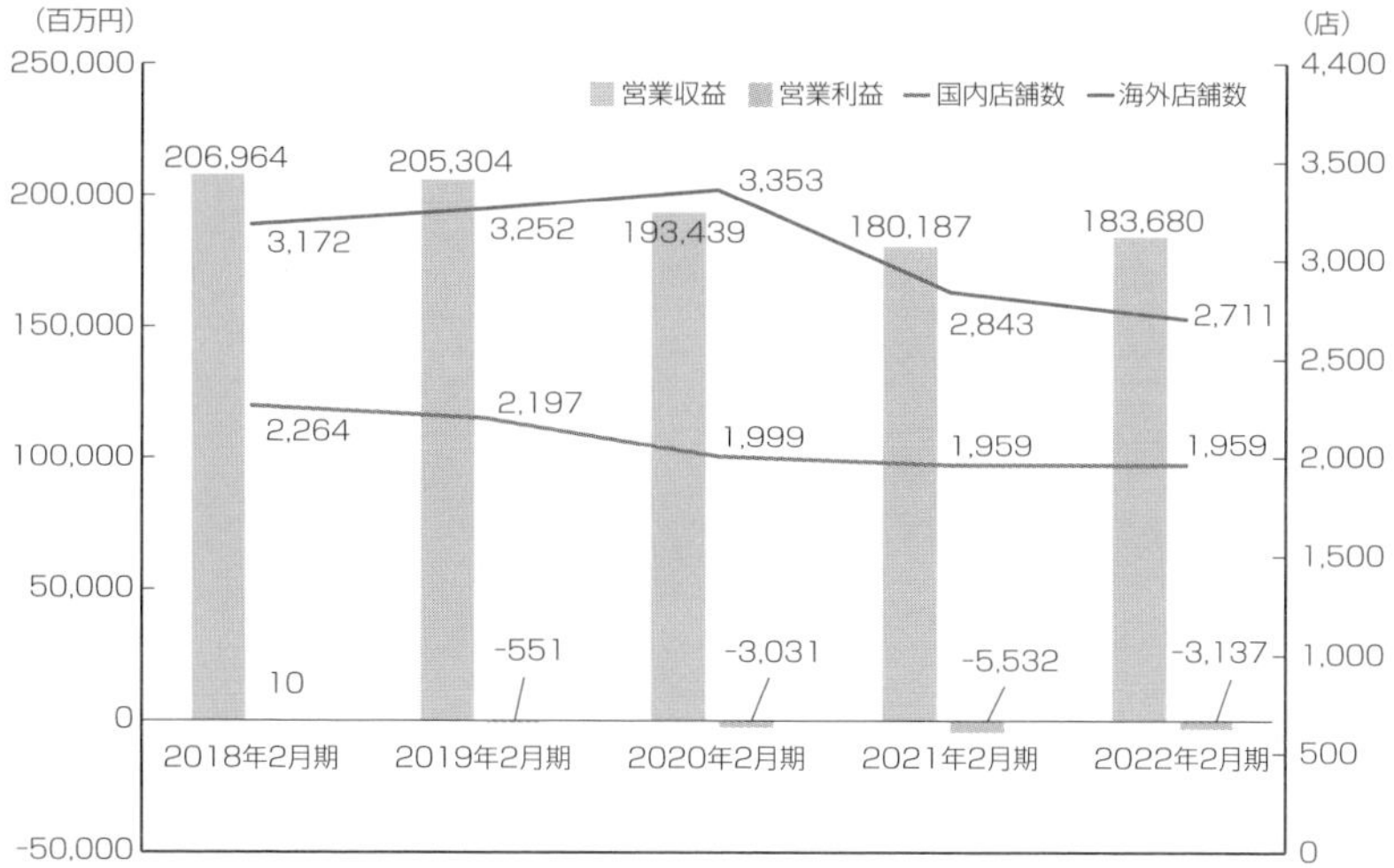

出典：同社決算短信

ミニストップの商品別売上高構成比（2022年2月期）

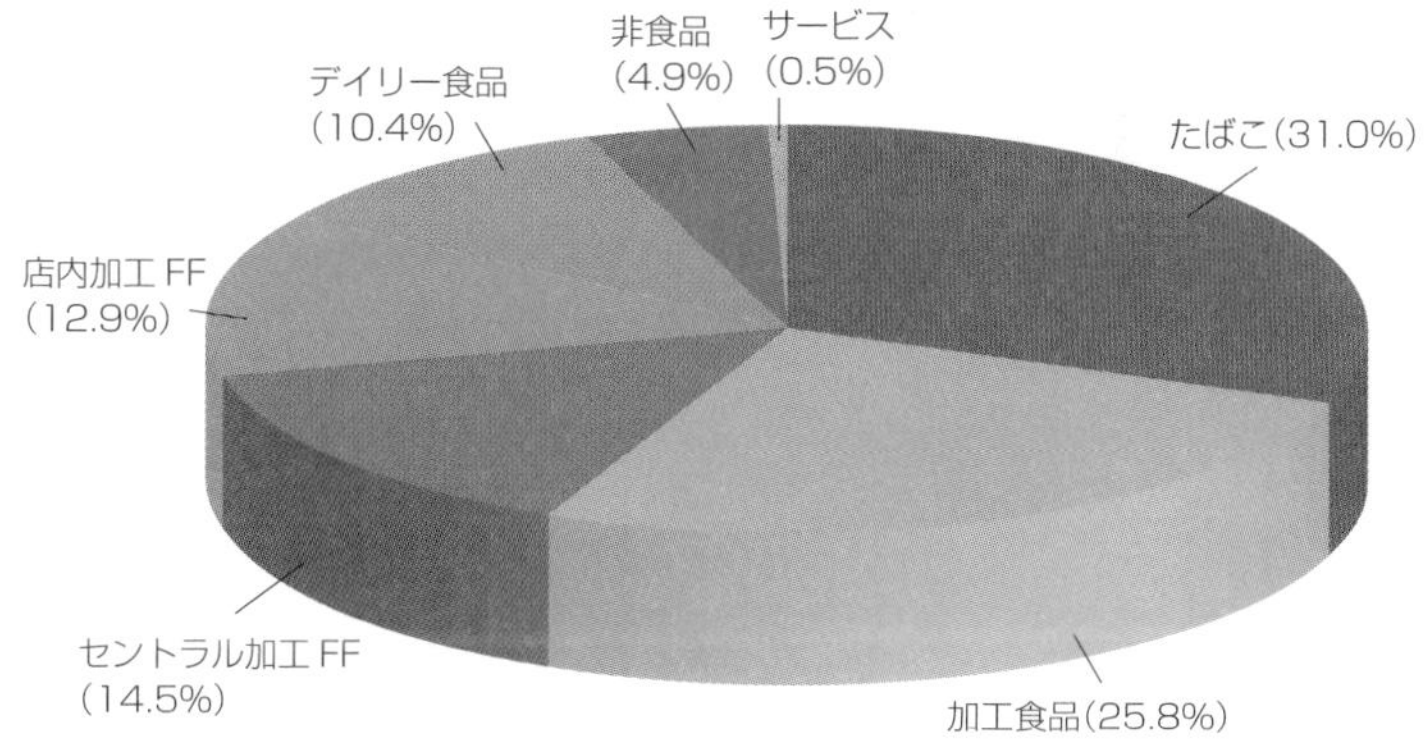

※ FF はファストフード

出典：同社決算短信補足

9

中小コンビニの生き残り

四社以外にも、特定地域に強いなど独自色を出している中堅中小のコンビニがあります。資本力で劣るため大手の再編圧力にさらされており、生き残りに懸命です。

「セイコーマート」は一九七一年に札幌市で開業した酒類販売店が発祥。北海道を中核の営業地盤としており、道内では一〇〇〇店を超えて業界首位のセブン-イレブンをしのぐ地域シェアを誇っています。

直近の売上高は推定で約二〇〇〇億円。コンビニ各社が推進する店舗戦略のドミナント（集中出店）は「加盟店存続の支障になる」として消極的で、二四時間営業店舗の比率も低いです。道内以外では茨城・埼玉の二県に出店していますが、限定的な展開にとどまります。

セイコーマートに次いで売上規模が大きいのが、JR東日本系列の「ニューデイズ」。**JR東日本クロスステーション***が運営しています。もともと、旧国鉄時代から乗降客に親しまれてきた構内売店「KIOSK（キオスク）」がコンビニに発展したもので、今日では「エキナカコンビニ」として、高い集客力を誇っています。

JR旅客六社のうち独自にコンビニを展開しているのはJR東日本だけで、他の五社はセブン-イレブンやファミリーマートなどの業界大手と提携しています。私鉄では、百貨店やスーパーを展開しているところは、駅ナカコンビニを独自展開しているケースが多く、集客力抜群の立地環境を持つ駅構内でのコンビニ出店は競争が激化しそうです。

●ポプラ、スリーエフとローソンに注目

「デイリーヤマザキ」は製パン最大手・山崎製パンの流通事業の一部門。七七年にコンビニ事業を開始しましたが、二三年に同社の子会社から本体に吸収さ

用語解説

＊**JR東日本クロスステーション**　2021年4月、JR東日本リテールネットが食品事業、飲料水事業、不動産事業を展開する３社と統合し設立。

れ、社内カンパニーとして現在に至っています。

　近年は業績不振で大手との再編のうわさが絶えませんが、実現しそうな雰囲気はありません。というのも、山崎製パンは他のコンビニ各社にもパンなどの製品を供給しており、再編によって特定の取引先との関係が密になると、他の大口取引先を失いかねないからです。店舗数は約一四〇〇店と業界大手には魅力的な規模で、パンという主力商品を持つだけに、再編の動きが加速すればその一番手になりそうです。

　「ポプラ」と「スリーエフ」は、ここ数年の間にローソンとの関係を強めました。ポプラは七六年に広島で創業。弁当の製造販売が祖業でコンビニの売りでもありましたが、業績不振を受けて一四年にローソンと資本業務提携を結び支援を受けています。二二年二月期は五億円の最終赤字で債務超過、緊急支援が必要です。スリーエフは七九年に横浜で開業。一時は西日本に進出しましたが、一八年にローソンの資本を受け入れて店舗ブランドを「ローソン・スリーエフ」に変更しています。

大手の寡占進み、生き残り厳しい「その他コンビニ」

セイコーマート 売上高：非公開 店舗数：1,180	・北海道で最強のコンビニ。店舗数は道内1,085、茨城86店、埼玉9（2022年12月現在） ・顧客満足度調査（日本生産性本部）でコンビニ部門7年連続1位
ニューデイズ 売上高：非公開 店舗数：646	・JR東日本クロスステーションのコンビニ事業部門。2023年1月現在646店舗（ニューデイズ498、KIOSK148）。駅ナカコンビニ多数
デイリーヤマザキ 売上高：606億円 店舗数：1,389	・製パン最大手の山崎製パンの流通事業の一部門 ・約1,400の店舗数と商品力があるだけに、再編の目玉にも
ポプラ 売上高：136億円 店舗数：368	・1976年に広島で創業。弁当・総菜が得意 ・2022年2月期に債務超過。2014年に資本業務提携したローソンの支援がカギ
スリーエフ 売上高：122億円 店舗数：340	・1979年に横浜で創業。2016年にローソンと資本業務提携 ・2018年に店舗ブランドを「ローソン・スリーエフ」に転換

※売上高・店舗数は本書執筆時の最新の数値
出典：各社決算資料など

column

コンビニの外国人雇用を考える

数年前、著者は仕事で福岡市に出かけました。

取材が長引いたので、夕食は宿泊先のビジネスホテルで簡単に済ませることにして近くのコンビニへ。弁当を温めてもらおうと、レジにいる人に「これ、チンしてください」と告げます。すると、虚をつかれたように「チ、チンですか!?」と言ったきり立ち尽くす褐色の肌をした店員さんの姿がありました。

翌朝、一番早い便で帰ろうと空港に行き、チケットを確保して搭乗を待ちます。フライト前の注意事項の説明が始まりました。外国人青年が小型マイクを握って日本語で話すのですが、まったくといっていいほど内容が把握できませんでした。コンビニでは戸惑っている彼の横から同僚が助け船を出し、無事にチンしてもらえました。空港ロビーでは乗客の誰ひとりとして苦情を漏らすことなく、東京便は予定通り離陸しました。

厚生労働省の調べによると、2021年10月末現在の外国人労働者数は約173万人で、コロナ禍以降は横ばい状態が続いています。感染拡大抑止で入国制限があるうえに、円安で低賃金化が進むわが国の魅力は急降下しています。外国人雇用は、海外展開とも関係があります。日本国内でコンビニ経営を学び、母国の店舗で即戦力となってもらうために、人材育成をする狙いも含まれているのです。

外国人労働者にとってコンビニは、接客を経験することで日本語の上達につながり、24時間営業のため比較的希望に近いシフト勤務ができるなどの理由で、歓迎する向きが少なくないといわれています。他産業と比べて決して高給とはいえませんが、都市部はもちろん地方の店舗でも近年は外国人スタッフのいない店舗を探すほうが難しいくらいです。コンビニ側も外国人スタッフの雇用管理には神経を使っています。ファミリーマートは2021年に労務管理アプリを導入するなどして外国人雇用の促進につなげています。

問題は、利用者の外国人スタッフに対する接し方。島国ニッポンに住む私たちは、ときに排他的なまなざしで外国人を見ることがないでしょうか。世界ではいま「分断」への懸念が増しています。言うはやすしではありますが、寛容ということを常々心がけたいと改めて思います。

第6章

ドラッグストア業界の最新動向と課題

7兆円の市場規模を誇り、店舗数1万7000を超える一大マーケットに成長したドラッグストア業界。食品の取り扱いを増やすなど業容拡大に余念がありません。大手6社の間で熾烈なランキング争いが続いており、小売業の中ではいま最もホットな業界です。

1 ドラッグストア業界の現状

ドラッグストア業界は食品を販売して客を集め、市販薬や化粧品など利益率の高い商品とのあわせ買いで収益を伸ばし、急成長を遂げています。さらなる業界再編も予想されます。

　ドラッグストア業界の販売額・店舗数は共に増加傾向にありますが、ひと頃の勢いは影を潜め、低成長期に入っています。

　ドラッグストアの売上高を取り扱い商品別に見ると、食品の売上が調剤やOTC*の医薬品を大きく引き離しています。これは、食品スーパーやコンビニ、ディスカウントストアなどのライバル業態から利用者を獲得するため、食品の品揃えや低価格戦略を推進したことが背景にあります。食品は利益率が低く、客数の増加には寄与するものの、利益には必ずしも貢献しません。食品で客を呼び込み、来店して買上点数を増やしてもらうのが真の狙いです。そして、医薬品や化粧品など利益率の高い商品を買ってもらって儲けるのが、ドラッグストアの共通戦略です。「フード&ドラッグ」戦略とも呼ばれています。

　調剤薬局の併設やデジタル化による業務効率化も急務ですが、調剤事業の拡充で人件費は増加し、経営環境はより厳しさを増しています。薬剤師や登録販売者などを配置する必要があり、人員確保のために人件費が上昇しているのです。

　業界では、経営統合して仕入れコストを低減するなど規模のメリットを追求する狙いから、大手同士の再編が加速しました。今後も、売上高六〇〇〇億円以上の上位六社が三〇〇〇億円台の準大手四社と手を組むか、準大手が買収を加速すれば、業界地図はまた変化します。業界内だけでなく他業態との競合まで視野に入れざるを得ないドラッグストア業界では、小売業界で最も熾烈な再編劇が続きそうです。

用語解説

***OTC**　「Over The Counter」の略。薬局では、カウンターの後ろの棚に、薬剤師が説明して販売する医薬品が並んでいる。OTCは、医師の処方箋が不要で、来店客がカウンター越しに自由に購入できる薬の意味。

6-1　ドラッグストア業界の現状

ドラッグストアの販売額・店舗数推移（単位：億円・店）

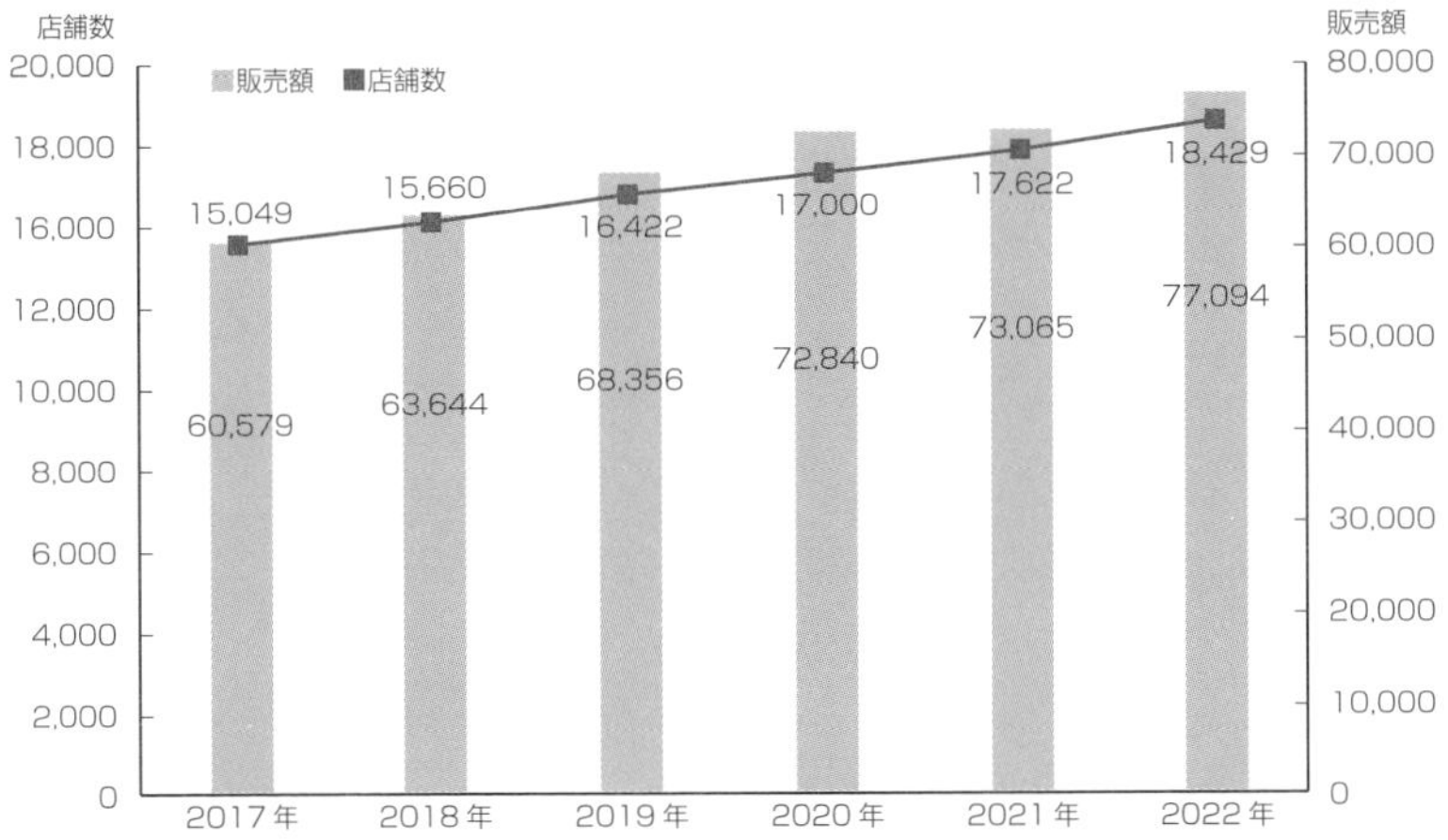

出典：経済産業省 商業動態統計 時系列データ「ドラッグストア商品別販売額及び前年（度、同期、同月）比」をもとに作成

ドラッグストア売上高トップ 10（2021 年度、単位：百万円）

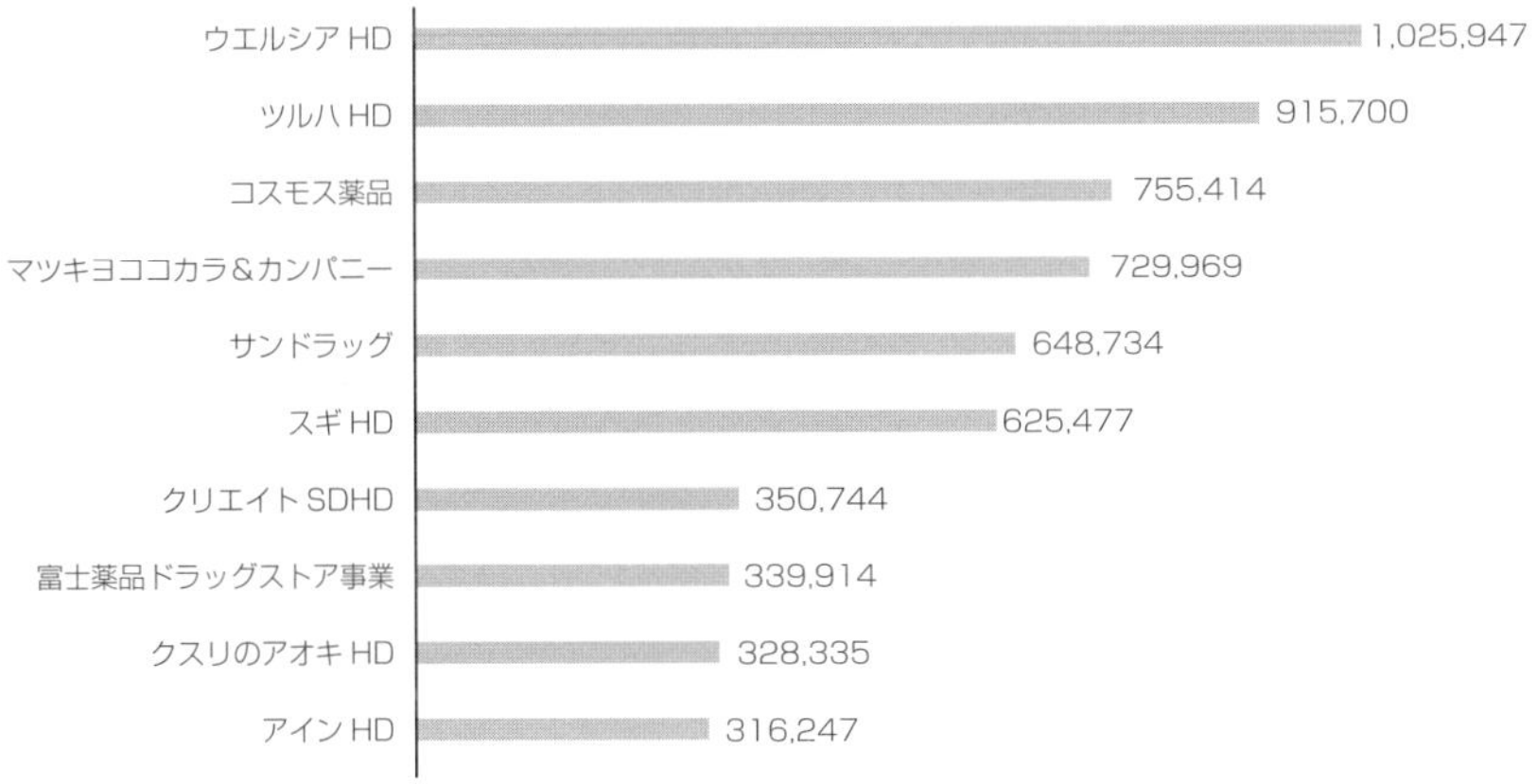

出典：各社決算短信など

2

業界初の売上高一兆円達成（ウエルシアHD）

ウエルシアホールディングス（HD）は二〇二二年二月期にドラッグストア業界初の売上高一兆円を記録。イオンとの関係を強化して独自商品の開発に注力しています。

ウエルシアHDは、一九五九年に東京都府中市で「十字薬局」を設立したのが始まり。二〇〇〇年にジャスコ（現イオン）と資本業務提携を結びイオングループ入りし、〇二年に店舗名をウエルシアに統一。一二年に持株会社に移行してウエルシア関東から現社名に変更、一四年にイオンの連結子会社になりました。

二二年二月期連結決算は、売上高が前期比八・〇%増の一兆二五九億円、営業利益が同〇・一%増の四三〇億円と、増収ながら利益は微増にとどまりました。コロナ禍による外出自粛などの緩和で医療機関での受診が平常に戻り、売上高が増えましたが、エネルギー価格の高騰などで販管費も増加しました。店舗数は国内二四五七店（二二年二月末現在）。うち、調剤取り扱い店舗が一八四四店で調剤併設率は七五%。薬剤師や**登録販売者***の一店舗当たりの人数も業界トップクラス。深夜営業店舗は全体の七二%に当たる一七七六店と、利便性が高いのが大きな特徴です。業界では近年、スーパーなどとの競合から食品の取り扱いを強化していますが、ウエルシアはイオン系列であることの強みを生かしてPB開発を推進しています。

今後の大きな柱は「専門総合店舗」の実現。調剤、化粧品事業の推進と共に、地域の健康に関する暮らしの窓口となるヘルスケア分野の強化を課題に挙げています。傘下のウエルシア薬局は、国が掲げている地域包括ケアシステムを実践するため、フリースペース「ウエルカフェ」を運営。地域住民に憩いの場を提供するだけでなく、健康増進活動や介護相談、子育て支援、地域清掃などに積極的に関わっています。

用語解説

***登録販売者**　薬剤師に代わって薬剤を販売できる資格を有する者のこと。かぜ薬や鎮痛剤など、一般用医薬品に当たる第2類と第3類の医薬品に限る。2009年の薬事法改正で国家資格となった。

6-2　業界初の売上高一兆円達成（ウエルシアHD）

ウエルシアHDの業績推移（単位：百万円）

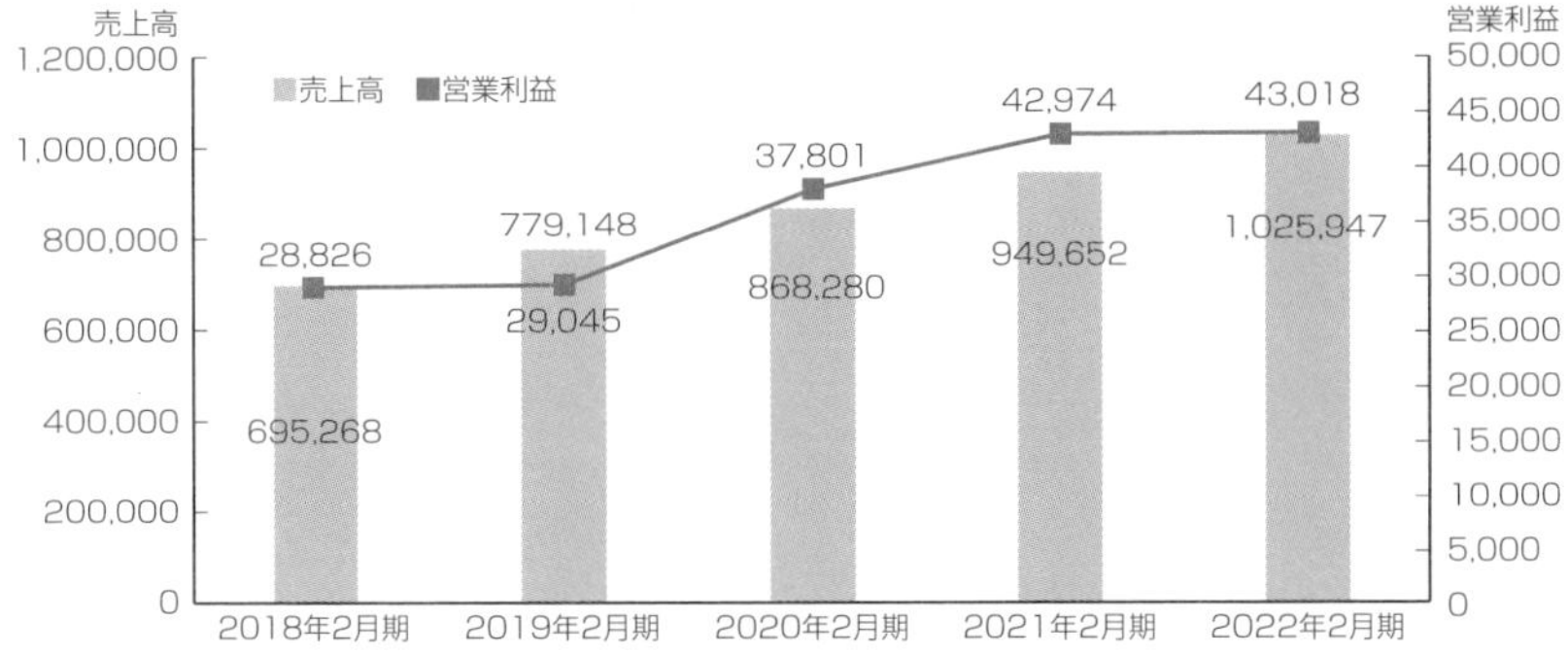

出典：同社決算短信

商品別売上高（2022年2月期、単位：百万円）

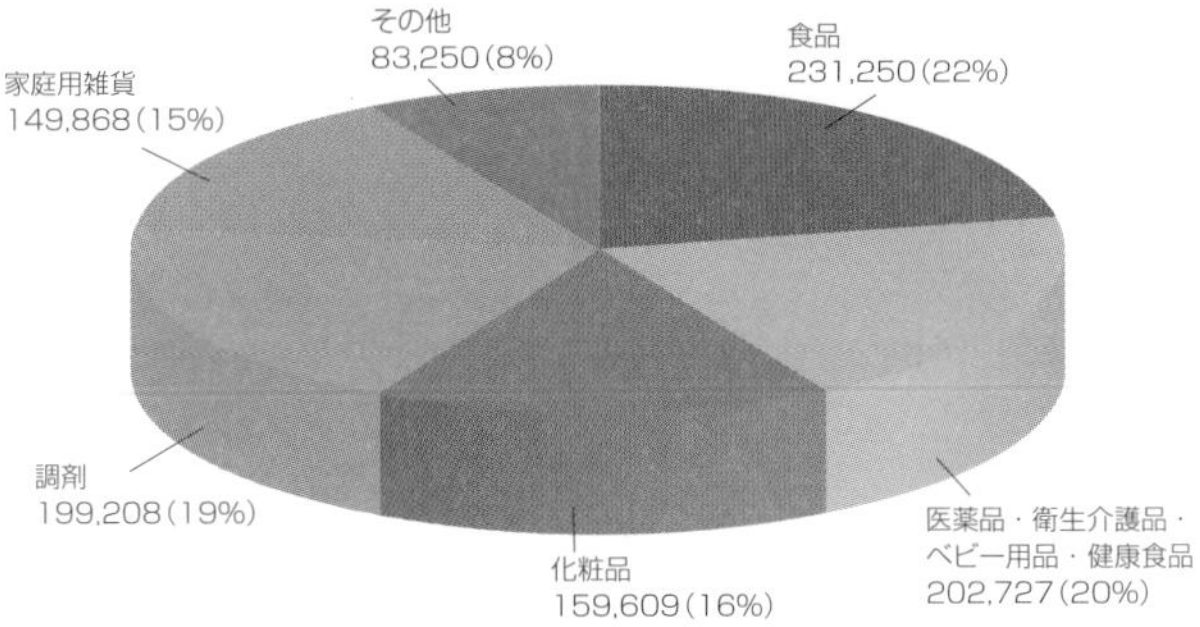

出典：同社決算短信

会社別店舗数（2022年2月期）

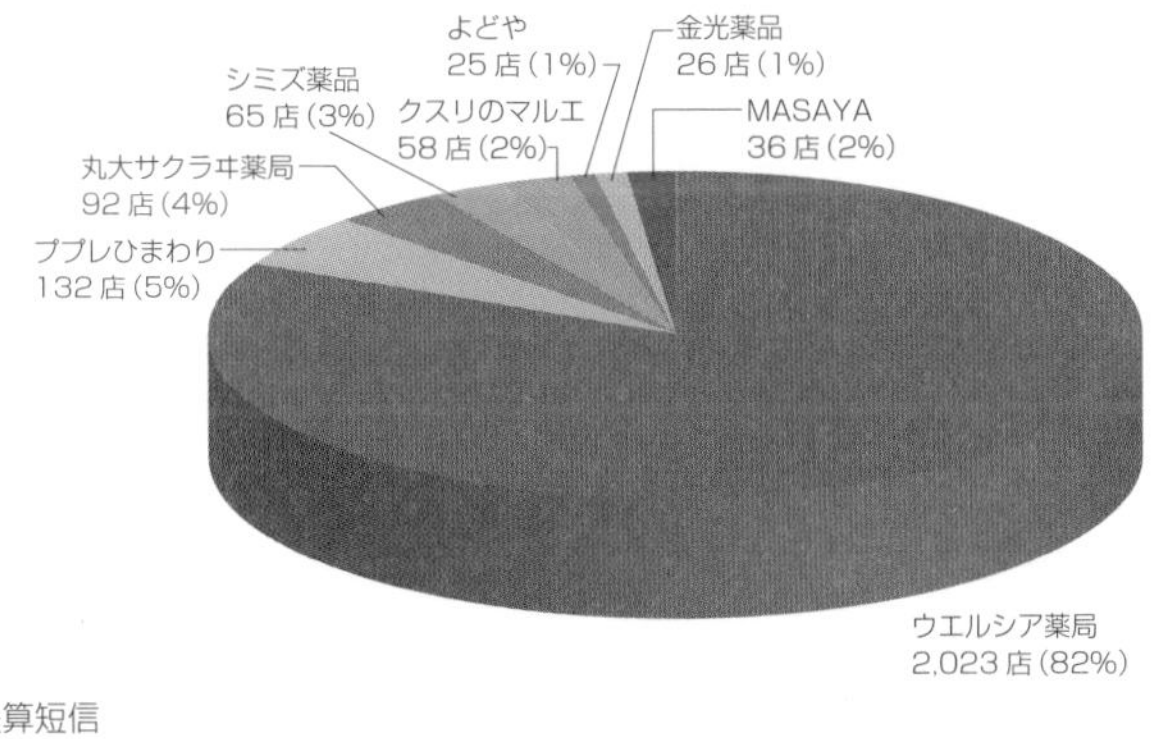

出典：同社決算短信

3　ＰＢ強化、調剤併設推進も（ツルハＨＤ）

北海道を地盤とするツルハホールディングス（ＨＤ）は、Ｍ&Ａで店舗数を拡大しています。新中期経営計画を策定、出店を抑制して既存店の収益力改善を図る意向です。

ツルハＨＤ傘下の中核会社であるツルハは一九二九年に北海道旭川市で創業。八七年に東京に進出し、九五年には流通最大手ジャスコと資本業務提携しました。その後は地方の薬局チェーンを次々と買収して子会社化。二〇〇五年に現社名に変更後、〇六年に千葉県が地盤の「くすりの福太郎」、一五年にレデイ薬局（愛媛県）、一七年に杏林堂ＨＤ（静岡県）、二〇年にＪＲ九州傘下の「ドラッグイレブン」を買収。二二年度末現在で国内店舗数は二五〇〇を超えています。

二二年五月期の連結売上高は前期比〇・四％減の九一五七億円、営業利益は同一六・一％減の四〇五億円で減収減益。**既存店売上**＊と客数の前年割れが響き、販管費も上昇しました。

同社は二二年五月期からの三カ年を「収益改善フェーズ」と定める新中計で売上高一・五兆円、営業利益率六％達成を掲げています。ツルハグループの店舗数は業界トップクラスですが、今後三年間は出店を抑制しながら進出地域でのドミナント戦略を鮮明にし、既存店の収益率を改善していく計画です。

そのために、利益率の高いＰＢ商品の強化と店舗の調剤併設化を進めます。ＰＢ商品の売上シェアを現状の九％から一二％までに高めていきます。調剤併設店は二二年度の七六〇店を一七〇〇店に増やす計画です。

コスト削減策では二二年一〇月、ライバルのウエルシアＨＤと青森県下北地区で共同配送を開始しました。両社とも筆頭株主が流通最大手イオンであり、こうした物流コスト低減策で手を組むことが今後増えるかもしれません。

用語解説

＊**既存店売上**　既存店は開店後13カ月以上経過した店舗のこと。既存店売上は新設店舗を除いた店舗の総売上高を指す。新規出店すれば売上は増えるため、小売業など流通の世界では既存店売上高の推移を見て企業の成長性を推し量る。

ツルハHDの業績推移

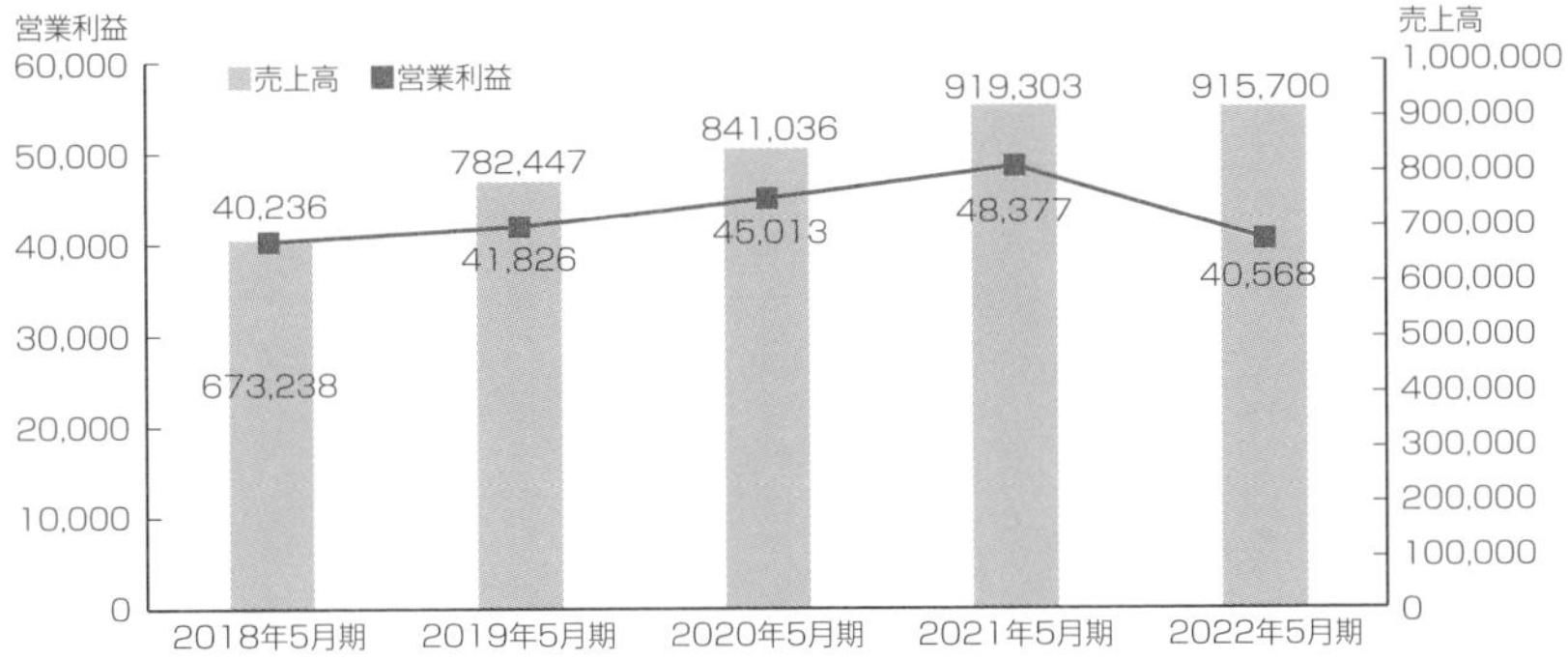

出典：同社決算短信

会社別店舗数（2022年5月期）

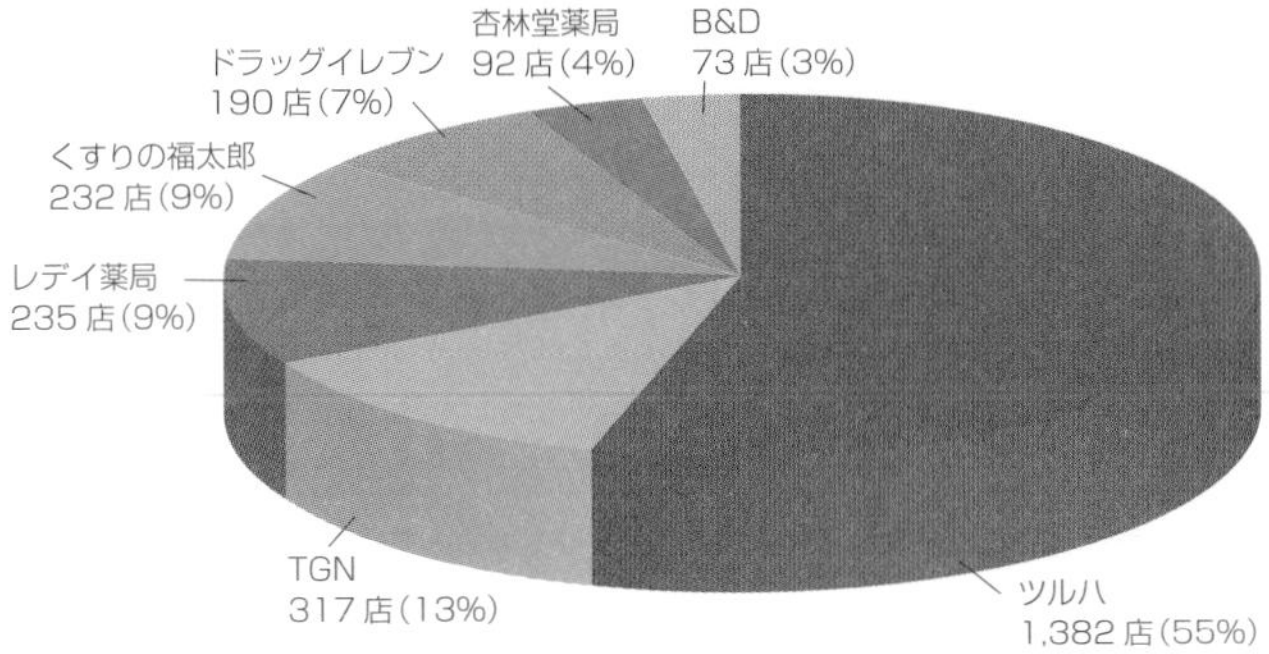

出典：同社2022年5月期決算説明会資料

商品別売上高（2022年5月期、単位：百万円）

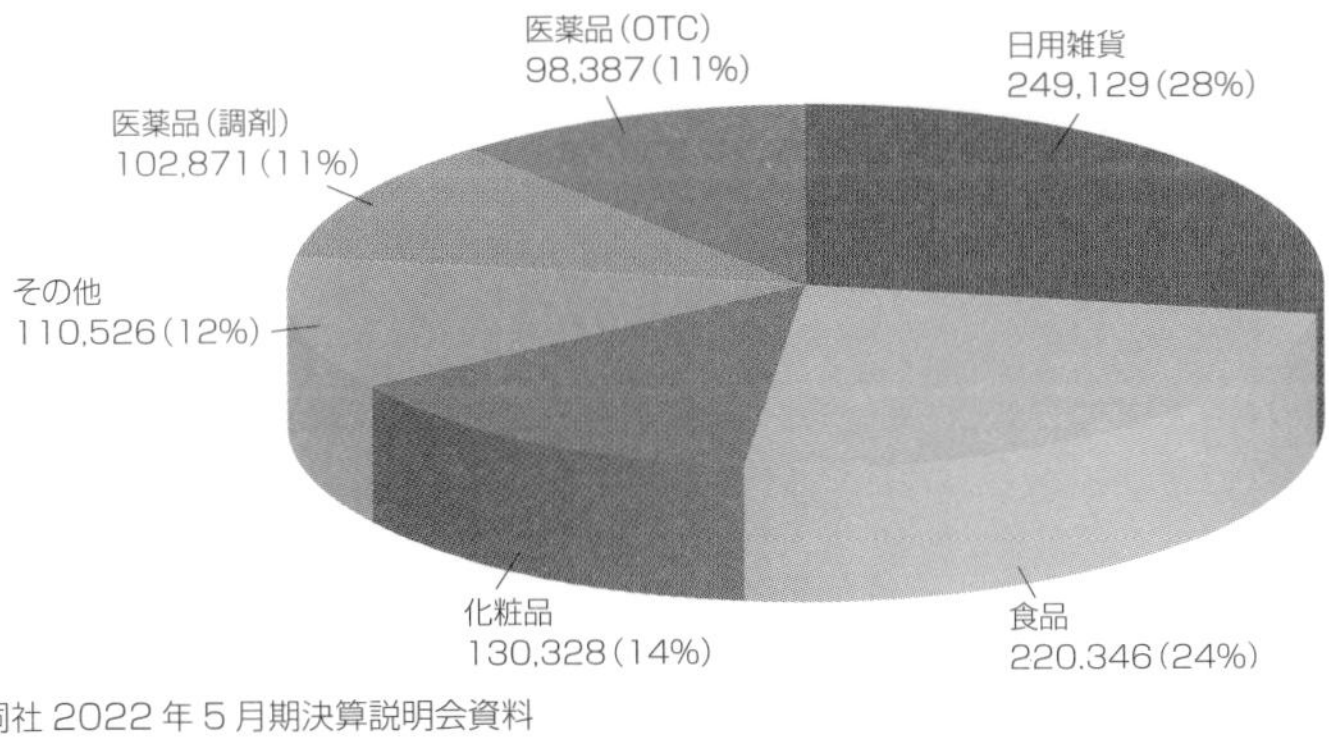

出典：同社2022年5月期決算説明会資料

4 調剤事業に参入（コスモス薬品）

店舗の半数近くを九州に置くコスモス薬品は、小商圏に大型店を構えて地域シェアを高める戦略で急成長、小売業九州一の座を射止めました。一般食品の売上が五割以上という異色のドラッグストアです。

コスモス薬品は一九七三年に宮崎県延岡市で創業。同社は大手他社のようにM&AやFC展開で店舗を増やすのではなく、直営店を新設して今日の地位を築いてきました。二〇二二年五月期連結決算は売上高が七五五四億円、営業利益は二九七億円を記録。自社競合もいとわず出店を続け二二〇店を新設しました。

同社は小商圏（商圏人口一万人）に売り場面積二〇〇〇㎡の大型店「メガドラッグストア」を出店することを店舗戦略の基本としています。商圏としてはコンビニや小型スーパーの出店規模に近く、豊富な品揃えを誇るドラッグストアとしては他に類を見ないものです。売上規模では多くを望めないと思われるところに大型店を出して市場シェアを奪う、ドミナント戦略の究極の姿ともいえるでしょう。

同社はポイント還元制度やクレジットカードを取り扱いません。支払いは原則として現金。現金正札（EDLP＊）の価格政策で最安値を続け、「ディスカウントドラッグ」を標榜《ひょうぼう》しています。売上の五割以上を一般食品が占めており、「食料品を豊富に品揃えすることで集客率を高め、利益率・在庫率共に高い医薬品で稼ぐ」戦略です。二二年五月期からは調剤事業にも参入しています。

一九年には渋谷区広尾に免税対応店を出店して首都圏への進出を本格化。中部・関西にも積極的に出店しています。これに対して大手他社はコスモスの本拠地九州に侵攻。二〇年にウエルシアHDはイオン九州と合弁会社を設立、ツルハHDはM&Aで攻め込むなど、大手同士の競合が激化しています。

用語解説

＊EDLP　「EveryDay Low Price」の略。特売日だけでなく、恒常的に低価格を提供する政策。安定した価格設定にすることで、販売サイドと購入サイドの双方が価格変動リスクを避けることができる。

6-4　調剤事業に参入（コスモス薬品）

コスモス薬品の業績推移（単位：百万円）

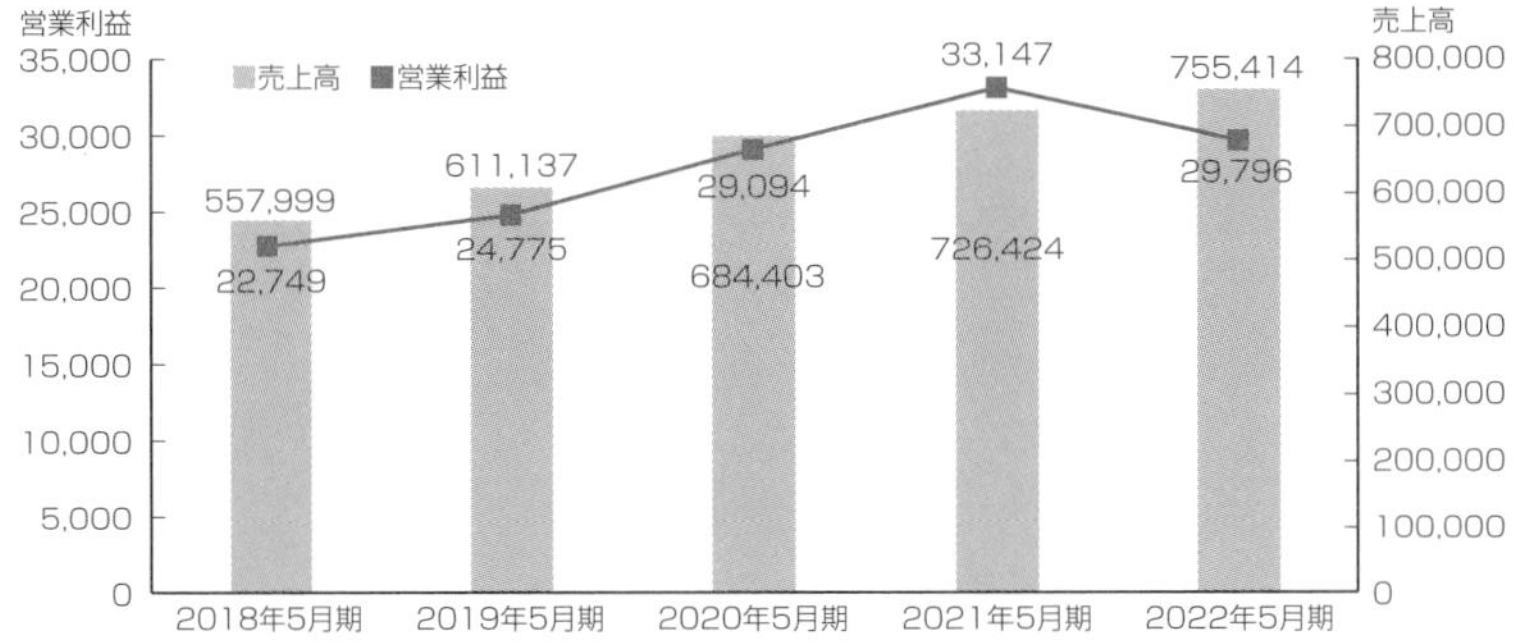

※ 2022 年 5 月期から収益認識に関する会計基準を適用
出典：同社決算短信

地区別店舗数（2022 年 5 月期）

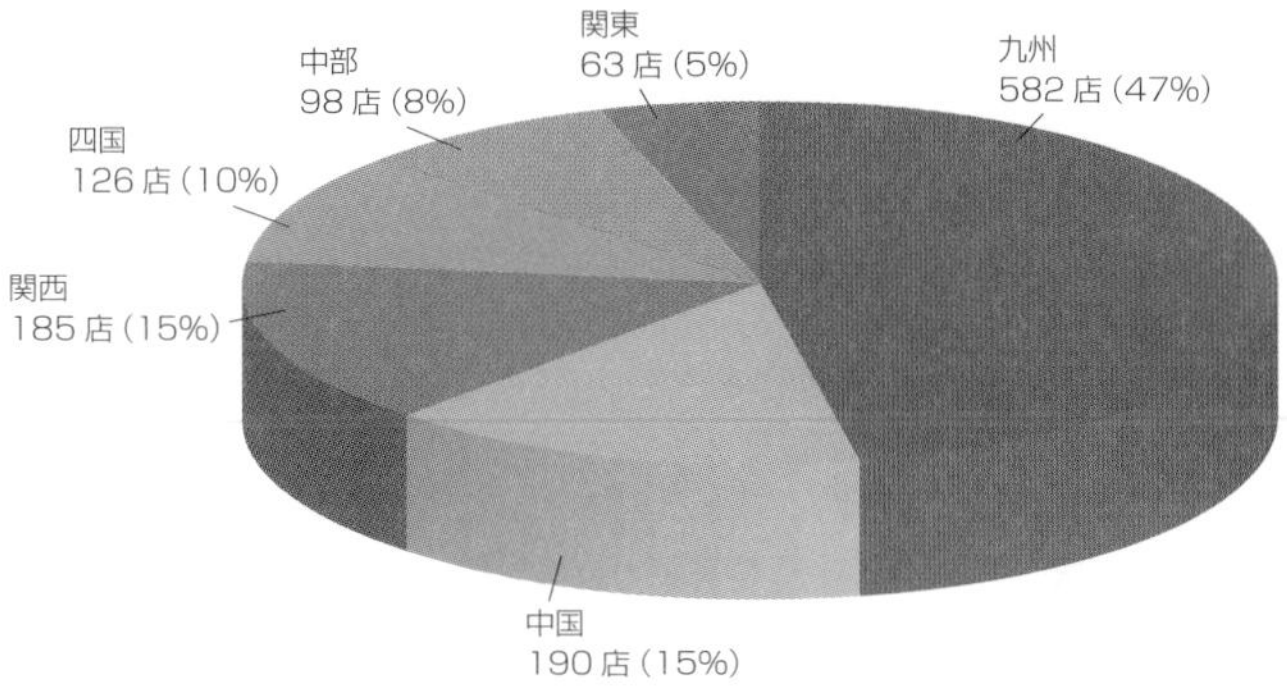

出典：同社決算短信

商品別売上高（2022 年 5 月期、単位：百万円）

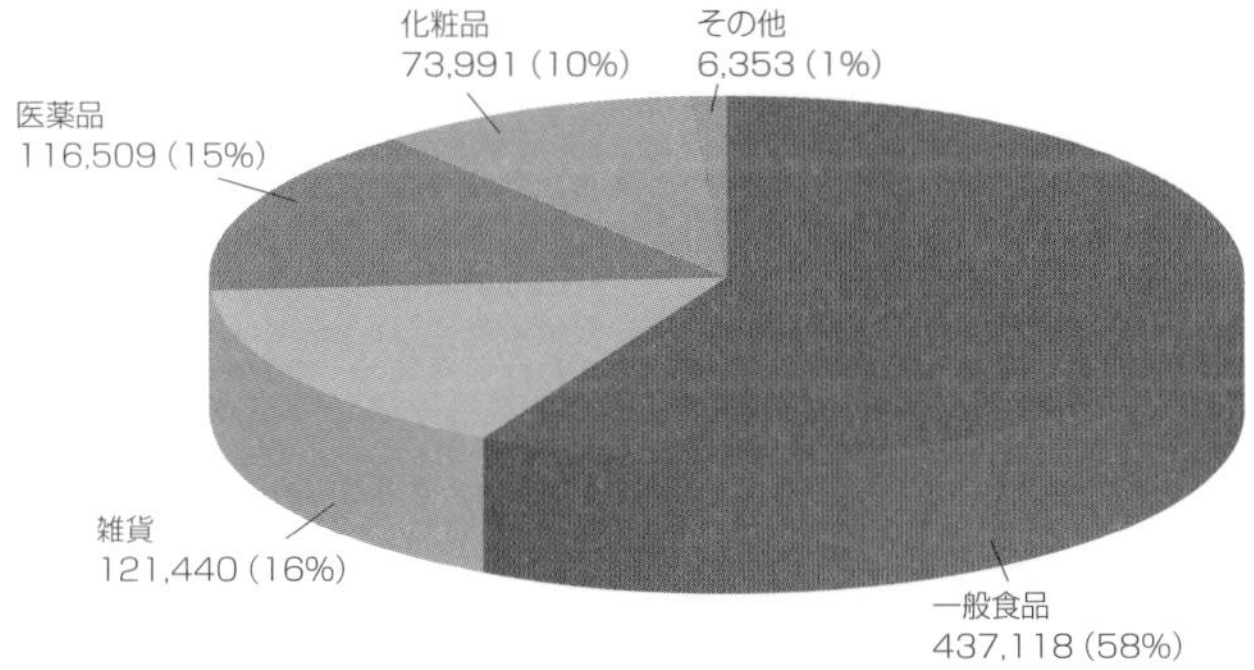

出典：同社決算短信

5 経営統合で再浮上（マツキヨココカラ&カンパニー）

二〇二一年一〇月の経営統合でマツキヨココカラ&カンパニーが誕生、業界四位と順位を上げました。統合三年目をめどに営業利益三〇〇億円規模の収益改善効果を見込んでいます。

マツモトキヨシグループは、一九三二年に千葉県松戸市で**松本清**＊氏が創業した「松本薬舗」が原点。ココカラファイングループは、一九三七年創業の「セガミ製薬所」（大阪市）と五一年に東京・世田谷で設立された「成城薬局」が二〇〇八年に経営統合して生まれた持株会社。同業大手が二〇一〇年代に積極的に企業買収を仕掛けて業容を拡大し、業界のリーダー的存在のマツキヨは下位に甘んじていました。

一九年四月、マツキヨは業界七位のココカラファインと資本業務提携に向けた協議を開始。しかし同年六月にココカラが業界六位のスギＨＤとの間で経営統合の協議を始めると、マツキヨは協議範囲を経営統合に拡大。スギが協議から撤退し、二一年一〇月にマツキヨとココカラが経営統合しました。

二二年三月期連結決算は売上高七二九九億円（前期比三四・〇％増）、営業利益は四一四億円（同三一・一％増）と増収増益を記録。期中に実現した経営統合の成果が出ていますが、来期は通期貢献が期待できます。

ただし、旧マツキヨの「訪日客頼み」の化粧品販売がコロナ禍で落ち込み、旧ココカラも最後の決算では売上高が約一〇％減。経営統合で期待していた業界トップの座は遠のいています。統合三年目に営業利益で三〇〇億円規模の改善効果を達成するには、仕入れの一本化、システムや物流の統合による効率化、さらにはＰＢの共同開発体制の早期確立が急務。

また、食品販売への傾斜を強めている他の大手と比べて突出している化粧品偏重の事業モデルの見直しが必要ではないでしょうか。

用語解説

＊**松本清**　1909～1973年。1930年に現在の星薬科大学卒業後に会社設立。47年千葉県議会議員、56年同議長などを経て、69年松戸市長に当選。対応が遅いとされてきた役所体質を変え「すぐやる課」を新設、全国の自治体で同様の部署ができるきっかけになった。

マツキヨココカラ＆カンパニーの業績推移（単位：百万円）

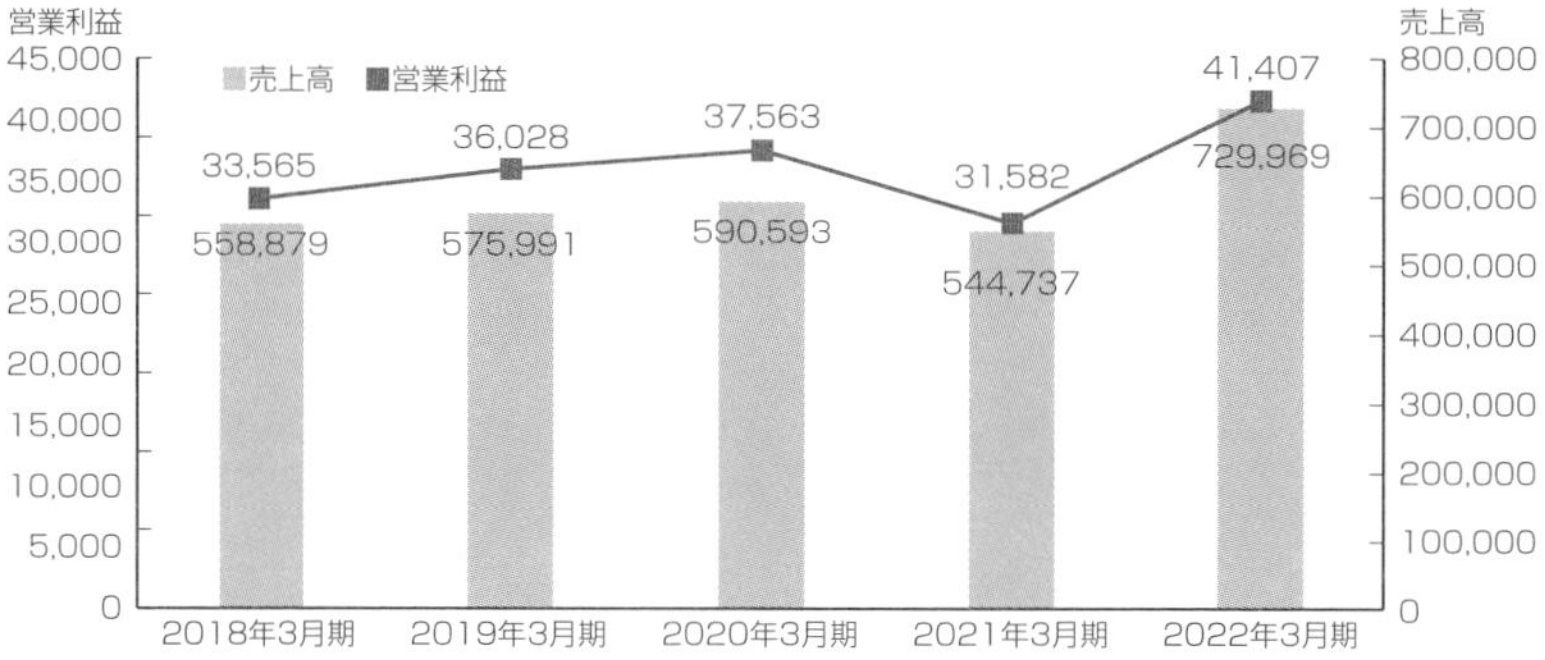

※ 2022 年 3 月期から収益認識に関する会計基準を適用
出典：同社決算短信

商品別売上高（2022 年 3 月期、単位：百万円）

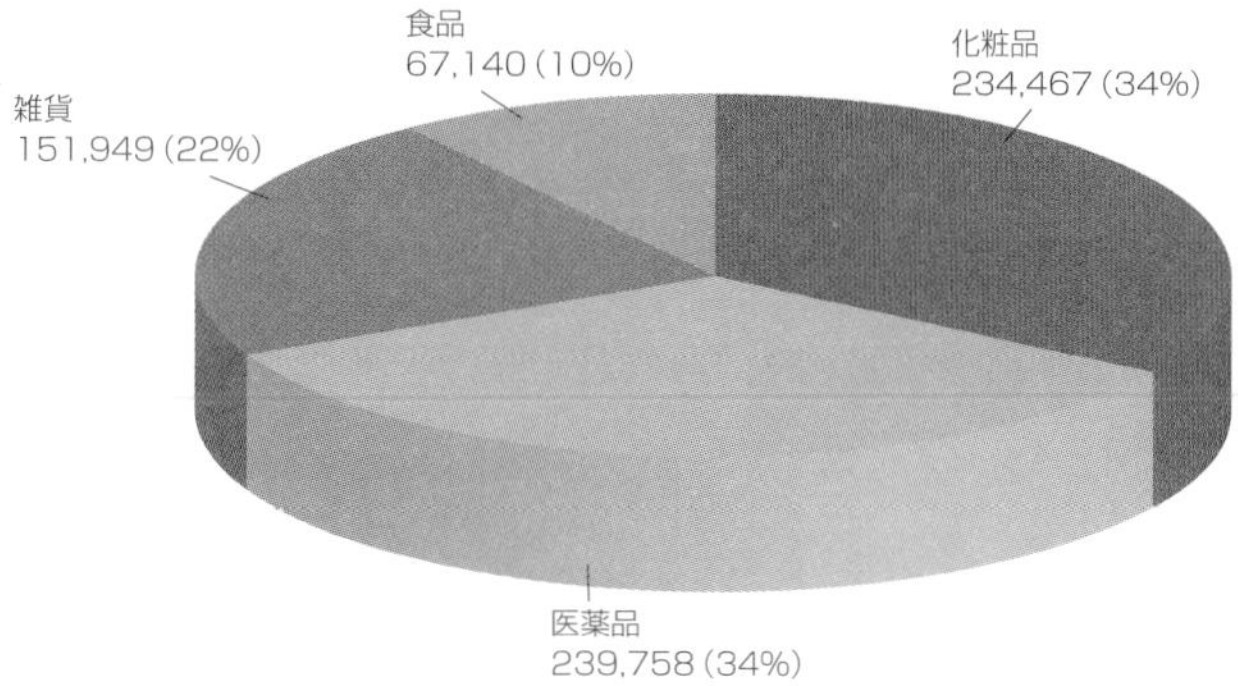

出典：同社 2022 年 3 月期決算説明資料

エリア別店舗数（2022 年 3 月期）

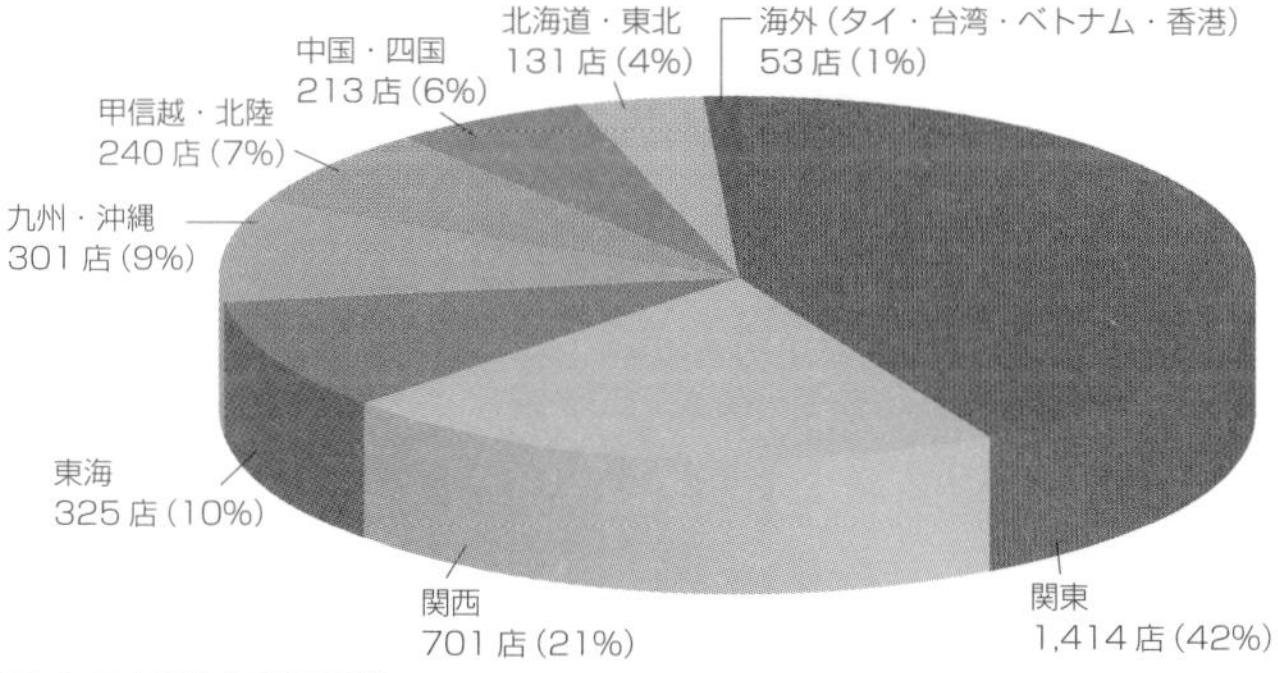

出典：2022 年 3 月期決算説明資料

6　一〇〇〇億円規模のM&Aへ（サンドラッグ）

一九九〇年代終盤からFC化、企業買収（M&A）で急速に業績が拡大したのがサンドラッグ。ドラッグ、ディスカウントの二つの事業を展開しているのが特徴です。

　サンドラッグは一九五七年に東京・世田谷で創業。六五年からチェーン展開を開始し、九〇年代後半からは各地に物流センターを開設して多店舗展開の基礎をつくりました。その後は各地の薬局とフランチャイズ（FC）契約を結び、二〇〇九年にFCの星光堂薬局、ディスカウントストア（DS）の**ダイレックス***を子会社に収めて、一挙に二五〇の店舗を上積みしました。

　二二年三月期連結決算は売上高が六四八七億円（前期比二・三%増）、営業利益は三四〇億円（同八・七%減）と増収減益を記録。感染予防対策商品が伸長した前年度の反動減や新規出店、改装の店舗コスト増で売上高は計画を下回り、販管費が増加しました。

　同社は二二年九月、八年ぶりにM&Aを再開しました。加盟店である四国のドラッグチェーン「大屋」の全株式を取得して子会社化。直営店を展開していない地域での攻勢を強めると思われます。二六年三月期までに連結売上高一兆円を達成させる中期経営計画を展開しており、ドラッグ、ディスカウントの既存業種だけでなく、ホームセンターやスーパーマーケット、ECなどの異業種も視野に入れた一〇〇〇億円規模のM&Aを視野に入れています。

　背景には、激しい業界再編でサンドラッグの存在感が薄れていることがあります。同社が買収を控えている間に、自主独立路線のコスモスを除く上位三社（ウエルシア、ツルハ、マツキヨココカラ）は経営統合で規模拡大に突き進んだため、サンドラッグは埋没感を味わっているとの指摘があります。

用語解説

***ダイレックス**　1988年創業で、佐賀市に本社を多く九州のディスカウントストアチェーン。サンドラッグのDSは実質的にダイレックスの店舗である。

サンドラッグの業績推移（単位：百万円）

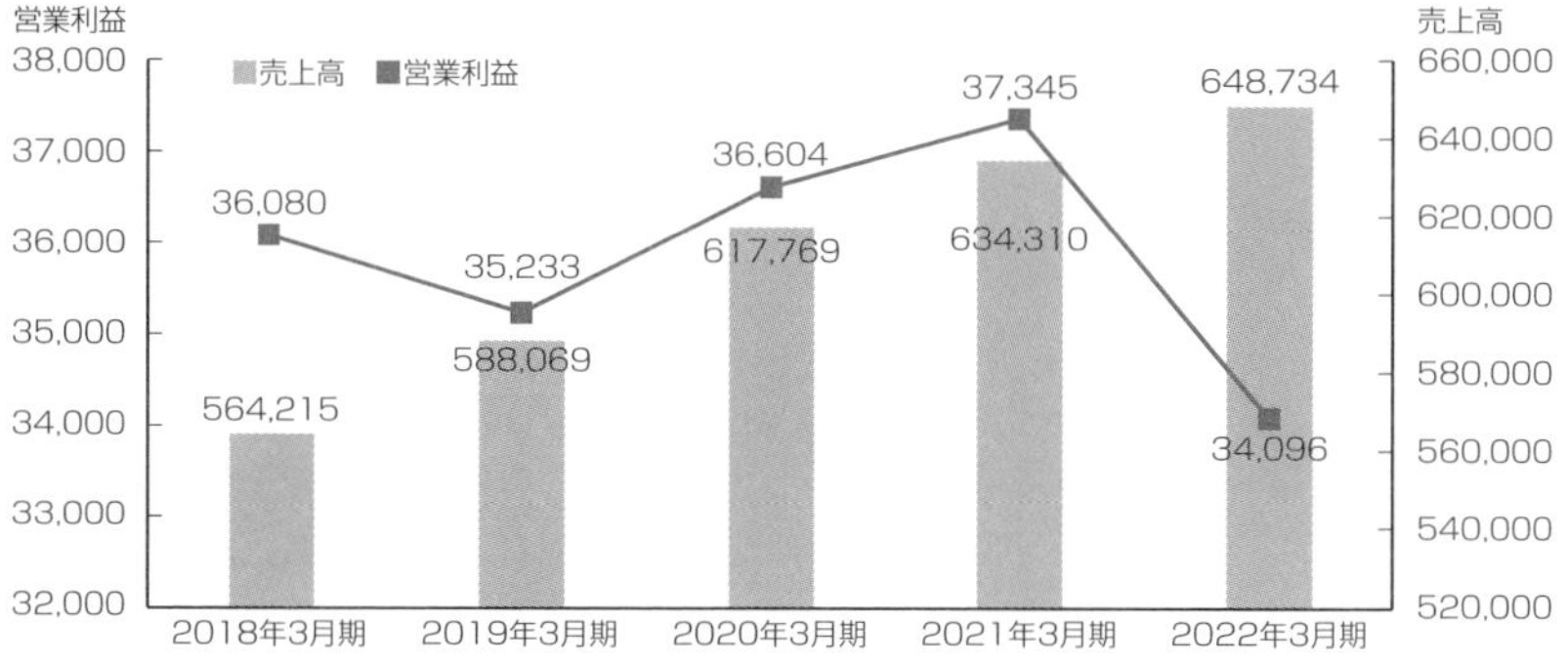

出典：同社決算短信

グループ会社別店舗数（2022年3月期）

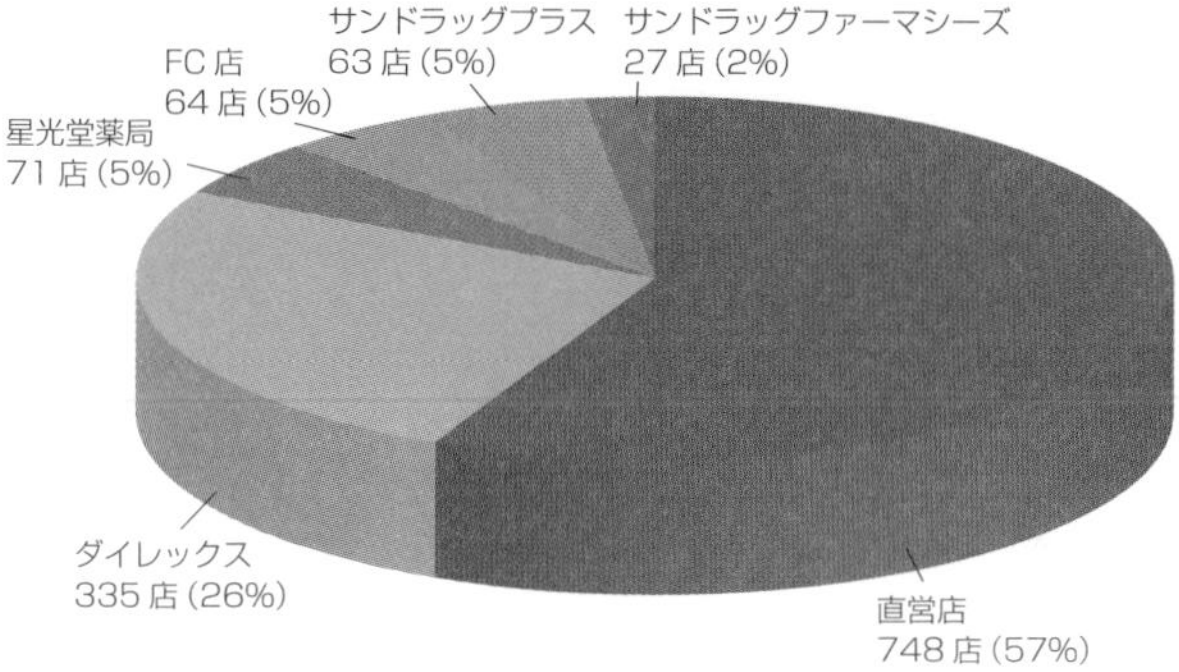

出典：同社2022年3月期決算説明会（補足資料）

事業別売上高（2022年3月期、単位：百万円）

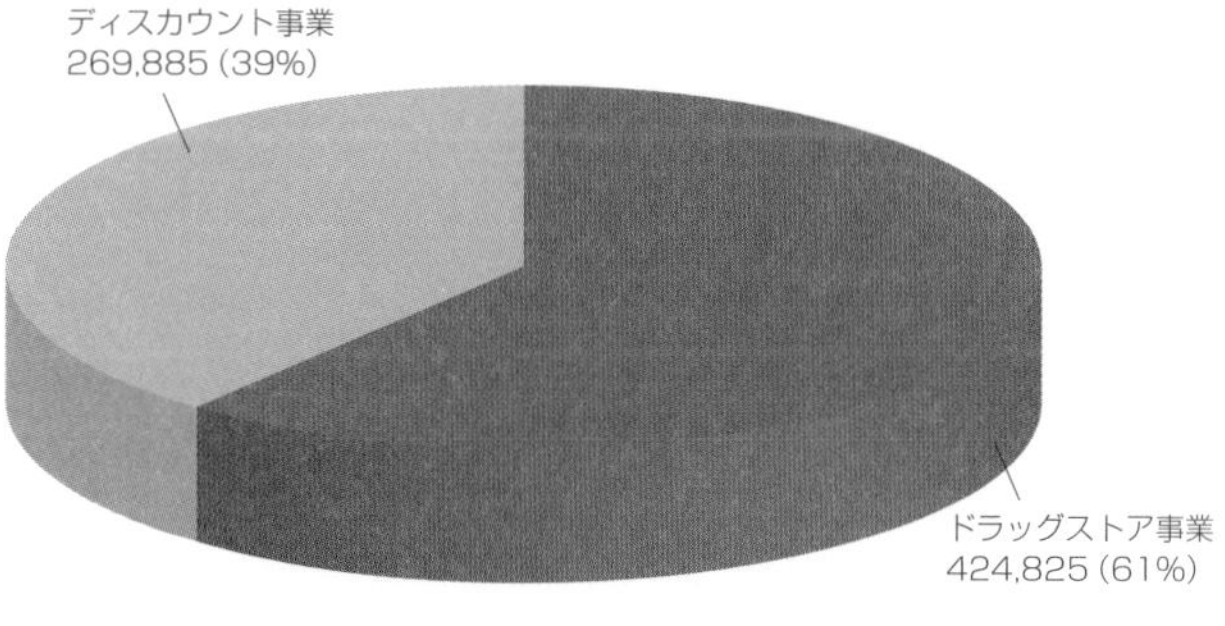

出典：同社2022年3月期決算説明会（補足資料）

7 アジア戦略を強化（スギHD）

スギホールディングス（HD）は、中部地区をはじめ関西・関東で多店舗展開しています。一九年には大手との経営再編に名乗りを上げる一方、海外戦略にも注力しています。

スギHDは一九七六年、愛知県西尾市でスギ薬局を創業したのが始まり。社名の「スギ」は創業者で現顧問の杉浦広一氏の苗字から採ったといわれています。二〇〇〇年にジャスコ（現イオン）、ツルハ（現ツルハHD）と資本業務提携を結びました。

〇五年に関西のディスカウントストア（DS）の「ジャパン」を買収して以降、薬局事業とジャパンのDSが事業の二本柱。〇八年には子会社のスギメディカルが**訪問看護***事業をスタート。二三店舗（二二年二月末）で在宅医療ビジネスを展開しています。

二二年二月期連結決算は売上高が六二五四億円（前期比三・八％増）、営業利益は三二一億円（同五・六％減）。新規出店効果と調剤事業の成長で増収の一方、調剤併設店増加およびそれに伴う薬剤師の積極採用などで販管費が増加し、減益となりました。

同社は一九年に業界七位のココカラファインとの経営統合の協議開始を発表しましたが、ココカラがマツキヨとの経営統合の協議を決めたため、再編の舞台から撤退しました。しかし、今後も再編を巡る動きが出てくるのは必至。二七年二月期の二〇〇〇店舗、売上高一兆円を目指して、今後のM&Aに注目が集まります。

同社はアジア地域での事業拡大を狙っています。二〇年一一月、台湾のドラッグストアチェーン「大樹薬局」と業務提携し、同社のPB販売に注力しています。二二年七月にはマレーシアで約二〇〇の薬局を展開する「アルプロファーマシー」と業務提携を締結。東南アジア諸国へのドラッグストア事業の拡大を図っていく計画です。

用語解説

***訪問看護**　1991年の老人保健法改正で訪問看護制度が発足。自宅で寝たきりの老人などを対象に事業が開始された。2000年に介護保険法が制定され、病状観察や療養指導、服薬管理などを行うことになった。

スギHDの業績推移（単位：百万円）

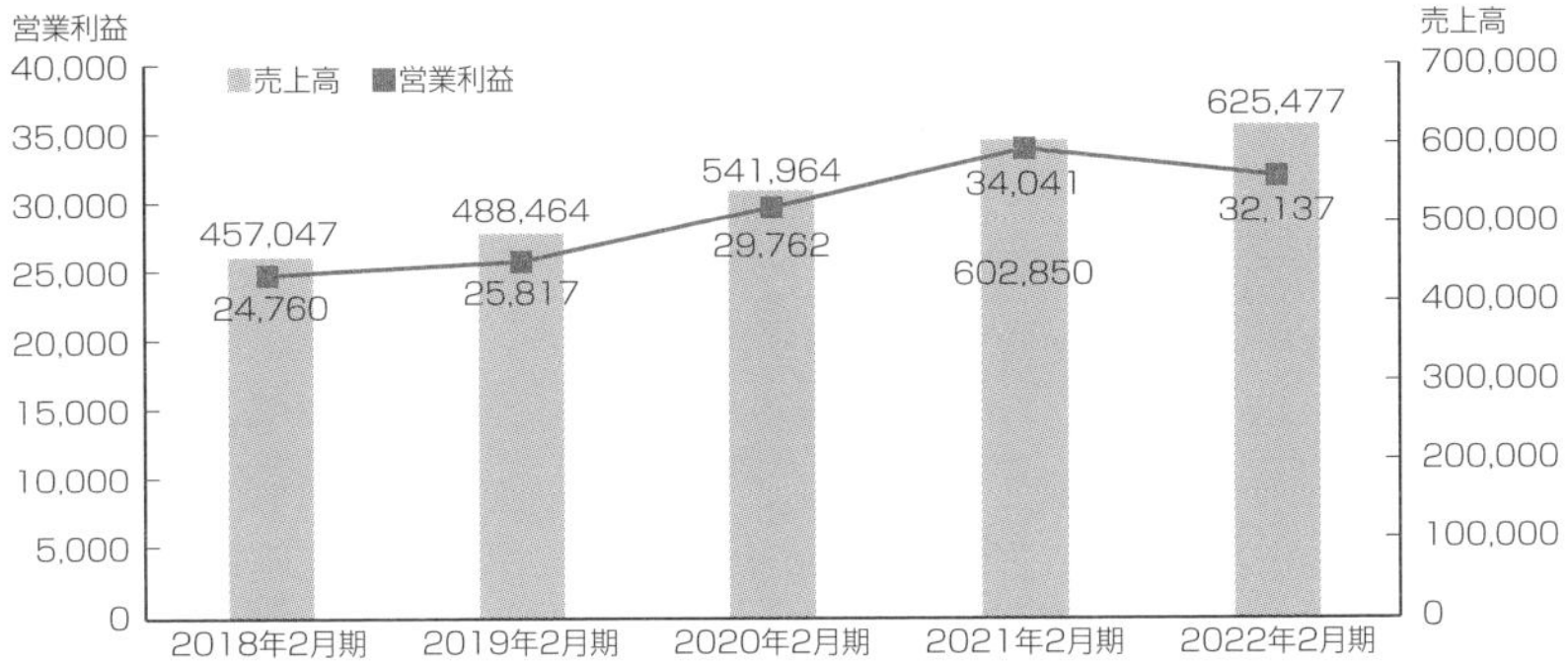

出典：同社決算短信

エリア別店舗数（2022年2月期）

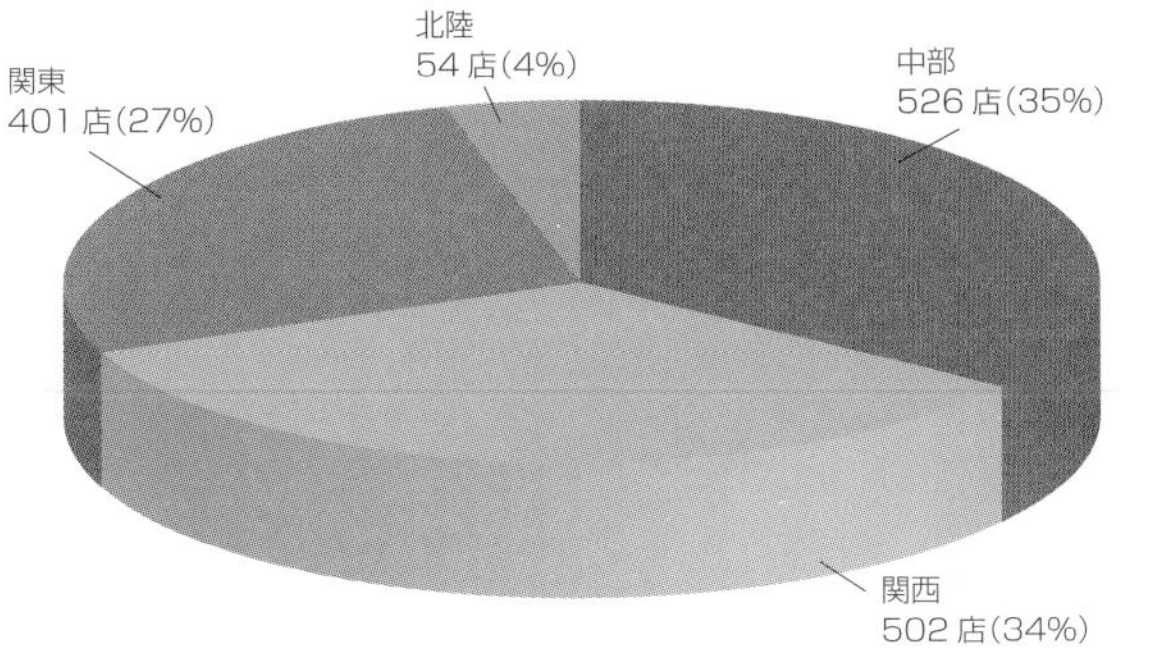

出典：同社2022年2月期データファイル

スギ薬局事業の部門別売上高（2022年2月期、単位：百万円）

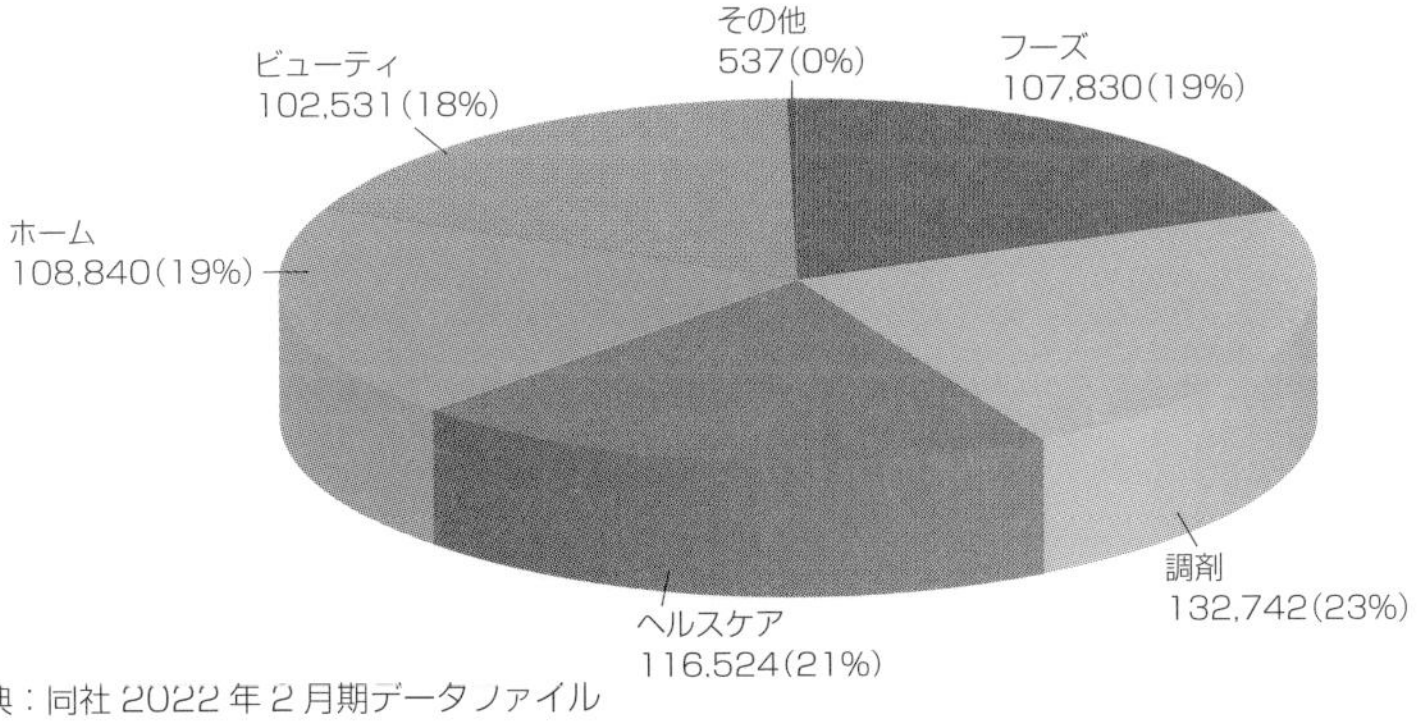

出典：同社2022年2月期データファイル

8 追走する準大手①（クリエイトSDHD、富士薬品）

今後の業界再編でカギを握ると思われるのが、売上高三〇〇〇億円超の準大手四社。業界七位から一〇位にランキングされており、虎視《こし》眈々《たんたん》と上位進出の機会をうかがっています。

クリエイトSDホールディングスは、関東・東海地区に七二八店舗（二〇二二年五月期）を有し、ドラッグストア、調剤薬局、介護付有料老人ホーム、デイサービスの四事業を展開する持株会社。一九七五年に横浜市で「みどり薬局」を開業したのが始まりで、ドミナント型の出店戦略に特徴があります。

地場のスーパーマーケット（SM）と協業して営業エリア内の医療機関を店内に誘致する、といった集客力を高める戦略が奏功しています。二二年五月期の売上高は三五〇七億円（前期比三・六％増）、営業利益は一八一億円（二・四％減）。食品関連は伸びたものの、好採算の化粧品の需要減で増収減益になりました。同社は売上の約四割を占める食料品の強化および調剤薬局併設店の推進を重点課題として取り組んでいます。また、二八年五月期の売上高五〇〇〇億円達成を目指し、調剤薬局やSMの買収も視野に入れて上位進出の機会をうかがっているとの指摘もあります。

富士薬品は、一九三〇年に富山市で始めた**置き薬**＊の販売（配置薬業）を祖業とする医薬品総合企業。配置薬業は全国約二八〇万軒の顧客を誇る業界最大手で、医薬品製造工場も持っています。九二年に始めたドラッグストア事業は「SEIMS（セイムス）」の屋号で展開。地方のドラッグチェーンなどを次々に買収して店舗数を着々と増やしています。セイムスでは自社工場で製造した一般用医薬品を販売しており、独自のPB戦略を推進しています。ドラッグストア事業は富士薬品の売上高の九割以上を占める稼ぎ頭に成長しており、業容拡大でM&Aを推進するとみられます。

用語解説

＊**置き薬**　消費者のもとに薬箱を常備してもらい、販売員が定期的に訪問して使用済みの薬代金を集める仕組み。富山藩で元禄時代初期に始まったとされる。

クリエイトSD HDの業績推移（単位：百万円）

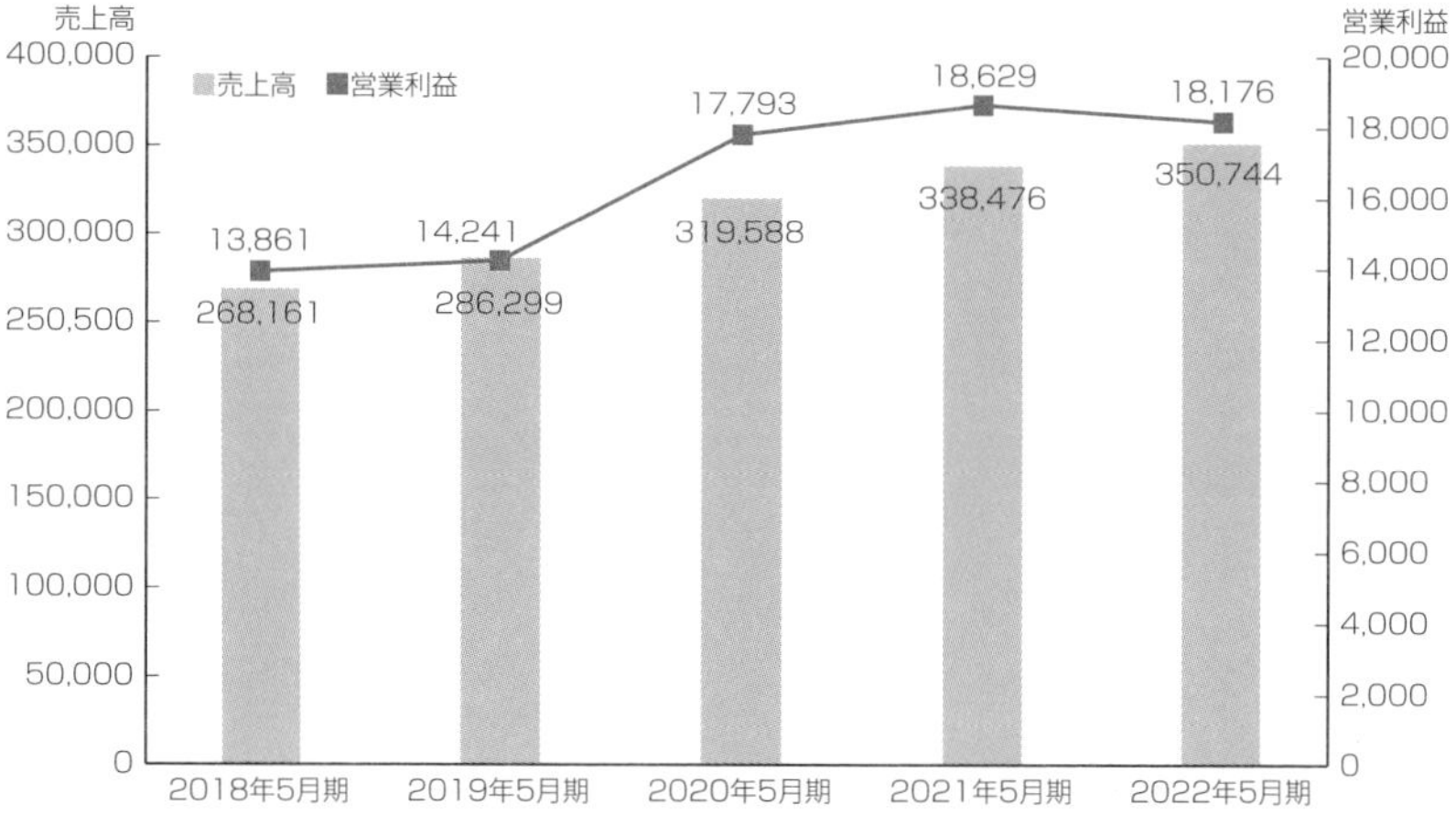

※ 2022 年 5 月期から収益認識に関する会計基準を適用
出典：同社決算短信

富士薬品ドラッグストア事業の業績推移（単位：百万円）

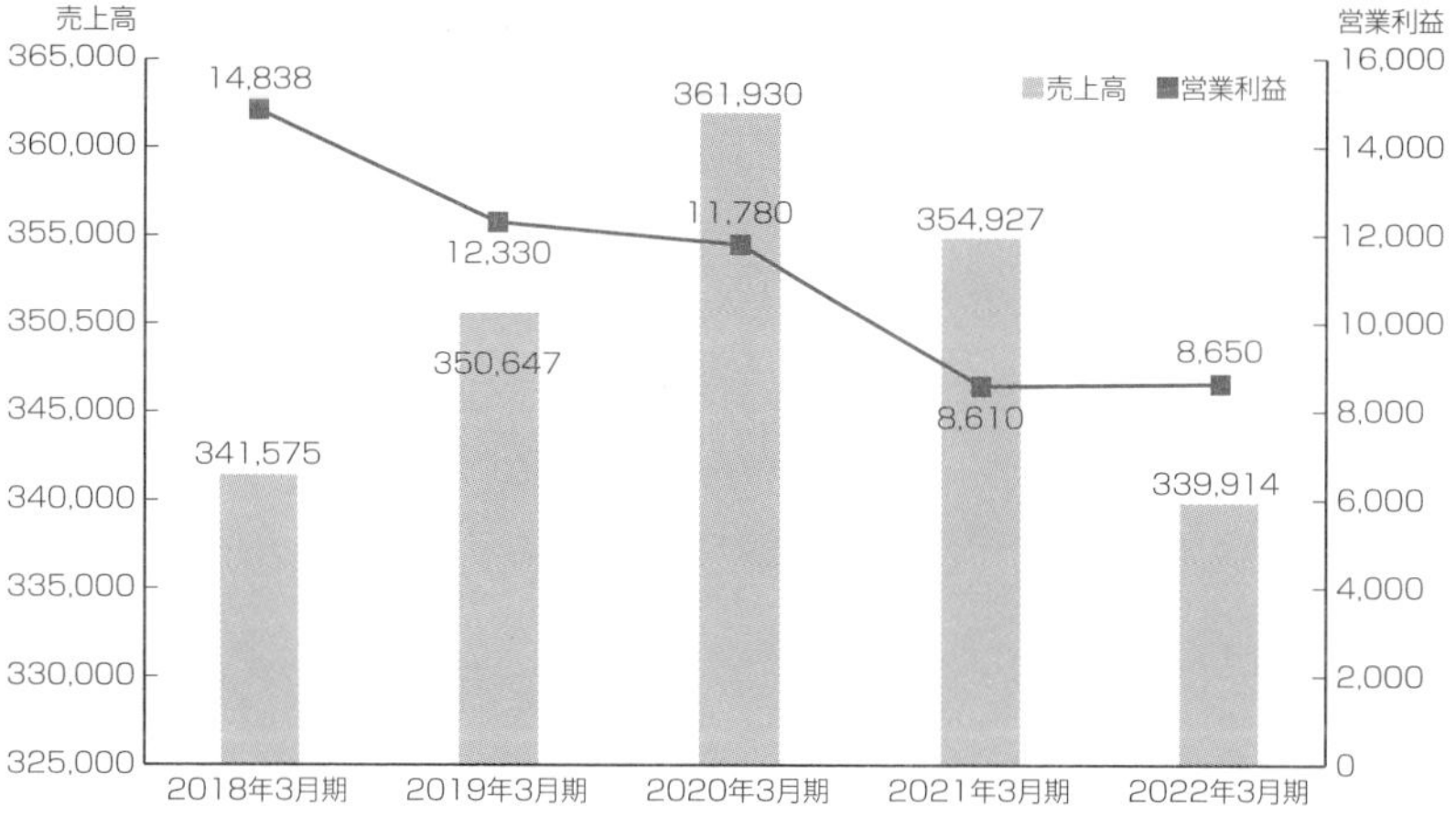

出典：同社決算資料

9 追走する準大手②（アオキHD、アインHD）

「クスリのアオキホールディングス」（以下、アオキHD）は北陸地区を地盤とする業界九位、アインホールディングスは調剤薬局業でトップの実績を誇る業界一〇位。両社、買収を重ねて業容拡大しています。

アオキHDは、一八六九年に石川県で始めた**薬種販売商***の「青木二階堂薬局」が祖業。一九八五年に「クスリのアオキ」を設立し、二〇一六年に持株会社化しました。発祥の地である北陸地区を主要地盤として営業展開。業界では、食品に強い「フード&ドラッグ」の成長株との評価があります。

二二年五月期連結業績は売上高三二八三億円、営業利益は一四〇億円。商品別の売上高はフードが一三九〇億円（売上構成比四二・四%）、ビューティ四八二億円（一四・七%）、ヘルス三六四億円（一一・一%）となっています。地場の食品スーパーを次々に買収して事業拡大を図っており、二二年は福島・岩手両県で地元のスーパーを買収しました。関東から関西、東北にまで版図を広げています。

アインHDは一九六九年に札幌市で設立した「第一臨床検査センター」が始まり。九八年にアインファーマシーズに商号変更し、二〇一五年に持株会社化。調剤薬局業では首位で、〇八年にはセブン&アイHDと資本業務提携。地盤の北海道から九州まで一一七七店舗（二二年四月末）と広域の営業エリアです。

二二年四月期は売上高三一六二億円（前期比六・四%増）、営業利益は一五一億円（三八・五%増）。得意の調剤事業が好調、リテール事業（コスメ・ドラッグストア）は利益的に苦戦が続いています。主力事業が調剤だけに、在宅医療やオンライン診療後のオンライン服薬、地域医療に欠かせない「かかりつけ薬剤師」など、高齢化やコロナ禍で生じた新たな生活様式にも柔軟対応できるのがアイングループの強みです。

用語解説

＊**薬種販売商**　一般用医薬品の販売業を指す。2009年の薬事法改正前まで存在した。薬学部を卒業した者や薬種商試験に合格した者が資格を有していた。現在は「登録販売者」資格が創設されている。

アオキ HD の業績推移（単位：百万円）

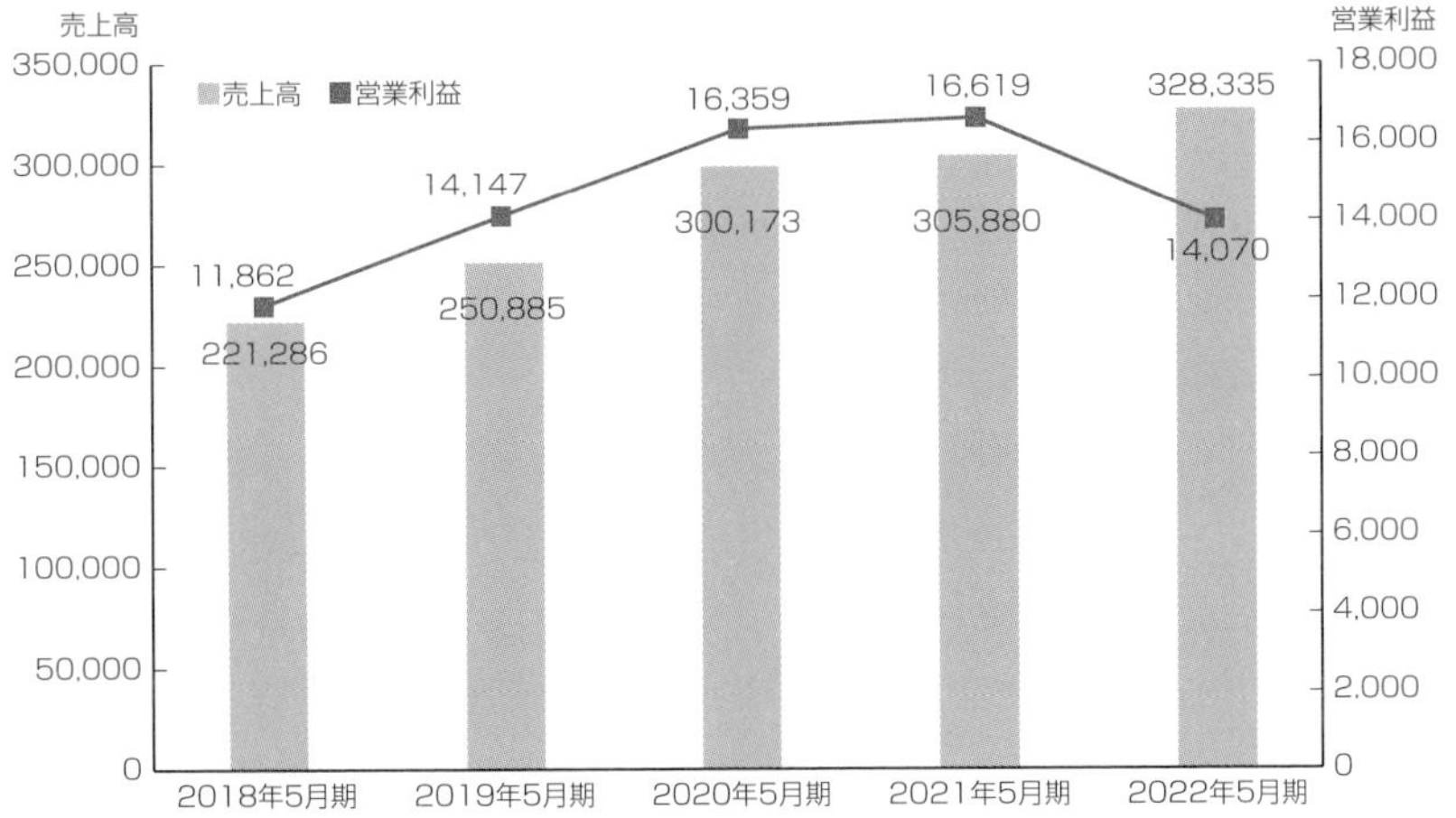

※ 2022 年 5 月期から収益認識に関する会計基準を適用
出典：同社決算短信

アイン HD の業績推移（単位：百万円）

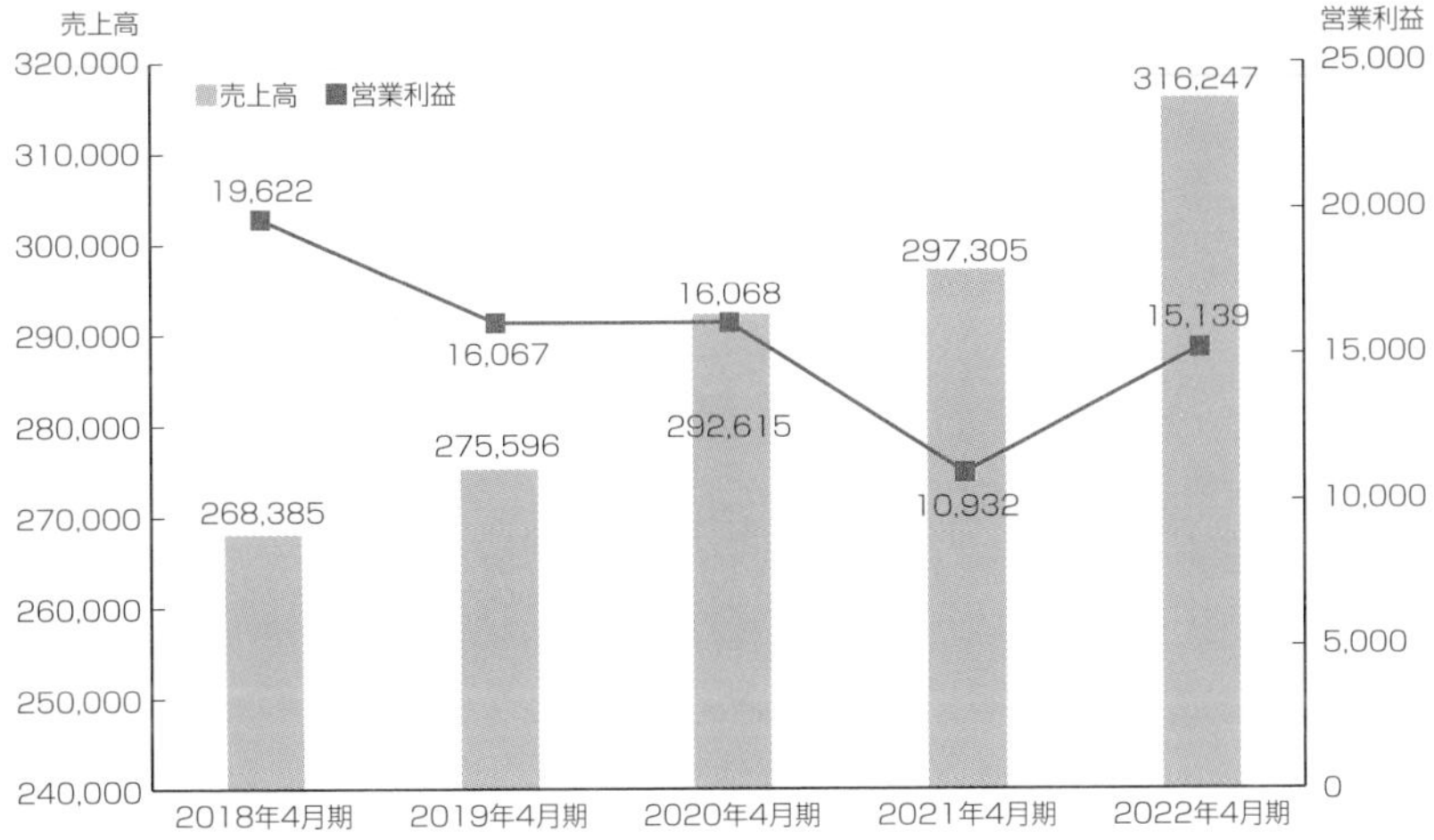

出典：同社決算短信

column

ココカラ争奪、マツキヨ、スギの三つ巴《どもえ》

ドラッグストアの再編は、ズバリ同床異夢。規模のメリットを享受して収益を上げるには、少しでもシェアを高めて力をつけ、競争を優位に運んでいくことが求められます。医薬品という宝の山が詰まった店舗は、スーパーやコンビニなどのライバルが扱う食品分野にも踏み込んで顧客を奪い、同業者からも利用者をはぎ取っています。

2019年4月26日、業界7位（当時、以下同）のココカラファインは同5位のマツモトキヨシホールディングス（HD）との資本業務提携の検討開始を発表しました。しかし、その4日後には業界6位のスギHDから経営統合の協議申し入れを受けました。ココカラは6月1日、スギとの協議開始に合意したことを明らかにしますが、4日後にマツキヨとの提携協議開始もアナウンスしました。まさに魑《ち》魅《み》魍魎《もうりょう》、ココカラを巡る三つ巴の戦いが始まりました。マツキヨとスギはオーナー経営、ココカラは合併会社でサラリーマン社長。しがらみのないココカラが、即断できるトップ2人を翻弄したようにも見えます。

この争奪戦は、他の上位ドラッグにも飛び火します。三つ巴戦が行われているさなかに、ウエルシアHDやツルハHDは地方ドラッグチェーンなどを次々と買収し、三つ巴戦の結果がどうなっても抜かれないよう、売上高を上乗せしていきました。2019年の時点ではココカラと組んだほうが業界首位の座を射止めるはずでしたが、結果はそうならず、イオン系の2社が上位を死守。独立独歩のコスモスも関東圏を強化して3位を確保するなど、ランク争いは熾烈を極めています。

ドラッグストアの「フード＆ドラッグ」化が鮮明になり、薄利多売での体力勝負に入っています。調剤事業への傾斜、PB開発など、業績向上のテーマはいくらでもあるのがこの業界。上位20社あたりまでが、今後の合従連衡《がっしょうれんこう》の対象になりそうです。

第7章

家電量販店業界の最新動向と課題

家電量販店業界はコロナ禍でも堅実に業績を上げています。近年は住関連事業への参入が目立っており、業態開発も活発になってきました。EC化率を上げてネット専業に対抗したり、PBに注力して独自色を打ち出したりしています。

1 家電量販店業界の現状

薄利多売を基本とする家電量販業界。売れ筋は生活家電、次いで携帯端末などの情報家電。今日ではアマゾンなどネット通販の台頭もあり、大手は事業の多角化で競争を勝ち抜こうとしています。

経済産業省の調査（商業動態統計）で家電業界の商品別販売額を見ると、洗濯機や冷蔵庫といった白物の生活家電が中心ですが、携帯電話やスマートフォンなどの情報家電が近年の家電量販店を支えています。カメラはスマホの登場でジリ貧傾向が止まりません。

コロナ禍で在宅勤務者が増加し、テレワーク需要が高まり、情報通信関連の商品は売れ行きを伸ばしています。一方、気候変動による天候不順の影響でエアコンや冷蔵庫、洗濯機などの白物家電の販売は好不調の波が出てきており、各社とも頭を抱えています。

家電製品は耐用年数の経過や新製品の登場で買い替え時期が来ますが、家電量販業界は電機メーカーによる新製品の開発を待つしか手はありませんでした。

しかし業界では、乾電池、DVD-Rなどの消耗品や小物家電を中心にPB商品を開発し、安価で良質な商品を提供する企業が増加。これまでナショナルブランドに頼り切りでしたが、アマゾンのような人件費その他の固定費がかからないネット通販サイトの安売り攻勢に対抗する狙いもあります。

住宅関連事業への進出も目立ちます。住建事業に注力する首位のヤマダHD、ホームセンター最大手のニトリと組んだエディオンなど、家電販売に次ぐ主要事業に育てたい意向です。

大量仕入れで価格競争力が高まるだけに、今後の経営再編も予想されます。業界六位のノジマは売上高約二〇〇〇億円企業の買収に王手をかけ、上位浮上を狙っています。業界二位から五位までは七〇〇〇億円で拮抗しており、**合従連衡***に目が離せません。

用語解説

*__合従連衡__　時々の状況や利害関係などの変化を背景に、企業同士が手を組んだり離反したりすること。中国の戦国時代の策士が唱えた外交策に由来する。合従はタテ（南北）、連衡はヨコ（東西）に連合する状態を表す。

家電量販店の商品別販売額（単位：百万円）

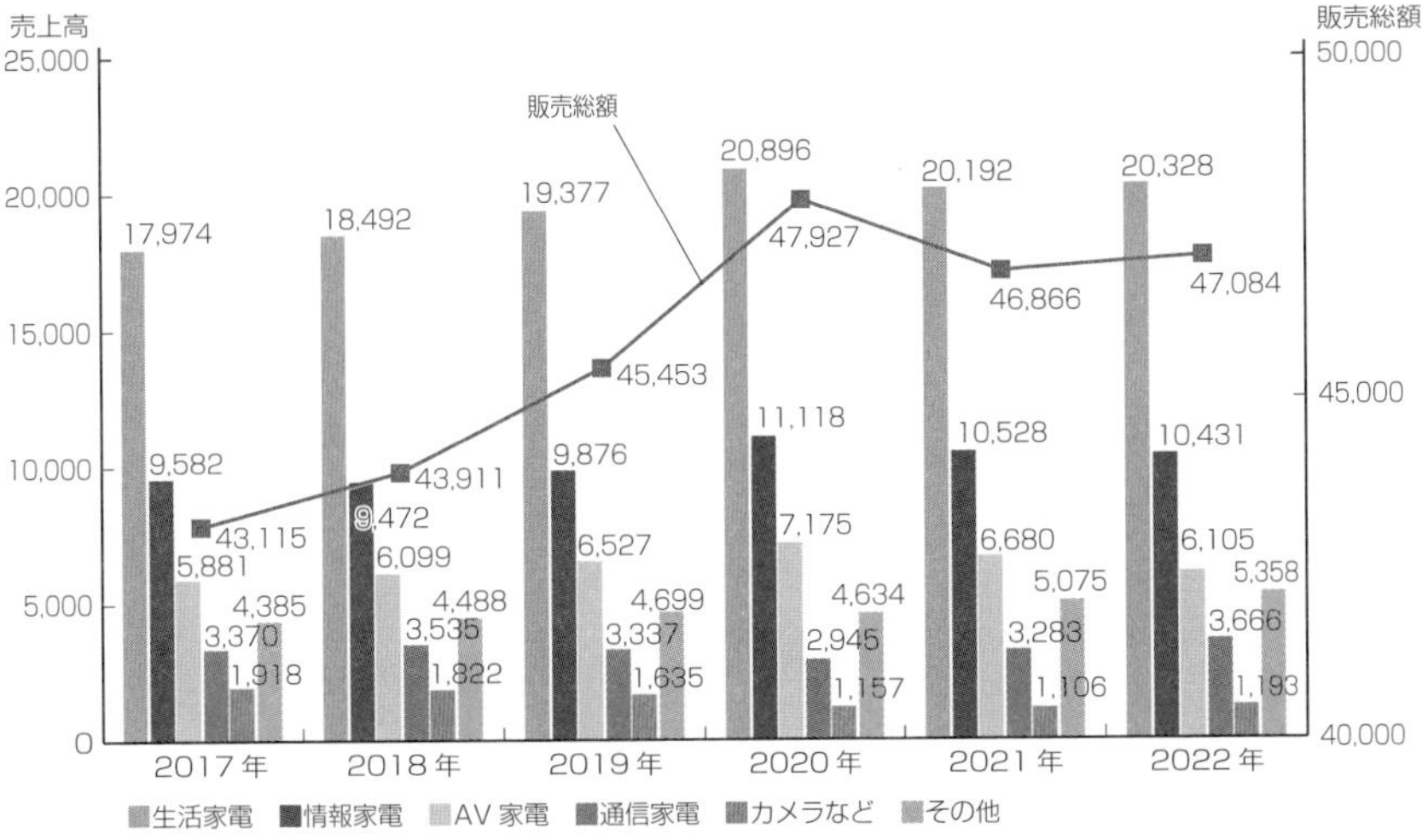

出典：経済産業省 商業動態統計 時系列データ「家電大型専門店 商品別販売額及び前年（度、同期、同月）比」

家電量販業界の売上高上位 10 社（2022 年 3 月期、単位：百万円）

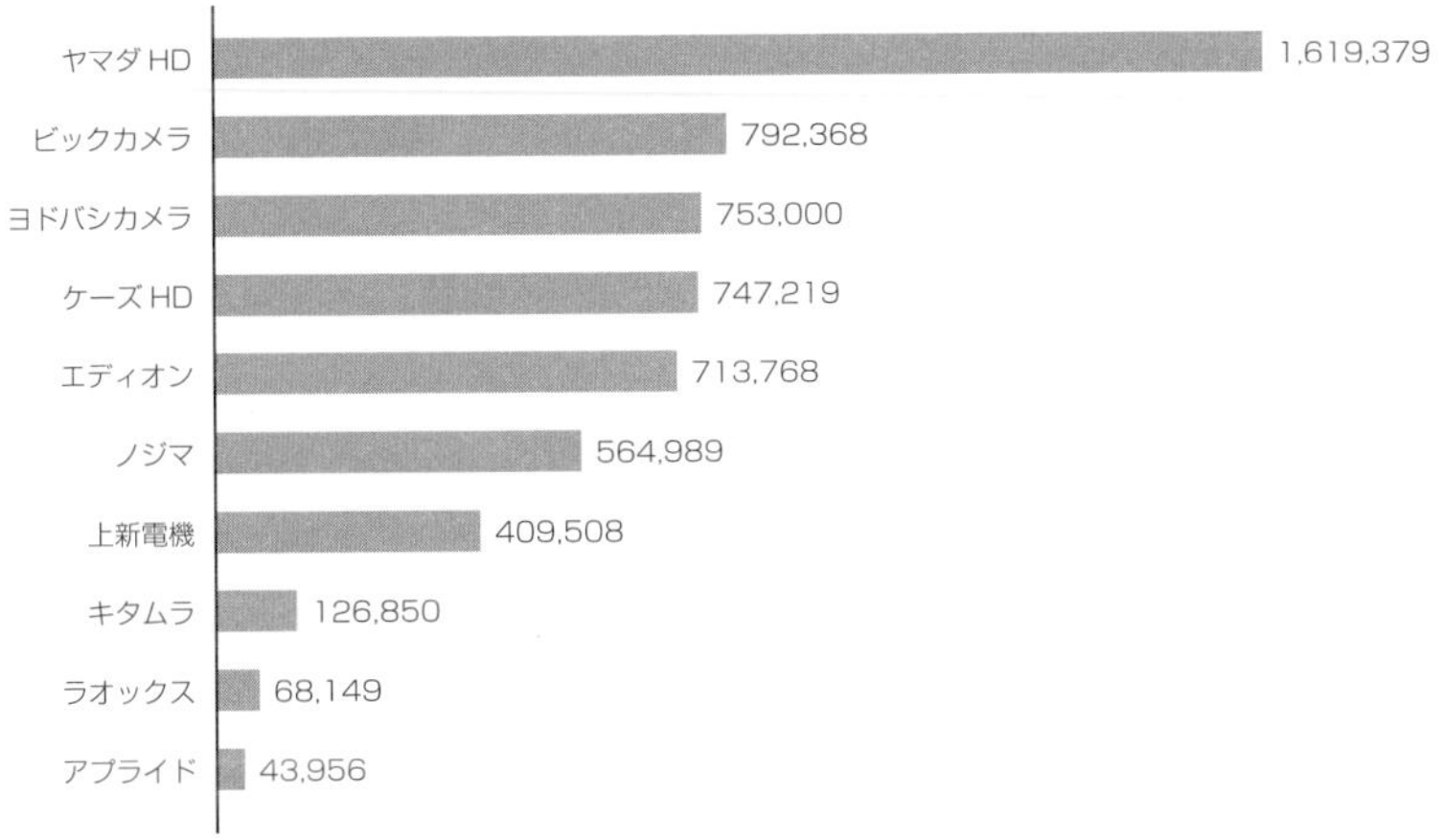

※決算期は 2022 年 12 月末時点で直近のもの
出典：各社決算短信など

2 住建事業が下支え（ヤマダHD）

二〇二〇年に持株会社に移行し、二五年三月期売上高二兆円を目指すヤマダホールディングス。陰りが見える主力の家電販売（事業会社：ヤマダデンキ）を住建事業が支えています。

ヤマダHDの前身のヤマダ電機は〇二年三月期に業界で売上高一位に躍進、一〇年三月期には売上高二兆円を達成するなど、急成長を遂げてきました。

同社は一九七三年に群馬県前橋市で創業以来、低価格戦略を展開して業界のリーディングカンパニーとなりました。八〇年代から九〇年代にかけて、本拠地の北関東を中心に郊外型店舗「テックランド」を次々に出店、その後、店舗の大型化に乗り出しました。また、大都市への人口集中に対応し、都市型大型店舗「LABI」を展開。二〇二一年三月期現在、直営一〇一五店とFC店合計で二五三七店舗を誇ります。

一二年には九州の雄・**ベスト電器***を買収して子会社化。一一年に中堅の住宅建設会社「エス・バイ・エル」を買収。一七年に家電とインテリア雑貨を融合させた新業態の店舗「家電すまいる館」、二一年にはリフォーム・おもちゃなど品揃えを強化した「ライフセレクト」など、店舗の業態転換に注力しています。

業態転換は、家電中心の店舗戦略が曲がり角に来ていることの裏返しといえるかもしれません。二一年三月期の売上高では、新宿や新橋など都内大型店を閉鎖した家電事業が前年比一四・五％減でしたが、住建事業はM&Aなどで四八・五％増。家電の不振を住建が下支えする構図になっています。

ヤマダHDは持株会社制移行を機に、売上高の約八割を占める家電販売一辺倒から脱却するべく、住建事業を第二の柱に育成し、さらに金融・環境など事業多角化を進めています。二五年三月期に売上高二兆円の復活を果たすのが目標です。

用語解説

***ベスト電器**　1953年設立。福岡市に本部を置き、79年から96年までは家電量販業界トップの座にあったが、コジマ、ヤマダといった関東系のライバルなどに抜かれる。07年にビックカメラと資本業務提携を結んだが、12年にビックがコジマを買収したことで提携を解消し、ヤマダと手を結んだ。

7-2 住建事業が下支え（ヤマダHD）

ヤマダHDの業績推移（単位：百万円）

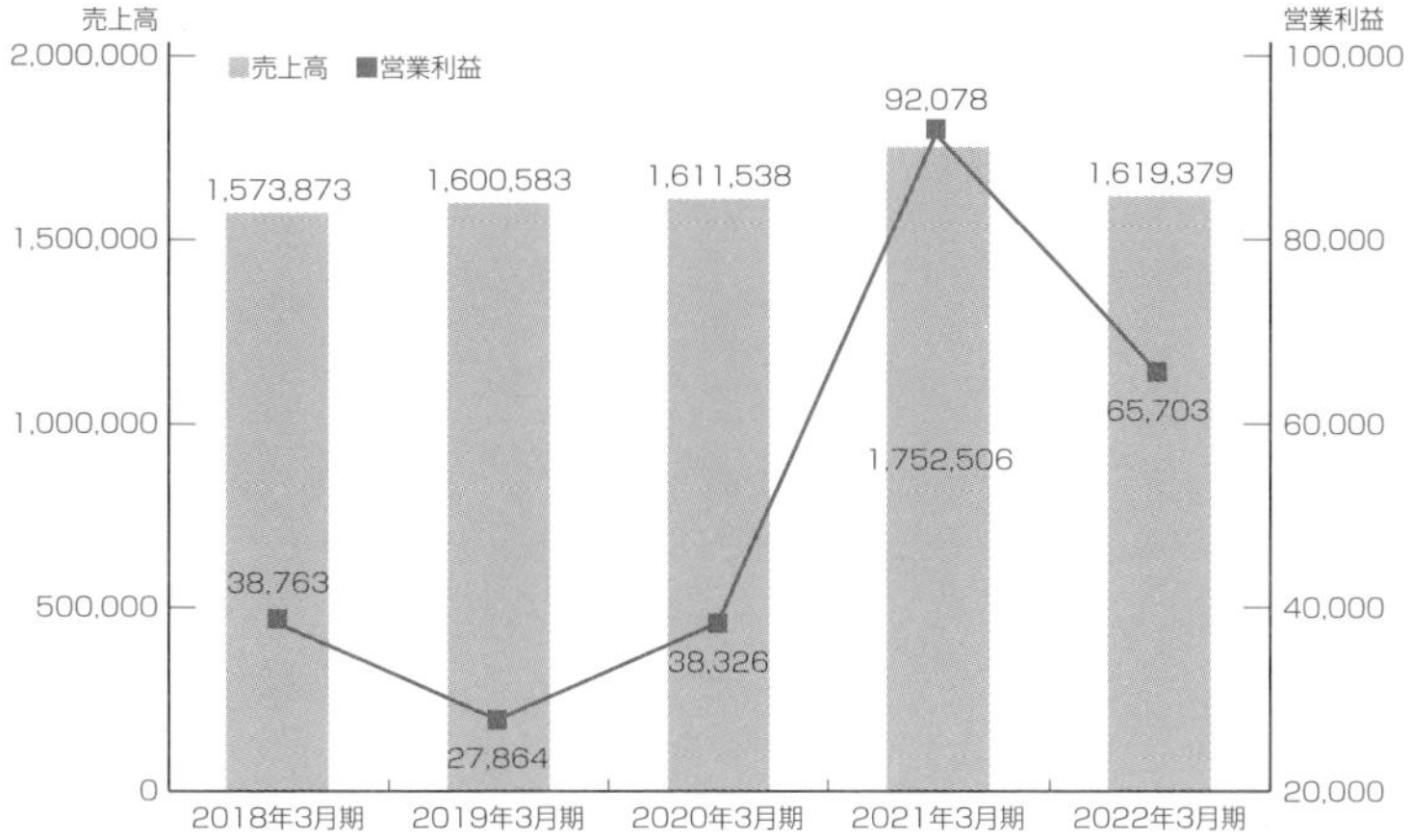

※ 2022年3月期から収益認識に関する会計基準を適用
出典：同社決算短信

事業別売上高（2022年3月期、単位：百万円）

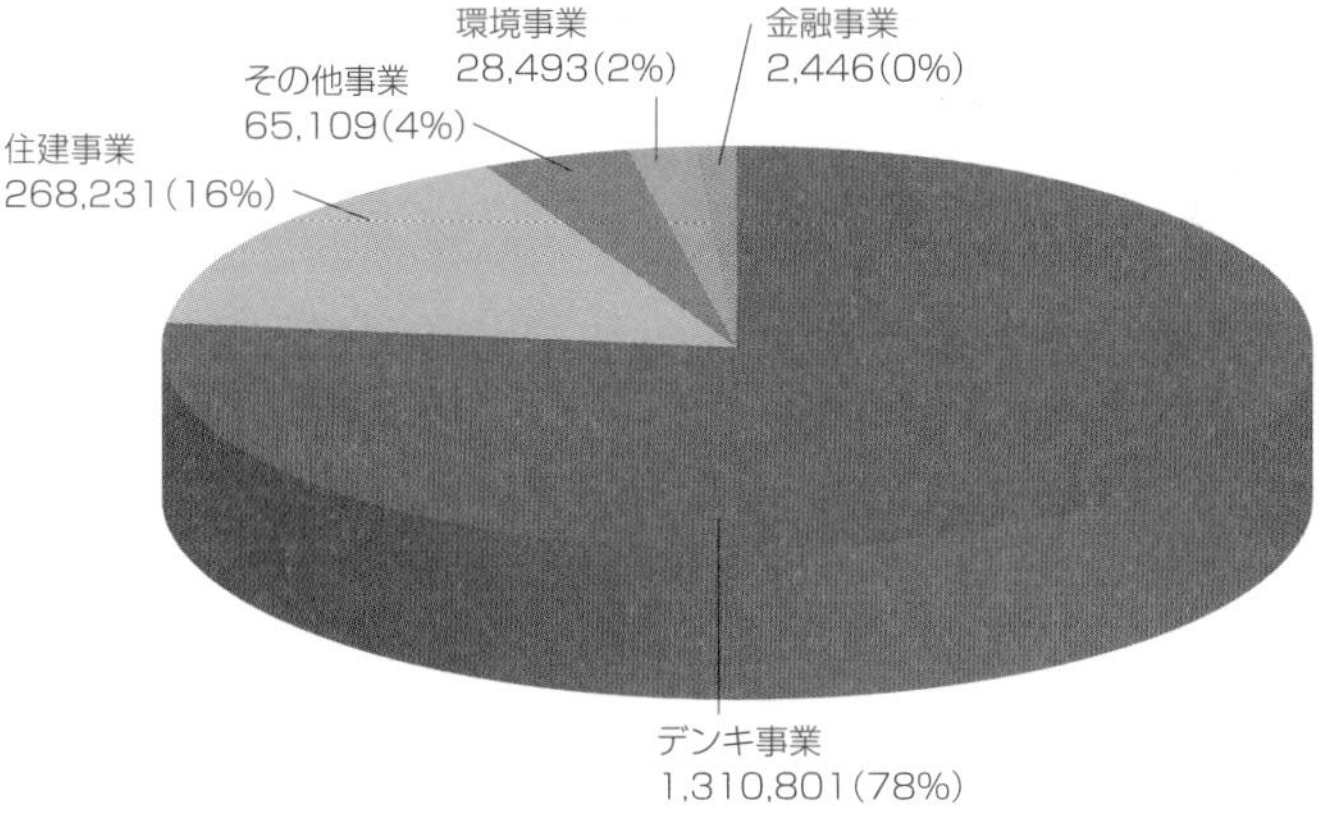

出典：同社 2022年3月期決算説明会資料

3 PB本格化、水宅配参入も（ビックカメラ）

ビックカメラは二〇二〇年にPB（プライベートブランド）、二一年には水宅配、と新機軸を打ち出して差別化を進め、競合に勝ち抜く戦略を鮮明にしています。

同社は一九六八年、群馬県高崎市で創業。八〇年代から東京・池袋を中心に大型店を出店。事業多角化に意欲的で、九九年には衛星放送の「**日本BS放送***」を設立、二〇〇六年にはパソコン販売中堅のソフマップを子会社化、そして一二年にはかつての業界最大手コジマを傘下に収めて業界二位に躍進しました。しかし経営再編では、〇七年に資本業務提携したエディオンとの経営統合計画は破談、同年提携したベスト電器は一二年にビックがコジマを子会社化したため提携を解消、など曲折がありました。

インターネット通販（EC）に積極的で、自社サイトのほか、楽天市場など既存のサイトにも出店。一九年八月期にネット売上高を一〇〇〇億円の大台に乗せました。しかし、二二年八月期ではEC売上高一四三四億円でEC化率は前期比〇・七ポイント減の一八・一%と低迷。コロナ禍で家電ネット通販の競合が一層激化したものと思われます。同社では二〇年から、乾電池や電球など生活家電を中心に低価格・高品質のPB「ORIGINAL BASIC」を開発・販売。PBは販売が軌道に乗れば指名買いも期待でき、集客にも貢献します。PB売上高は二二年八月期にグループで八六億円と堅調に推移しています。

二一年九月からは水宅配事業にも進出。SPA（製造小売）を本格化。山梨県富士吉田市に自社工場を建設しました。消費者のもとに直接届ける水宅配によって、同社は新たな顧客との接点を持つことができ、家電量販業において実店舗、インターネットに次ぐ第三の販売チャネルになる可能性があります。

用語解説

***日本BS放送**　2007年からBSデジタル放送チャネル「BS11」で無料放送を行っている衛星放送事業者。

ビックカメラの業績推移（単位：百万円）

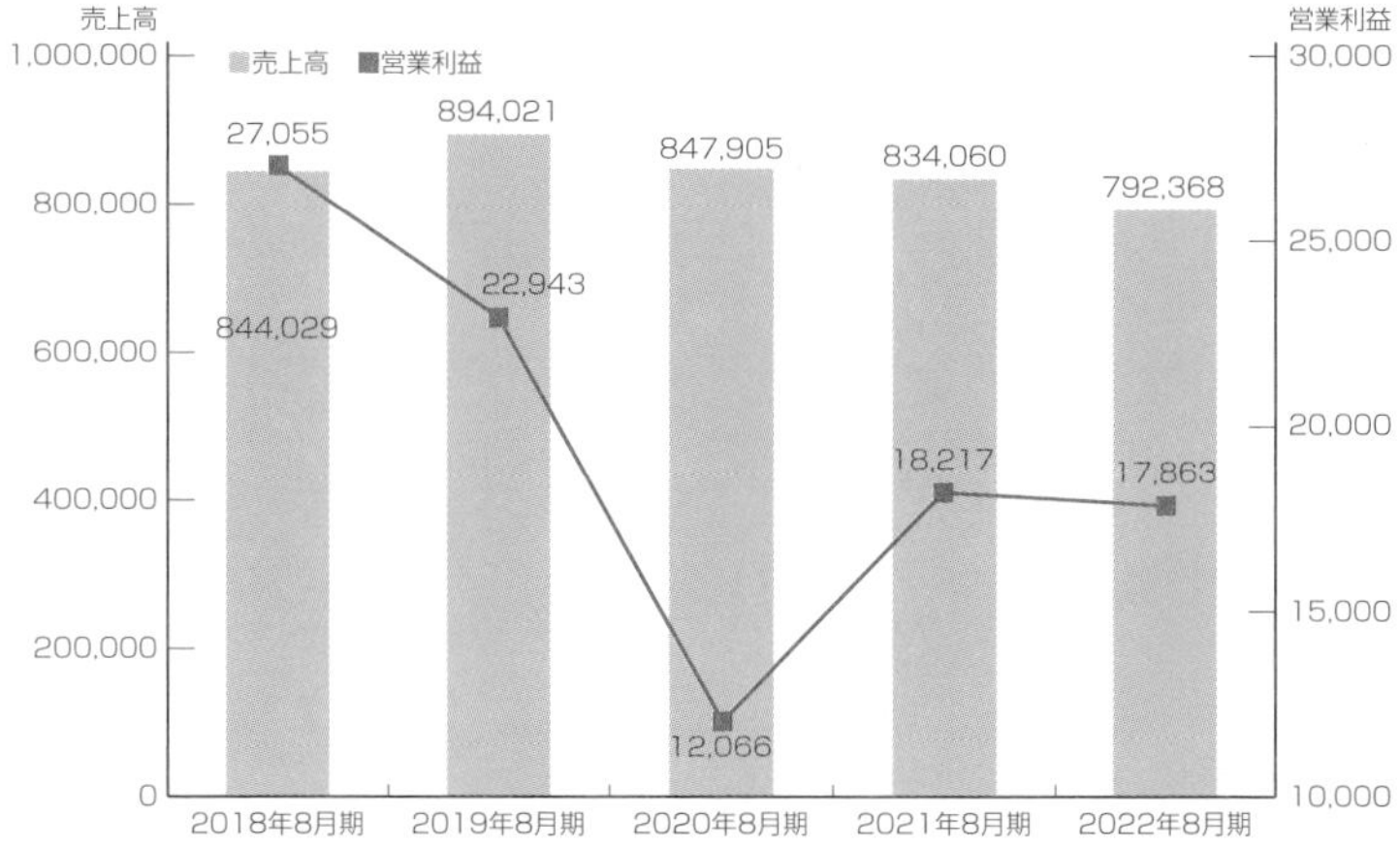

※ 2022 年 8 月期から収益認識に関する会計基準を適用
出典：同社決算短信

会社別売上高（202 年 8 月期第 3 四半期、単位：百万円）

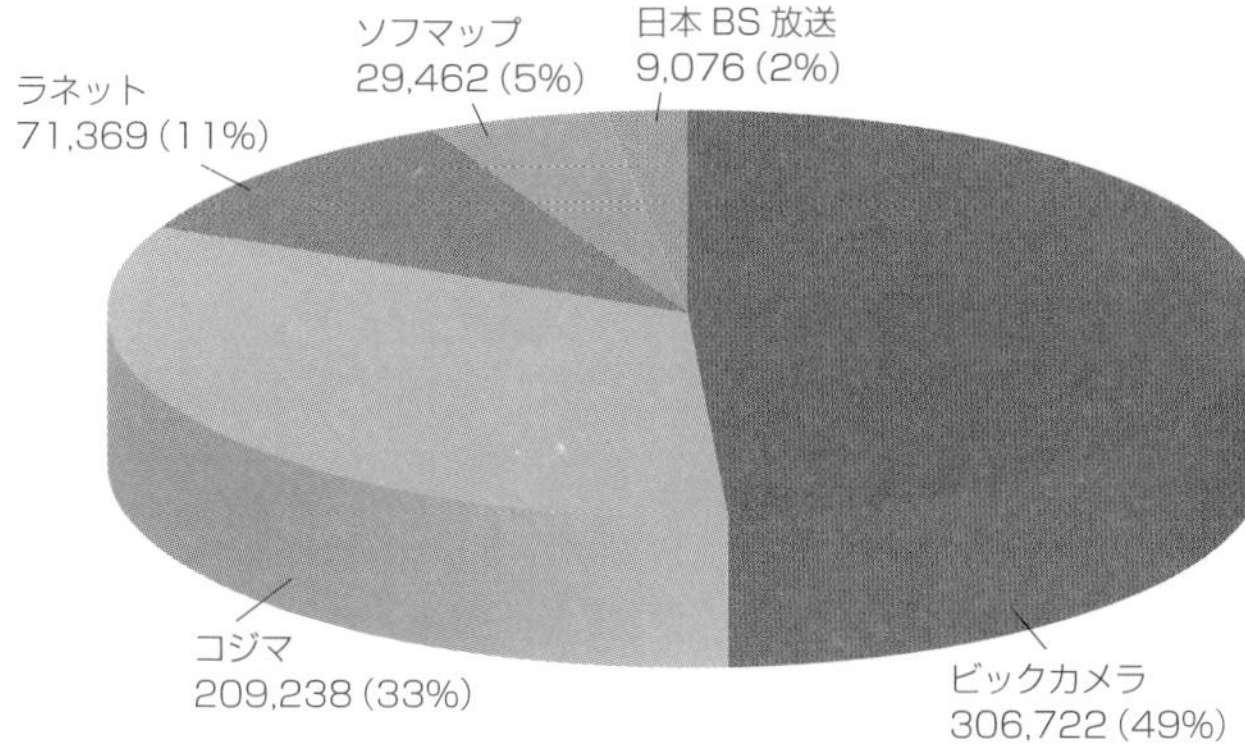

出典：同社 2022 年 8 月期第 3 四半期決算参考資料

4

ニトリと資本業務提携（エディオン）

エディオンは、関東以西を中心に一二〇〇を超える店舗を展開しています。住宅設備メーカーやホームセンター最大手と資本業務提携し、事業拡大を進めています。

エディオンは二〇〇二年に、中四国・九州を地盤とするデオデオと東海地区に強いエイデンの持株会社として誕生。〇五年には関西のミドリ電化、〇六年に関東圏で強い**石丸電気**＊、〇七年に北陸・北海道が地盤のサンキューを傘下に収めました。一〇年に事業会社に移行。店舗数は二二年三月末現在、直営四四九、ＦＣ七五三の計一二〇二店となっています。二二年三月期連結決算は、売上高が七・一％減の七三三七億円、営業利益が二九・八％減の一八七億円。季節家電の低調と新店コストで減収減益を記録しました。

エディオンは一三年に国内住設メーカー最大手のＬＩＸＩＬグループと資本業務提携。住宅関連事業に本格的に乗り出しました。ＬＩＸＩＬはエディオンの筆頭株主になり、多店舗展開しているエディオンとの協業で事業拡大を狙っています。

さらに二二年四月、ホームセンター業界首位のニトリＨＤと資本業務提携しました。二三年一月からはニトリ商品を組み合わせた「インテリアパック」の取り扱いを開始、新生活を始める一人暮らし世帯向けに販売しています。エディオンはＬＩＸＩＬ、ニトリとの提携で住宅設備事業を強化したい意向で、七兆円規模といわれるリフォーム市場での売上増を狙っています。

課題は関東地区での営業強化。家電の聖地・秋葉原で隆盛を誇った石丸電気の地盤はなくなり、挽回は容易ではありません。二二年三月末現在、一都四県の店舗数は直営一一、ＦＣ一の一二店舗。大票田の東京での事業拡大がランキング上昇のカギです。

用語解説

＊**石丸電気**　1945年に創業した、秋葉原電気街を代表する家電量販店。「電気のことなら石丸電気」のCMで知名度が高かった。創業家による経営が続いたが、06年にエディオンの傘下に入り、12年のブランド統一で屋号は消滅した。

エディオンの業績推移（単位：百万円）

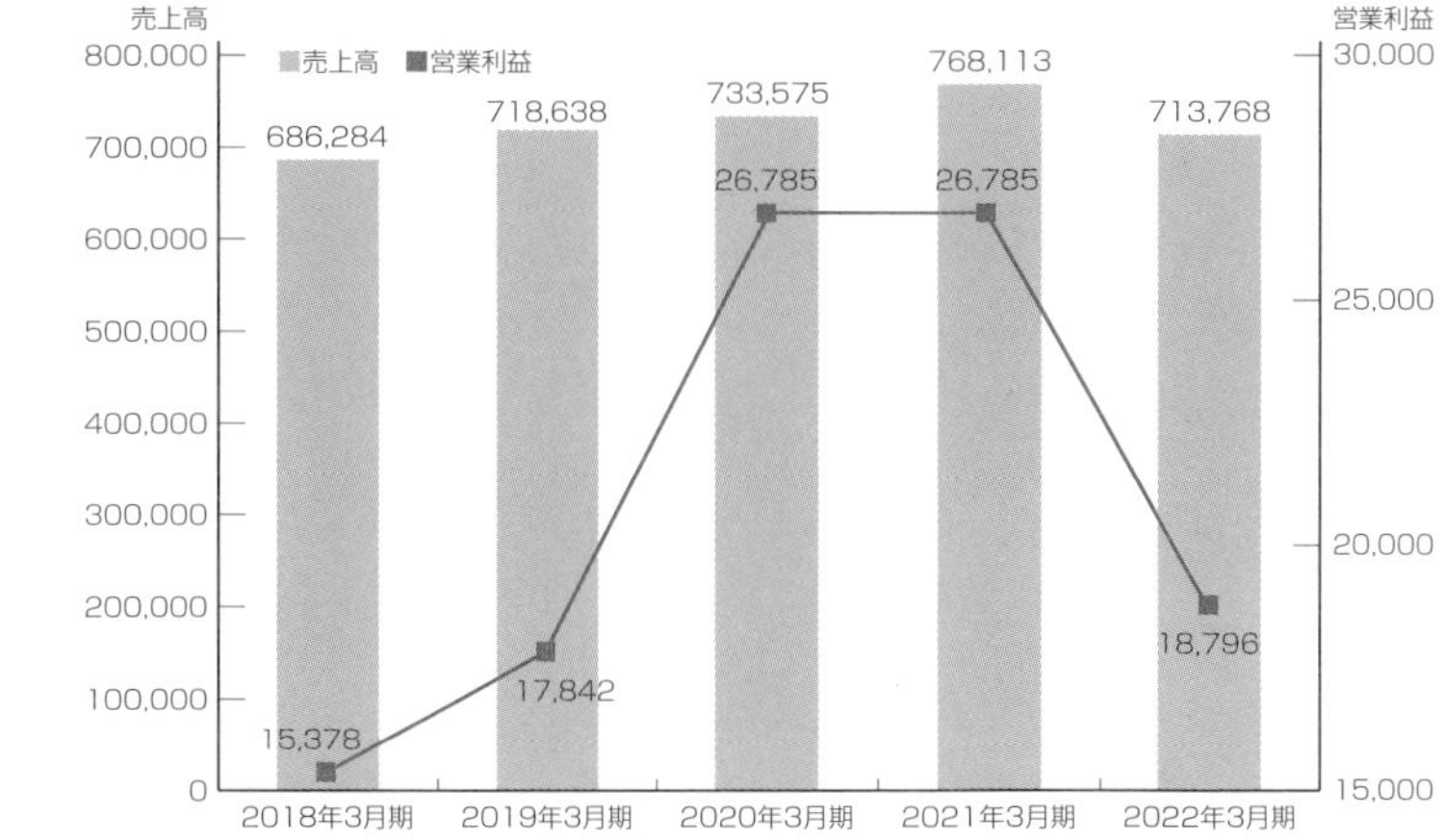

※ 2022 年 3 月期から収益認識に関する会計基準を適用
出典：同社決算短信

主要商品の売上高（2022 年 3 月期、単位：百万円）

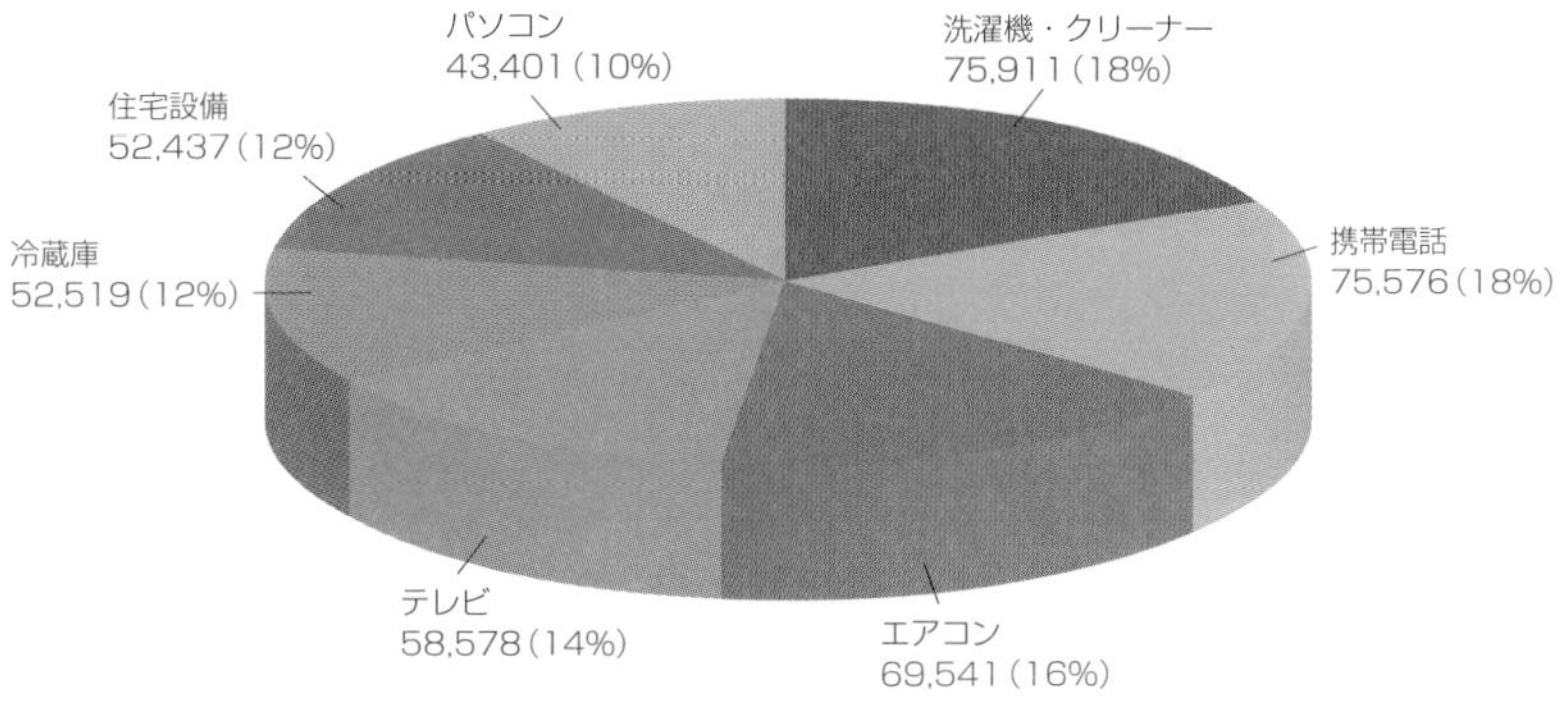

出典：同社 2022 年 3 月期報告書（株主通信）

5 百貨店跡地に大型店開設か（ヨドバシカメラ）

東京・新宿駅西口に本店を構えるヨドバシカメラは、独立路線を維持しながら他社との戦いを続けています。ネット通販も強く、アマゾンに次ぐ強豪としてネット家電を展開しています。

ヨドバシカメラは一九六〇年に創業。七一年に新宿区淀橋でカメラ販売を開始。八九年には業界初のポイントカードを発行して多くの利用者を引き付けるなど、独自の営業スタイルを展開してきました。二〇二二年三月期決算は前年比二・九％増の七五三〇億円。経常利益は〇・四％増の四九五億円と増収増益。大手の中では唯一、五期連続の増収を記録しています。

同社は駅前の一等地に大型店をつくる店舗戦略に大きな特徴があります。〇五年九月、家電の聖地・秋葉原に開店した「**マルチメディアAkiba***」で、ヨドバシカメラの知名度は一段と上がりました。

インターネット通販にも力を入れており、国内のネット取引（EC）売上高はアマゾンジャパンに次いで二位。一八年一二月には自社サイト「ヨドバシ・ドット・コム」で酒類販売を開始、直営店での取り扱いも始めました。

同社で注目されるのは、二三年三月に米投資ファンドに売却される予定の百貨店大手「そごう・西武」の跡地進出。同百貨店は東京・池袋など全国主要都市に一〇店舗あり、投資ファンドと関係のあるヨドバシカメラが一部店舗を取得する公算が強まっています。

というのも、同社の大型店の多くは、経営難で閉鎖した百貨店の跡地を取得して開設したものだという経緯があるからです。中でも関心が集まるのが池袋西武。同店はターミナル駅池袋に広大な売り場を有しており、エリア内にはビックカメラの旗艦店があります。また、西武渋谷店に進出すれば、池袋・新宿・渋谷の三大ターミナル地区への出店が実現します。

用語解説

＊**マルチメディアAkiba**　05年に開業した地上9階、地下6階の大型商業施設。ヨドバシカメラの店舗としては「マルチメディア梅田」に次ぐ規模。

ヨドバシカメラの業績推移

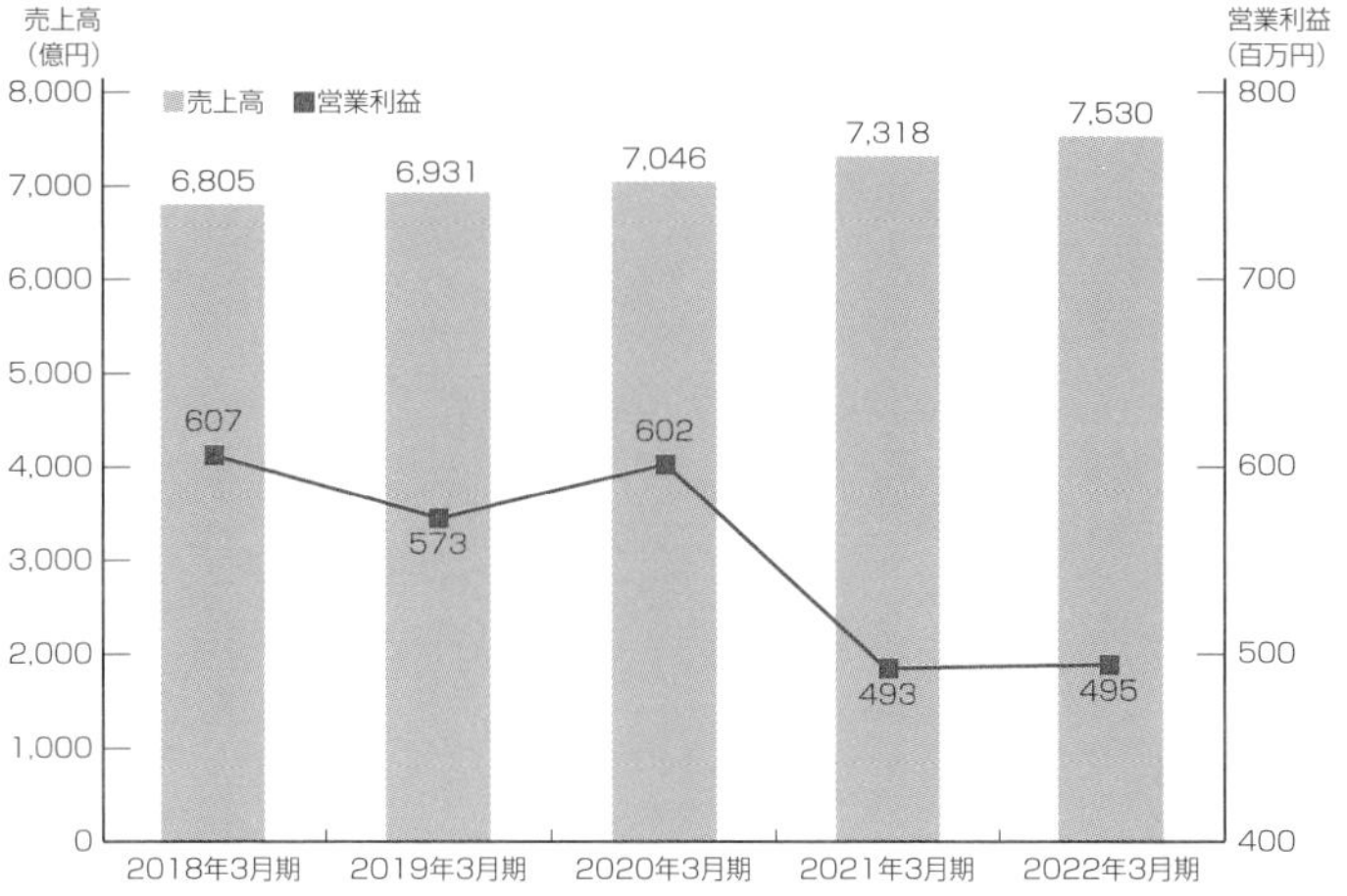

出典：同社 Web サイト「会社概要」など

ヨドバシカメラの店舗一覧

1	東京都	新宿西口本店	13	千葉県	千葉店
2		マルチメディア新宿東口	14	埼玉県	マルチメディアさいたま新都心駅前店
3		マルチメディア Akiba	15	山梨県	マルチメディア甲府
4		マルチメディア上野	16	栃木県	マルチメディア宇都宮
5		マルチメディア吉祥寺	17	新潟県	マルチメディア新潟駅前店
6		八王子店	18	福島県	マルチメディア郡山
7		マルチメディア町田	19	宮城県	マルチメディア仙台
8		マルチメディア錦糸町	20	北海道	マルチメディア札幌
9	神奈川県	マルチメディア川崎ルフロン	21	愛知県	マルチメディア名古屋松坂屋店
10		ヨドバシアウトレット京急川崎	22	京都府	マルチメディア京都
11		マルチメディア横浜	23	大阪府	マルチメディア梅田
12		マルチメディア京急上大岡	24	福岡県	マルチメディア博多

出典：同社 Web サイト「会社概要」など

家電にこだわる（ケーズHD）

ケーズホールディングス（HD）は、関東圏のケーズデンキをグループの中核としつつ全国展開しています。ポイント還元を排して現金値引き主義を貫き、「頑張らない経営」をモットーにしています。

ケーズデンキは一九四七年に茨城県水戸市で創業。八八年に店頭公開して以降、積極的なM&Aに乗り出し、五三〇以上の店舗を全国に展開しています。北海道・東北はデンコードー、中京地区にはギガスなど、HD傘下の子会社が各地区で営業地盤を守り、業容を維持発展させているのがケーズHDの特徴です。

二〇二二年三月期連結決算は、売上高が七四七二億円（前期比五・七％減）、営業利益四一七億円（一九・三％減）と減収減益。天候不順の影響でエアコン、冷蔵庫などの大型家電が不振でした。ケーズHDはポイント還元を一切実施していません。その場で現金値引きをするほうが購入者にとっておトクとの考えによります。また、ケーズHDは家電製品だけを販売しています。食品関連など電器以外の商品を並べている他社とは異なります。家電に特化して販売することで大量仕入れが可能になり、値引きできる余地が生まれるのです。商品を絞り込むことで販売員の商品知識の向上が容易になり、顧客サービスにもつながります。

店舗戦略は、年間二〇〇億円の売上増を目指して年間二〇店の出店、一〇の退店というスクラップ&ビルドが基本。ネット販売（EC）は乾電池やDVD-RなどPBの消耗品が主力で、白物など大型家電は実店舗での販売に注力。消費者の生活圏により多くの店舗を構えるドミナント戦略のため、顧客がECで大きな家電を購入することは想定していません。

同社は従業員に販売ノルマを課しません。消費者に無理な買い物をさせないという顧客第一主義を貫くためです。代名詞の「頑張らない経営」は健在です。

ワンポイントコラム

【頑張らない経営】　同社は、本当の意味での顧客第一は①従業員、②取引先、③顧客、④株主――の順番で考えることが重要だと説いています。株主を最優先する傾向が強い我が国の企業の中で異彩を放つ存在といえるかもしれません。

ケーズHDの業績推移（単位：百万円）

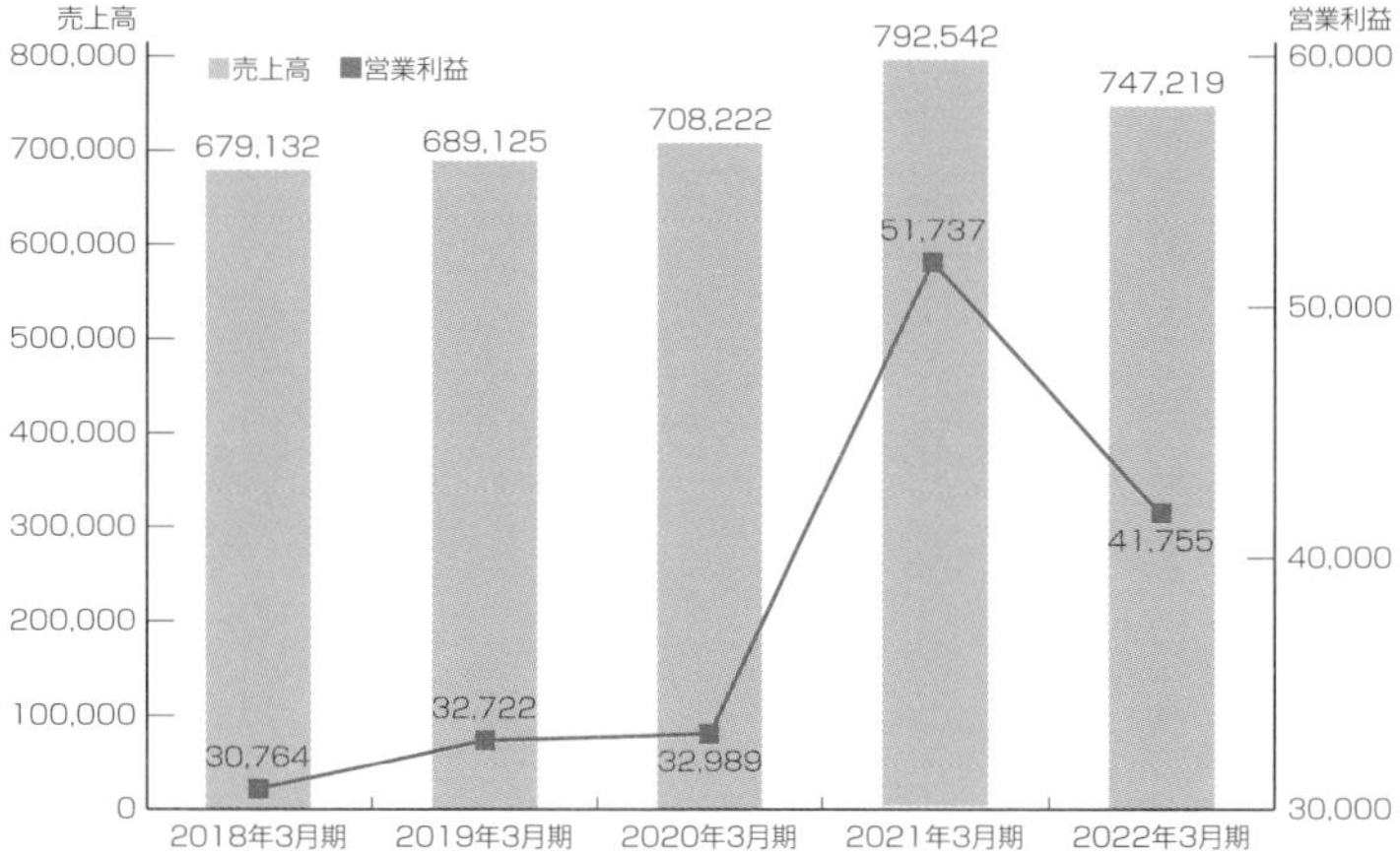

※ 2022 年 3 月期から収益認識に関する会計基準を適用
出典：同社決算短信

商品別販売実績（2023 年 3 月期上期、単位：百万円）

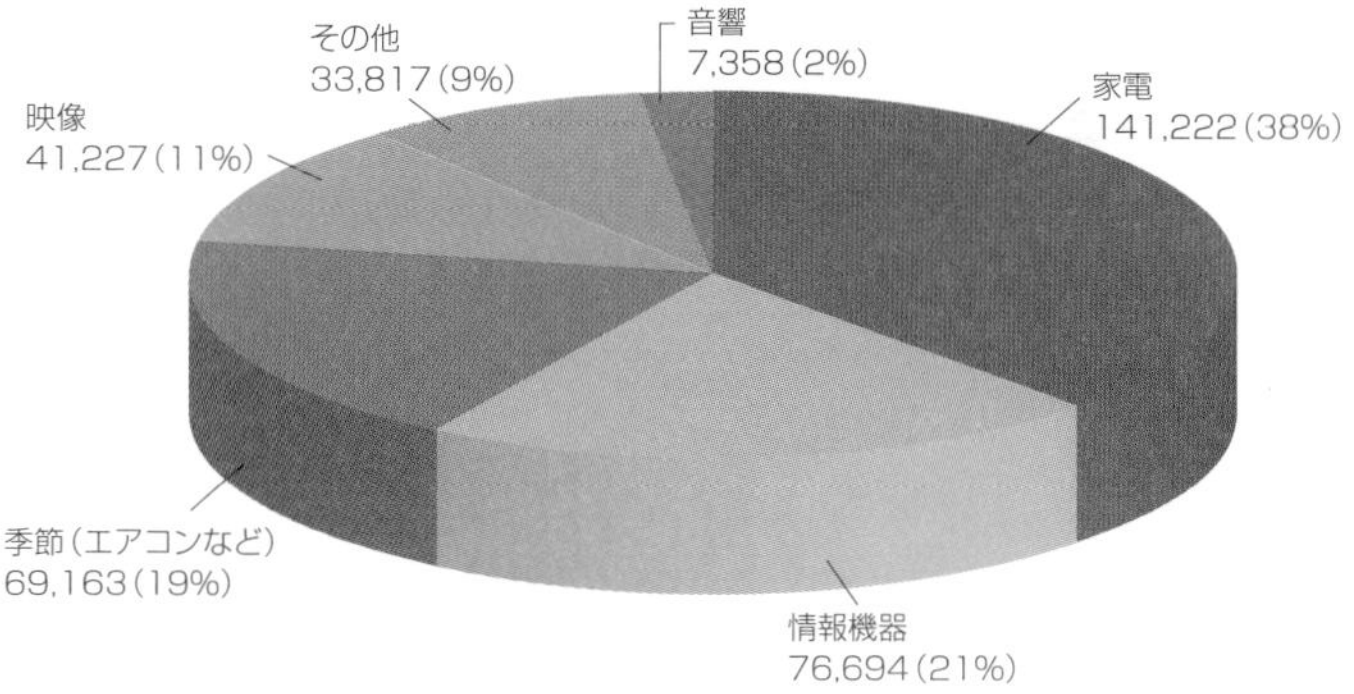

出典：同社 2023 年 3 月期第 2 四半期決算説明資料

7 コネクシオ買収で業界上位に浮上か（ノジマ）

ノジマは横浜市に本社を置く関東系の家電量販店。デジタルオーディオや携帯電話販売事業を得意としており、携帯ショップを全国展開しています。

ノジマは一九五九年に神奈川県相模原市で創業。七三年にコンポーネントオーディオ専門コーナーを店舗内に設置、八二年にはＡＶＣ（オーディオ・ビジュアル・コンピューター）を主体としたカテゴリーショップを出店するなど、オーディオ製品販売に特化していきました。

二〇二二年三月期連結決算は売上高が五六四九億円（前期比八・〇％増）、営業利益は三三一億円（二・〇％減）。インターネット事業の売上高が四七％増と好調で、過去最高の売上を記録しました。

同社はインターネットがブロードバンド化（常時接続）によって飛躍的に普及度合いを高めた二〇〇〇年前後から、急速に通信ビジネスに傾斜。ネットワーク事業の「イーネット」を設立するなど、通信事業を経営の中軸にしていきました。一五年に売上高で同社をしのぐ携帯電話販売大手「アイ・ティー・エックス」を買収。ノジマの売上高を一気に押し上げました。

そして二一年二月、それを上回る規模のＭ＆Ａを仕掛けました。伊藤忠商事の子会社で携帯電話販売業界三位の「コネクシオ」を八五四億円で買収すると発表したのです（翌年二月買収完了）。

ノジマは事業資産の再編を進めています。スルガ銀行の全株式を売却する一方、衛星放送「ＡＸＮ」を買収するなどして事業再構築に注力。コネクシオ買収もその延長線上にあります。コネクシオの二二年三月期の売上高は一九三一億円。これを加えるとノジマは売上高で業界三位にランクアップする可能性があり、業界再編が再来するかもしれません。

ワンポイントコラム

【スルガ銀行との提携解消】　沼津市に本店を置くスルガ銀行は、ノジマの主要地盤である神奈川県にも店舗展開していました。野島廣司（ひろし）社長は金融とインターネット、物販の融合を目指す資本業務提携に意欲的でしたが、経営方針を巡り対立。2022年3月、2年足らずで提携解消になりました。

ノジマの業績推移（単位：百万円）

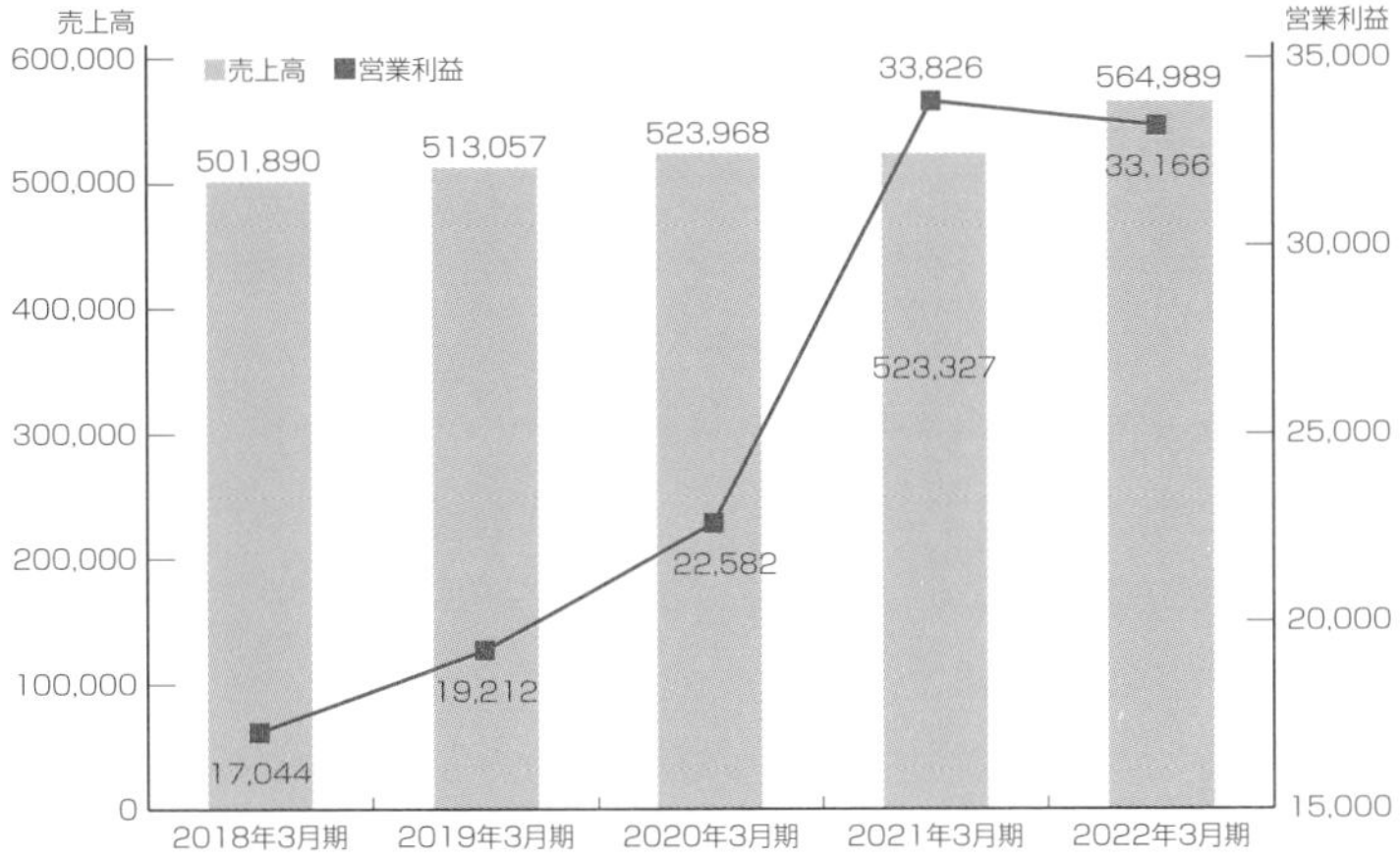

※ 2022 年 3 月期から収益認識に関する会計基準を適用
出典：同社決算短信

事業別売上高（2022 年 3 月期、単位：百万円）

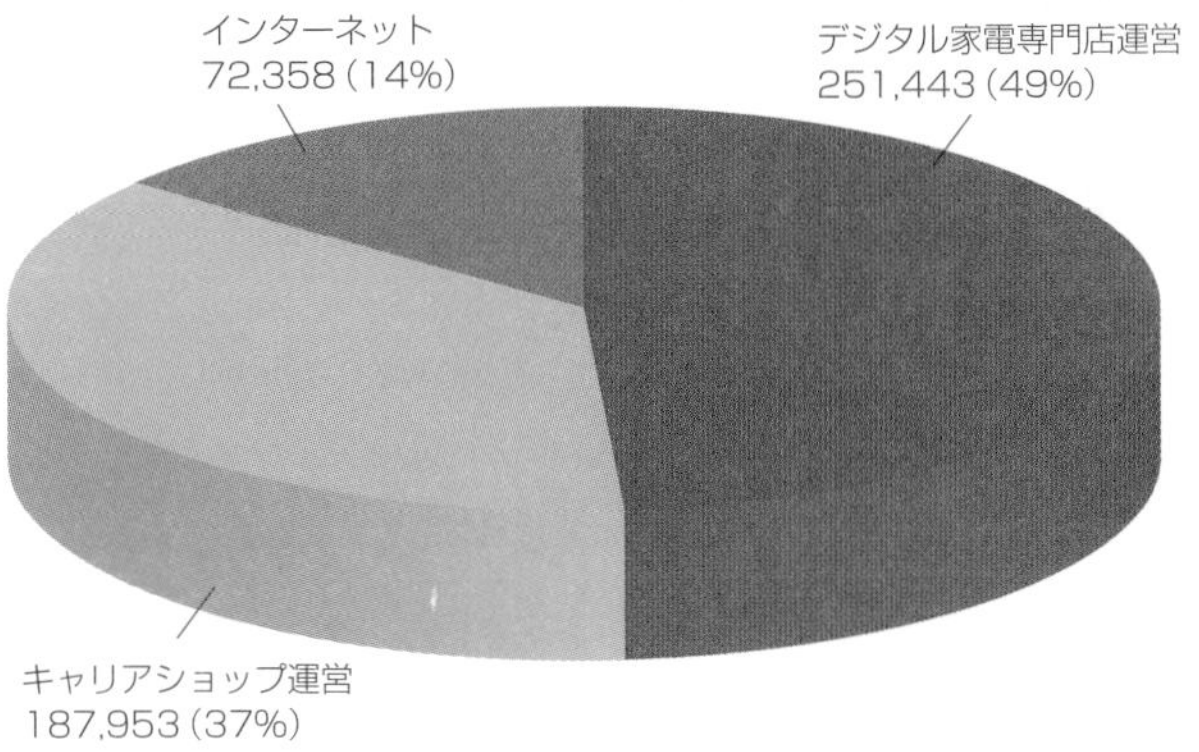

出典：同社決算短信

column

ヤマダHD、大塚家具買収その後

2015年に父親との骨肉の経営権争いを制した大塚家具の大塚久美子社長は、2019年、ヤマダホールディングスの傘下に入ることを決めました。ヤマダHDの創業者である山田昇会長が、窮状を訴える久美子社長の意を汲んで手を差し伸べたともいわれました。3年後、大塚家具はヤマダHDの子会社ヤマダデンキに吸収され、半世紀の歴史を閉じました。ヤマダHDは住宅関連事業に注力しており、大塚家具買収はその一環とみられていました。

山田昇会長には大塚久美子氏と同世代の娘がいました。ヤマダ入社の2年後に自動車事故で早世（享年26）しています。山田会長にとって愛娘《まなむすめ》の若き死は痛恨事で、その影を久美子氏に重ね合わせたことが買収劇の一因との指摘もありました。

山田会長の長男は後継者と目されていましたが2016年に会社を去り、親族の1人も経営から外れています。山田氏は情に流されるタイプの経営者ではないようです。大塚家具も、引き取れば軌道に乗せて稼ぐことができると踏んだのでしょう。

2011年に住宅メーカー中堅のエス・バイ・エルを子会社化、2020年に建設中堅のヒノキヤグループを買収するなど、住建事業を第二の柱に据えているヤマダHDは、新業態「ライフセレクト」を開発して家電以外の商品カテゴリー展開を進めています。

一方、ヤマダを去った久美子氏は、2005年に設立していた家具・インテリアのコンサルティング会社の社長に復帰しています。氏が発した最新のコメントの中に「事業承継に絶対大丈夫はない」とあります。自戒を込めた発言と思われますが、自己正当化と受け取れないこともありません。

第8章

その他小売業界の最新動向と課題

最終章では、テレワークや巣ごもり需要で好調のディスカウントストアとホームセンター、消費者の高い支持を得ている100円ショップ、密回避のアウトドア志向で活況のスポーツ用品店など、その他の小売業種を取り上げています。

1 PPIHが独走（ディスカウントストア業界）

圧倒的な品揃えと低価格販売のディスカウントストアが業績を伸ばしています。ドン・キホーテを抱えるパン・パシフィック・インターナショナルホールディングス（PPIH）は業界を独走しています。

非食品系を中心に、生活に必要な幅広い商品を低価格で販売する業態が総合ディスカウントストアです。消費者の節約志向の高まりを背景に、割安価格を武器に好業績を上げてきました。

業界トップを独走するPPIHは、一九七八年、東京・杉並に深夜営業の「泥棒市場」として創業。九五年にドン・キホーテと屋号を変え、二〇一三年に持株会社ドンキホーテホールディングスを設立。〇七年に衣料スーパーの長崎屋、ホームセンターのドイトを子会社化し傘下に収めました。一九年には総合スーパー大手のユニーを買収して従来の店舗を改装、「MEGAドン・キホーテUNY」という「ダブルネーム」の業態転換店舗を開発しています。同年、PPIHに社名を変更し、海外事業の拡大を推進しました。

二二年六月期に中長期の経営計画を策定、国内はPBやSPA（製造小売）を強化して利益優先に傾斜、北米やアジアで展開している海外事業は新規出店を加速して規模拡大——の二本柱を掲げ、三〇年六月期営業利益二〇〇〇億円達成を目指しています。

業界二位は一九五八年に酒卸問屋の小売事業から出発したオーケー。二一年に関西スーパーの買収を巡ってH2Oと争奪戦を展開して話題になりました。二二年五月からDS店に調剤薬局を併設するなど事業を拡大しています。三番手につけるのは福岡県を中心に九州地区をはじめ全国に二七一店舗（二二年六月末時点）を展開しているトライアルホールディングス。DS業態の「トライアル」は、業界では取り扱いが少なかった生鮮食品に注力しています。

ワンポイントコラム

【深夜市場開拓のきっかけ】 ドン・キホーテの前身の雑貨店で、創業者の安田隆夫氏が閉店後の深夜に陳列作業をしていたとき、営業中と勘違いして店に入る客がいたことが、深夜営業を始めるきっかけになりました。

パン・パシフィック IHD の業績推移（単位：百万円）

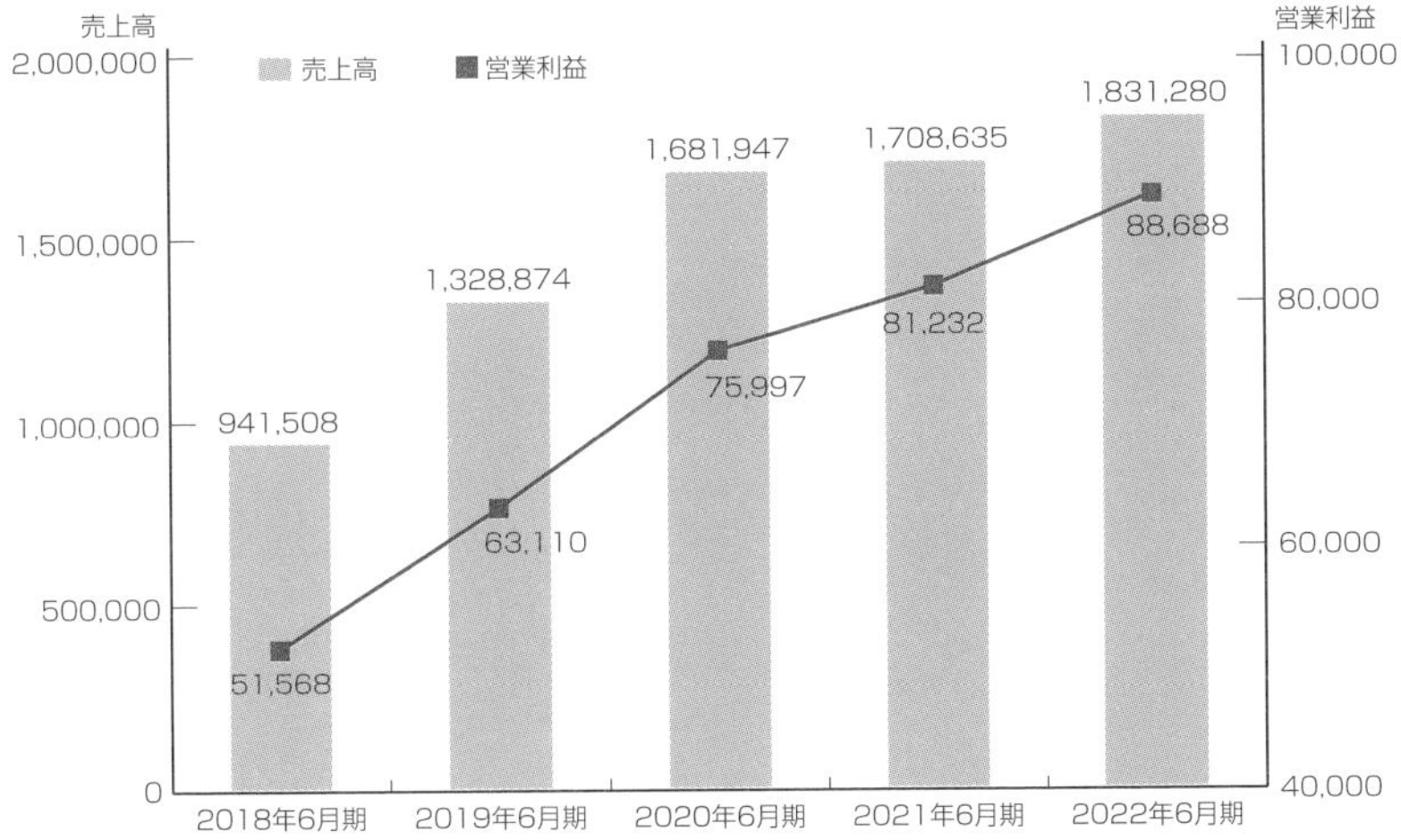

出典：同社決算資料

ディスカウント大手他社の 2021 年度業績（単位：百万円）

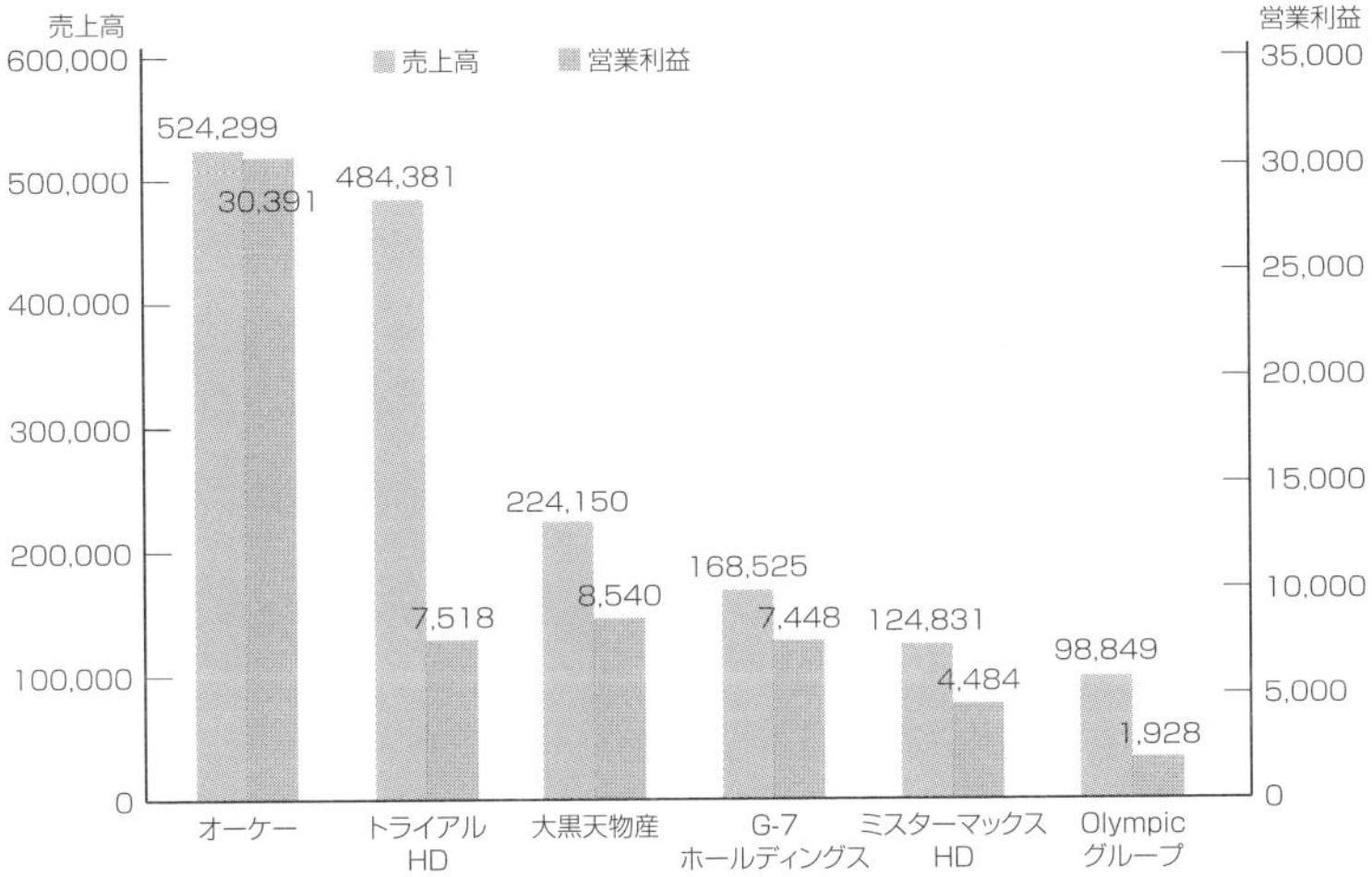

※オーケーは 2021 年 3 月期

出典：各社決算資料

2 巣ごもりとテレワークで明暗（ホームセンター業界）

コロナ禍による巣ごもり需要で主要製品の伸びが目立つホームセンター業界。他業態との競合は激化。再編の動きもあり、寡占化が一層進みそうです。

　ホームセンターは主に住宅を改修・修繕する工具や建築資材、接着剤、住宅設備品、園芸用品、作業着などを販売する業態としてスタートし、DIY（ドゥ・イット・ユアセルフ）店とも呼ばれていました。一九七二年にオープンした「**ドイト***与野店」が、日本のホームセンターの一号店だといわれています。七〇年代の後半から業容が拡大し、日用雑貨やインテリア、家電、自動車用品、アウトドア用品など生活に関連する幅広い商品を取り扱うようになりました。

　売り場面積が広いため、出店は郊外が中心。駐車場付きの大型店舗が次々に誕生しました。各社とも品揃えを競った結果、違いが少なくなり、安売り競争が展開されるようになりました。

　二〇二一年の商品別販売額を二〇一八年と比較した増減率は、ペット関連品が二二・八％増、園芸・エクステリア一一・〇％増、DIY・素材が九・三％増と高い値を示し、コロナ禍での巣ごもり需要が目立つ反面、オフィス・カルチャーはテレワークの普及で一六・一％減となっています。

　業界首位はニトリホールディングスです。同社は二〇年、業界三位のDCMHDとの争奪戦の結果、家具販売大手の島忠《しまちゅう》を買収。業界二位のカインズは二一年三月に同業の東急ハンズを子会社化して売上高を上乗せしました。

　四位のコーナン商事までが売上高四〇〇〇億円を超え、コメリ、アークランズも急追しています。店舗数は飽和状態に近付きつつあり、規模のメリットを追求してさらなる再編が起きる公算が高まっています。

用語解説

***ドイト**　タクシー会社が埼玉県与野市で創業。その後経営不振となり、2006年にDS最大手のドン・キホーテが支援。2020年にコーナン商事に譲渡された。

ホームセンター業界 商品別販売額（2021 年、単位：百万円）

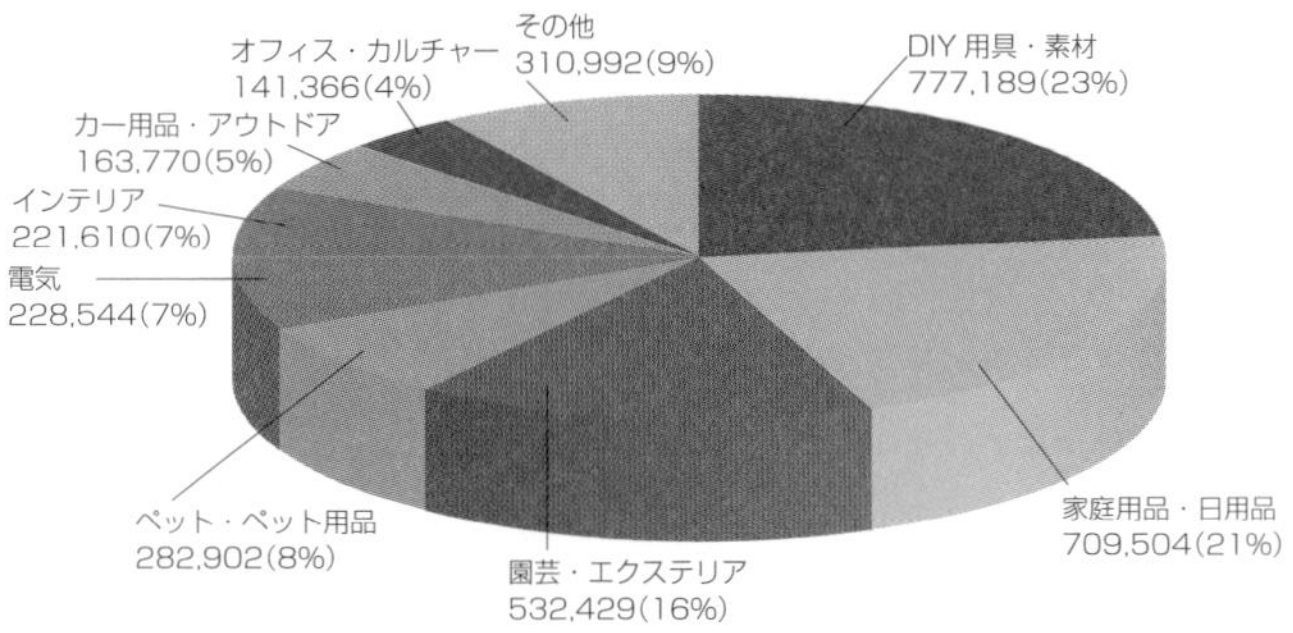

出典：経済産業省「商業動態統計年報 ホームセンター販売」

ニトリ HD の業績推移（単位：百万円）

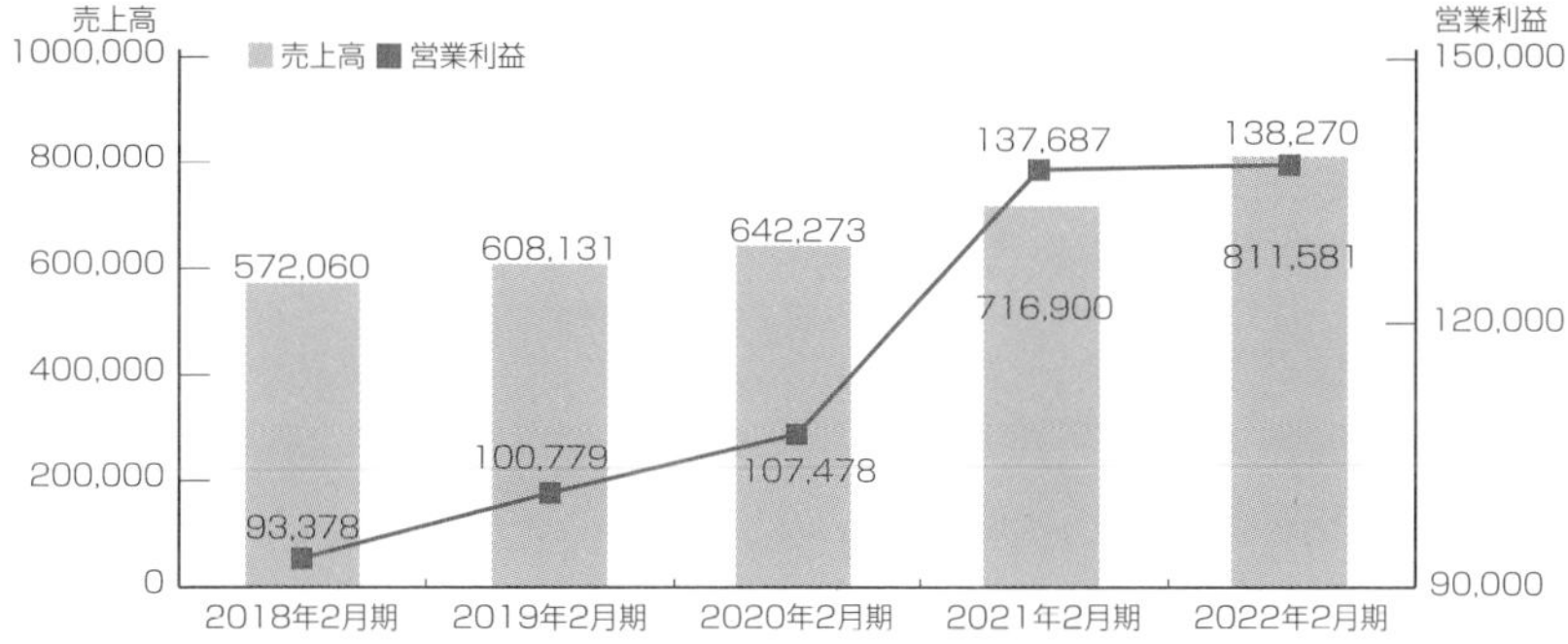

出典：同社決算短信

ホームセンター大手他社の 2021 年度業績（単位：百万円）

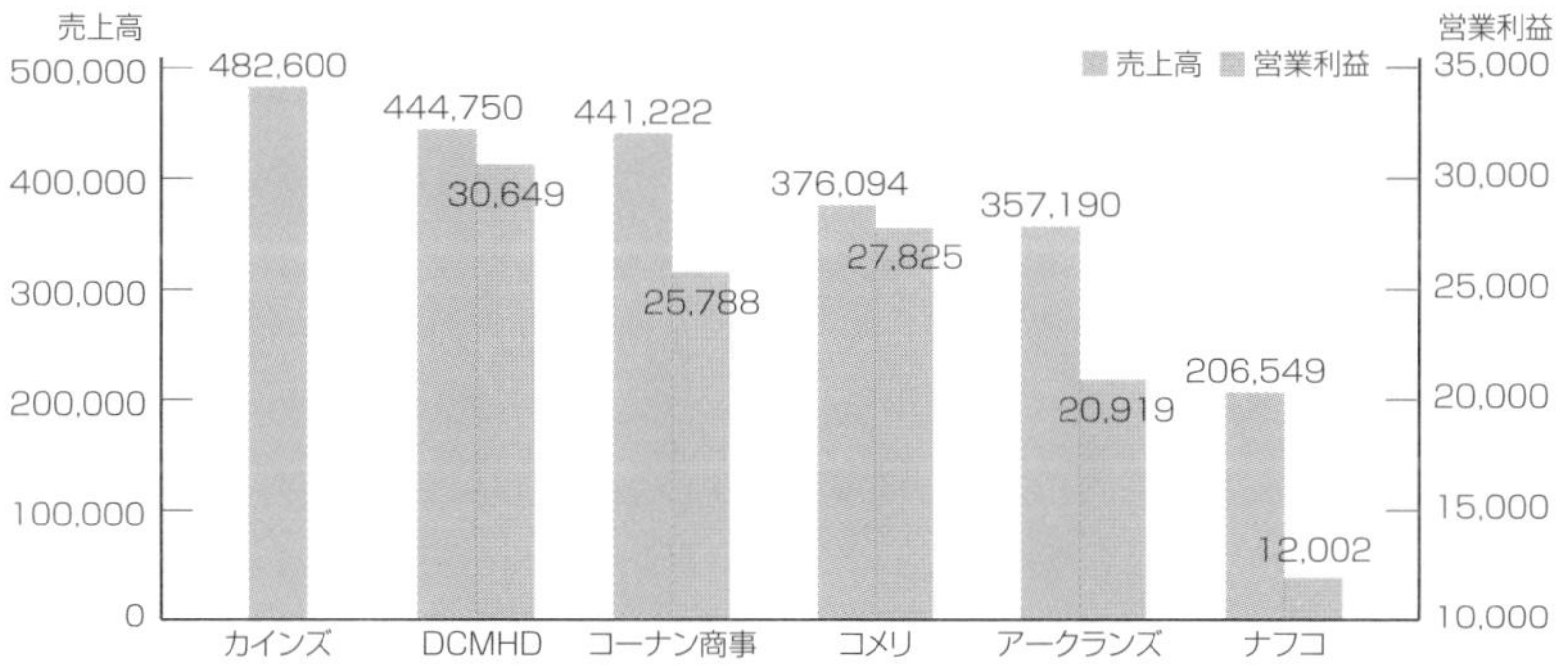

※カインズの営業利益は非公表
出典：各社決算資料

3 独走ユニクロ、海外事業がけん引（カジュアル衣料専門店業界）

カジュアル衣料専門店業界で首位を独走するユニクロは、コロナ禍でも高収益を堅持。SPA（製造小売）モデルを確立し、良質の商品を割安価格で販売しています。

カジュアル衣料専門店業界は二〇二〇年に国内で顕在化したコロナ禍で一時的に低迷しましたが、その後は回復基調にあります。上位六社の二二年度決算では、ユニクロを展開するファーストリテイリング（RT）としまむら、アダストリア、ワコールHDの四社が増収増益、店舗閉鎖など構造改革中のワールドが減収増益、同じく事業構造改革途上のオンワードHDは減収ながら営業赤字幅を大きく改善させています。

大手各社で業績が分かれているのは、ライフスタイルの変化に対応できているかどうかの違いがあるため、との指摘があります。業界各社は主に百貨店やショッピングセンターなどの大型商業施設にテナントとして出店していますが、品揃えや価格など来店顧客のニーズを的確に反映した販売戦略をとれるかどうかがカギです。

ファーストRTは八四年にユニクロ一号店を広島市に出店して以来、卓越した経営戦略を展開して短期間で業界ナンバーワンに上り詰めました。強さの秘密は、商品企画から生産・物流・販売まで一貫して自社で完結するSPA（製造小売）型モデル。二二年八月期時点で海外の売上高は約一・二四兆円、国内の約一・〇六兆円を上回っており、店舗数も海外一五八五、国内八〇九。一六年八月期に国内外の店舗数が逆転し、以後、国内出店は鈍化しています。二三年八月期は各地区の本部に権限を委譲して海外事業を拡大させる方針です。

業界二位は一九五三年設立のしまむら。アダストリアは五三年に水戸市、ワールドは五九年に神戸市で創業。ワコールHDは四六年設立で本社は京都市です。

ワンポイントコラム

【ユニクロの海外展開】 各地区の売上シェアは欧米16%、グレーターチャイナ（大中華圏、中国・台湾・香港・シンガポール）が53%、韓国・オセアニアなどが31%。2019年に進出したインドは、コロナ禍を経て3年目で黒字化を果たしています。

ファーストリテイリングの業績推移（単位：百万円）

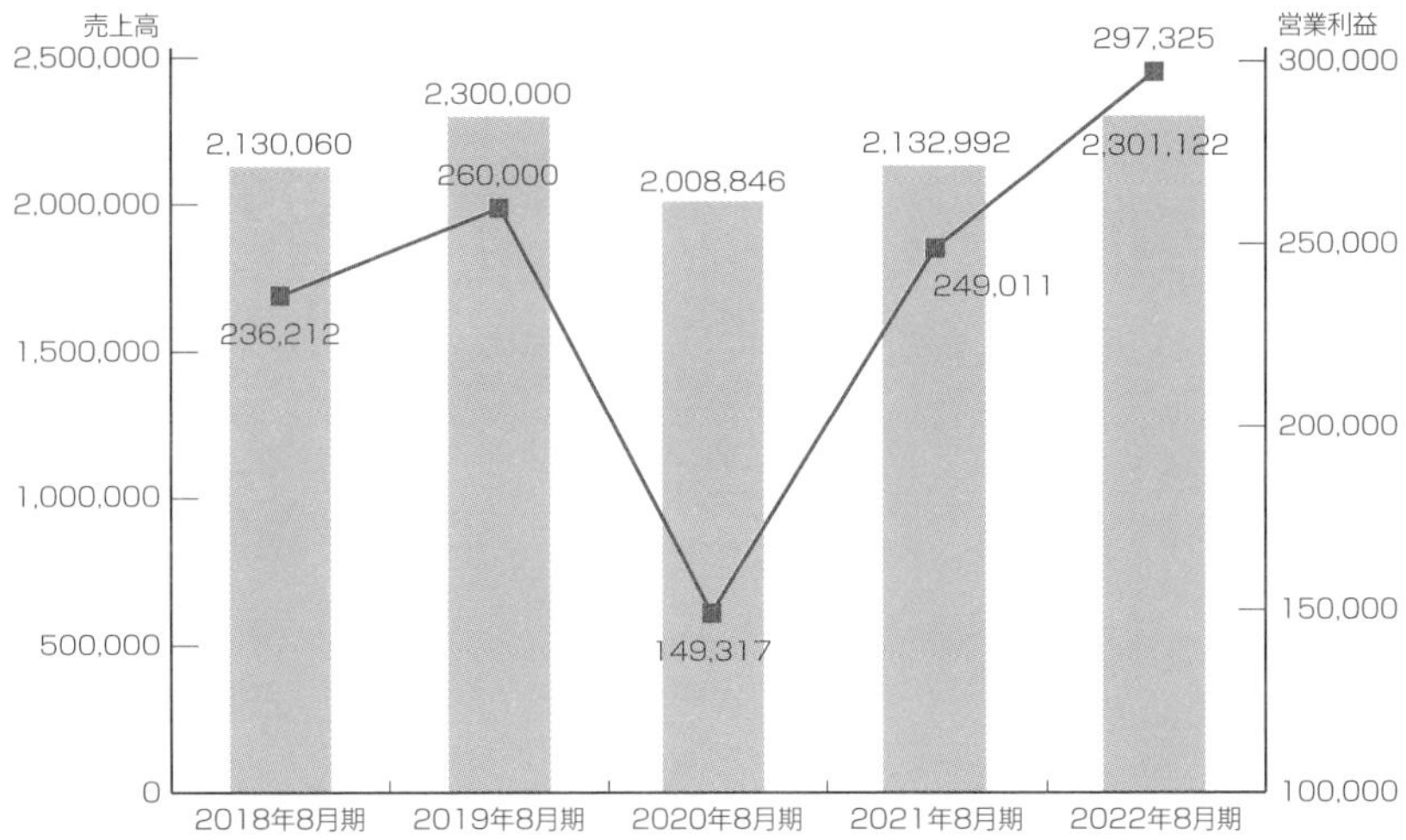

出典：同社決算短信

アパレル大手他社の 2021 年度業績（単位：百万円）

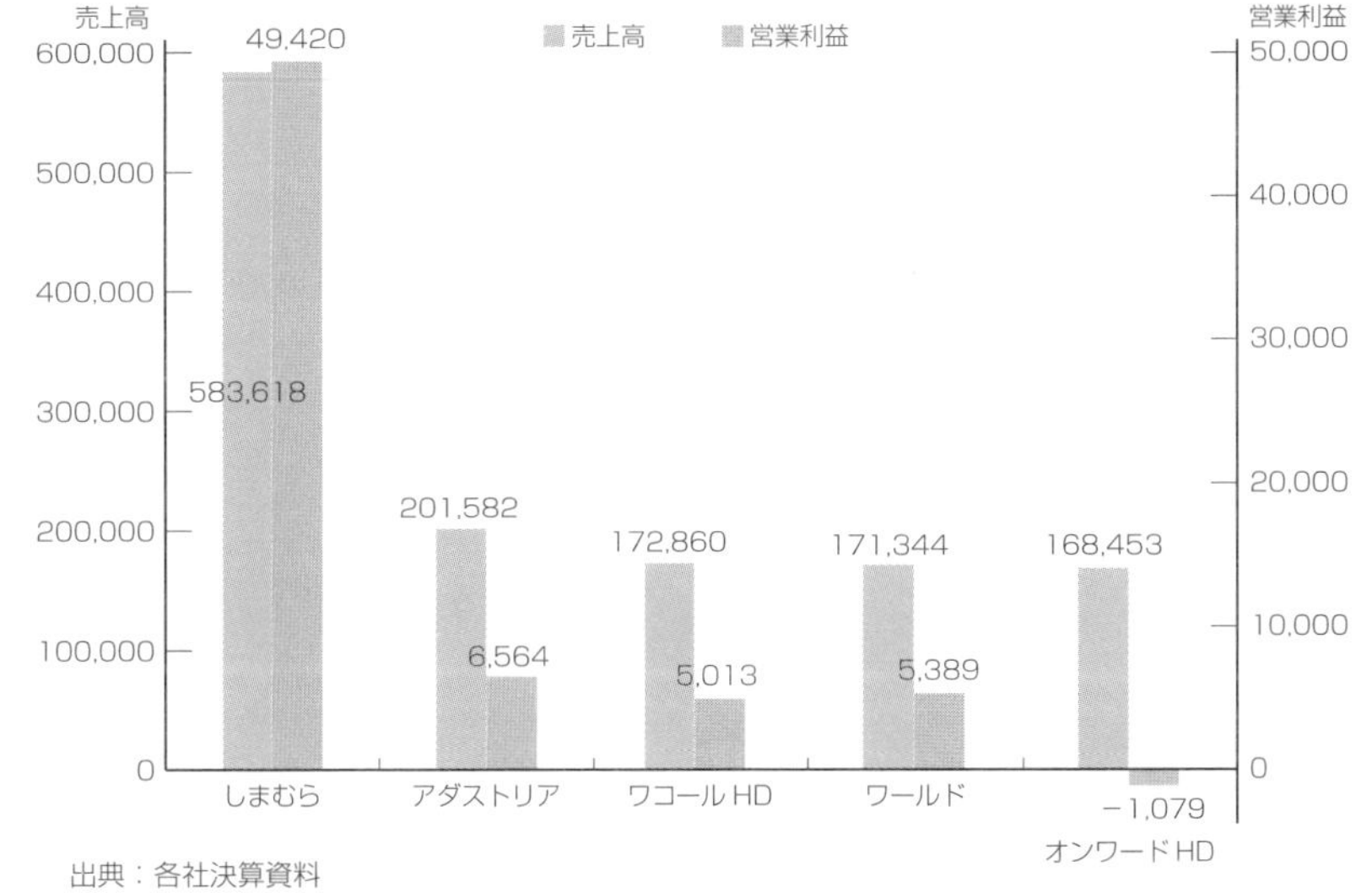

出典：各社決算資料

4 トップ独走のダイソー（一〇〇円ショップ業界）

「百均《ひゃっきん》」などと呼ばれ、庶民の暮らしに定着したのが一〇〇円ショップ。業界規模も一万店、一兆円をうかがう気配を見せています。

一〇〇円ショップは一九六〇年代に生まれた小売業の一種で、催事屋や移動販売屋、サーキット販売などとも呼ばれ、売れ残りや倒産品などの小物で安価な商品を扱う「バッタ屋」のイメージがありました。店舗も一時的に間借りの形で開店し、一定期間後には別の場所に移動して商売を続けていたとされています。

八〇年代に入ると常設店舗が登場します。九〇年代初頭にバブル経済が崩壊し不況が到来すると、商店街などに空き店舗が目立つようになり、それまで家主から敬遠されがちだった一〇〇円ショップ店がテナントに入って、出店が加速していきました。

業界の草分けは「ダイソー」を展開する大創産業。一九七七年に広島県東広島市で創業し、九一年に高松市の商店街に一〇〇円均一ショップを開店して以来、二三年二月末時点で国内外に六三三八店（国内四〇四二、海外二六カ国・地域に二二九六）を展開するまでに成長しています。近年は二〇〇円、三〇〇円などの商品も取り扱っており、業容拡大が続いています。非上場企業で二三年二月期の売上高は五四九三億円。

業界二位は、一九八五年に岐阜県大垣市で事業を開始したセリア。二三年三月末で店舗数は一八七六（直営一八三三、FC四三）。三位は九三年に東京で創業したキャンドゥで、店舗数は一二五一（二二年一一月末）。四位のワッツは九五年に大阪市で創業、二一年に業界五位の「音通」を傘下に収めました。

業界では一〇〇円商品中心の販売から、より高額（一五〇円以上）のアイテムが増加して品揃えが広がりましたが、過当競争も激化しています。

ワンポイントコラム

【100円商法の由来】 催事屋と呼ばれた時代、限られた期間と店舗スペースで多くの点数の生活雑貨を販売するには、ばらばらの価格よりも同一価格にして短時間で売りさばくほうが効率的だとされました。そのため値段を均一にしたのが、100円ショップの始まりとされています。

100円ショップ市場規模・店舗数推移

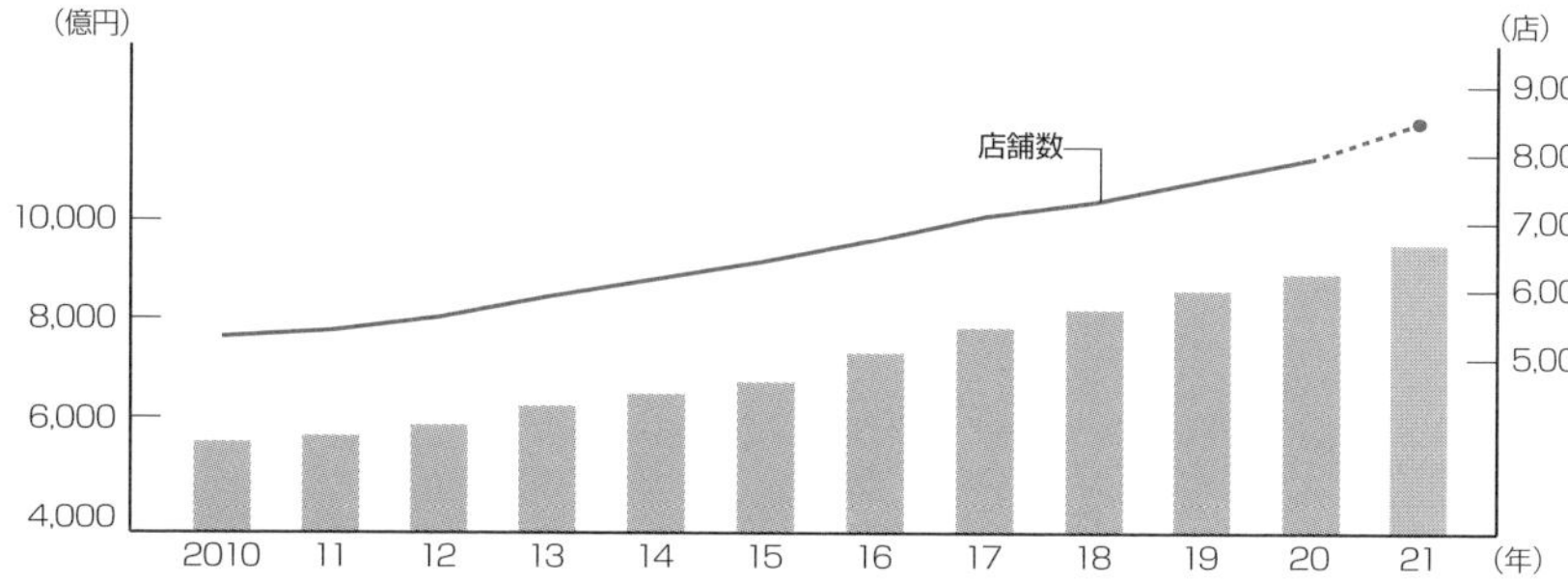

出典：帝国データバンク 2022年4月2日付「100円ショップ業界動向調査」をもとに作成

100円ショップの1人当たり消費額

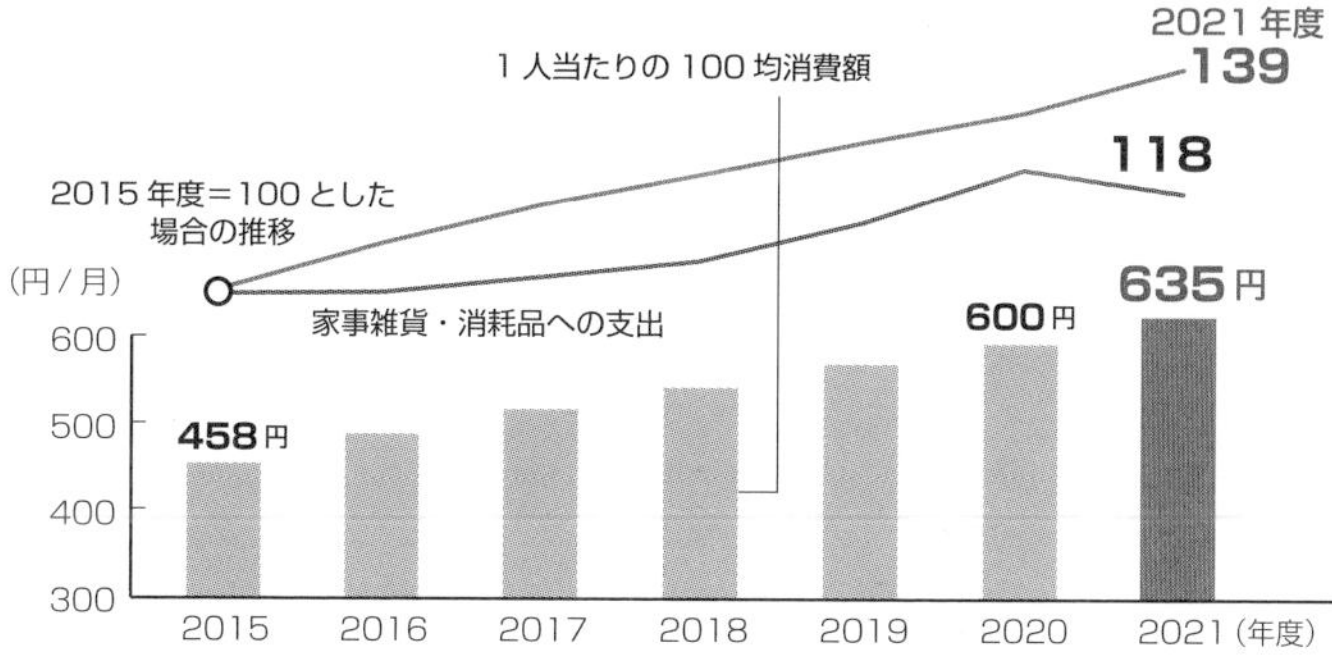

出典：帝国データバンク 2022年4月2日付「100円ショップ業界動向調査」

100円ショップ業界上位5社の2021年度業績（単位：百万円）

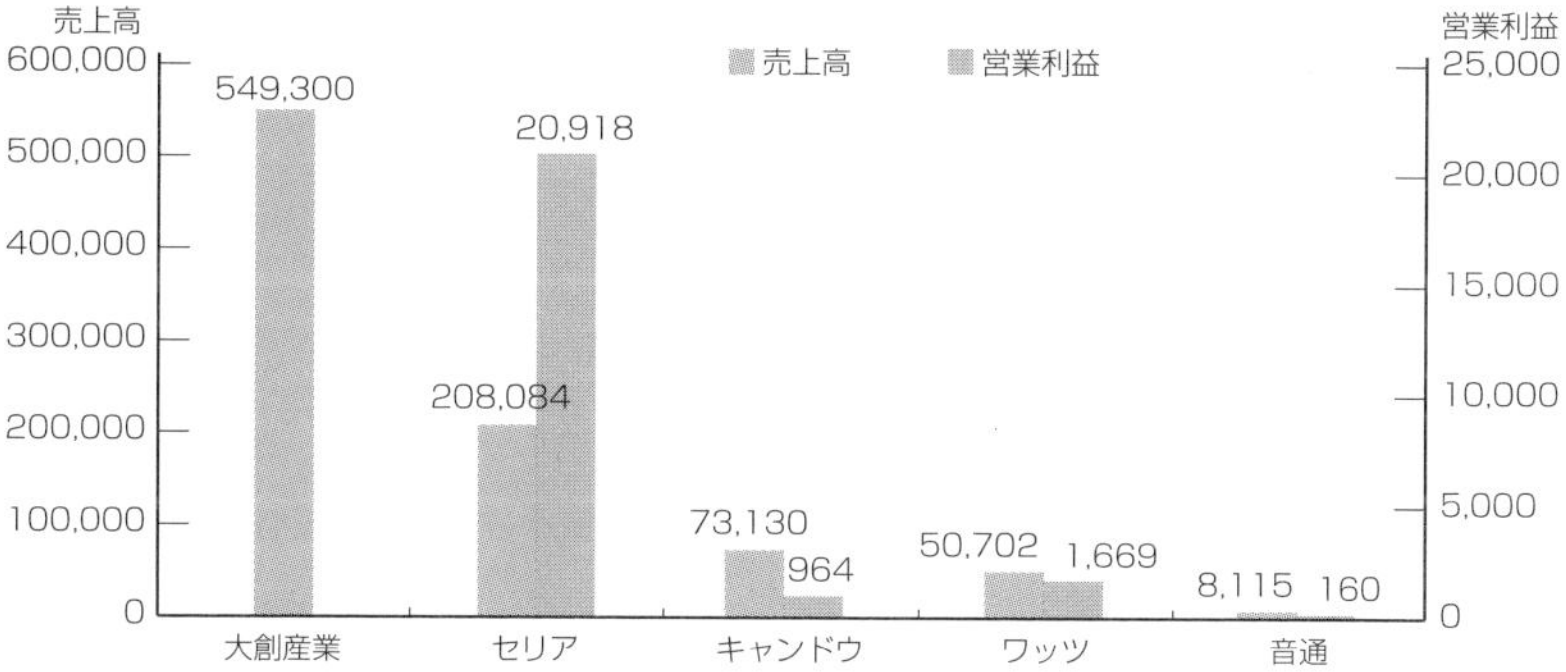

※大創産業の営業利益は非公表、キャンドウは2021年11月期
出典：各社決算短信など

5 競技人口増のゴルフが堅調（スポーツ用品店業界）

コロナ禍による「密回避」で、業界各社とも、プレー人口が増えたゴルフ部門の売れ行きが好調に推移しています。学校の部活動も徐々に再開され、一般競技関連も回復基調にあります。

国民の平均寿命が延びて健康への関心が高まる昨今、ランニング、ウォーキング、**トレッキング***用品の需要の増大が、スポーツ用品店業界各社の業績を押し上げています。いわゆる団塊の世代が定年退職し、資金的に余裕のある人たちが運動不足解消のためのスポーツとしてゴルフに再トライし、ゴルフ用品の売上が増加しました。また、吸汗速乾などの機能性衣料品の販売も伸びています。

とはいえ、少子高齢化が進む中で人口の減少は避けられず、業界の市場規模の縮小が懸念されています。アウトドア関連は好調ですが、野球やサッカーなどの競技スポーツは中学・高校での競技人口が減少し、市場が縮小しているのです。また、ネット通販との値引き競争にもさらされています。ここ数年はコロナ禍で業績への影響が心配されましたが、大手二社を見ると、一時的に低下した時期はあったものの、その後はコロナ禍前の業績にほぼ回復しつつあります。

けん引しているのはゴルフ関連商品。密回避でプレー人口が増加し、ビギナーのクラブ購入が売上増につながっています。首位はゼビオホールディングス（HD）で、大型店の「スーパースポーツゼビオ」のほか、〇五年に買収した「ヴィクトリア」、ゴルフ用品の「ゴルフパートナー」などを展開。ゴルフ関連は全体の四割強に当たる三九三店舗を有しています。

業界二位のアルペンもゴルフ関連が伸長。主力店舗の「アルペン」など四〇三店舗を有しています。三位は一九七六年に創業したヒマラヤ。中部地区を主要地盤に九五店舗（二二年八月末）を展開しています。

用語解説

***トレッキング**　trekking。山歩き、山登りのこと。移動、旅行などの意味がある「trek」が語源。無理をせずに山の中で自然を楽しむ、ザイルなどの特殊な装備を必要としない登山を指す。

業績推移（単位：百万円）

商品別売上シェア

ゼビオHDの業績推移／各年度3月期（単位：百万円）

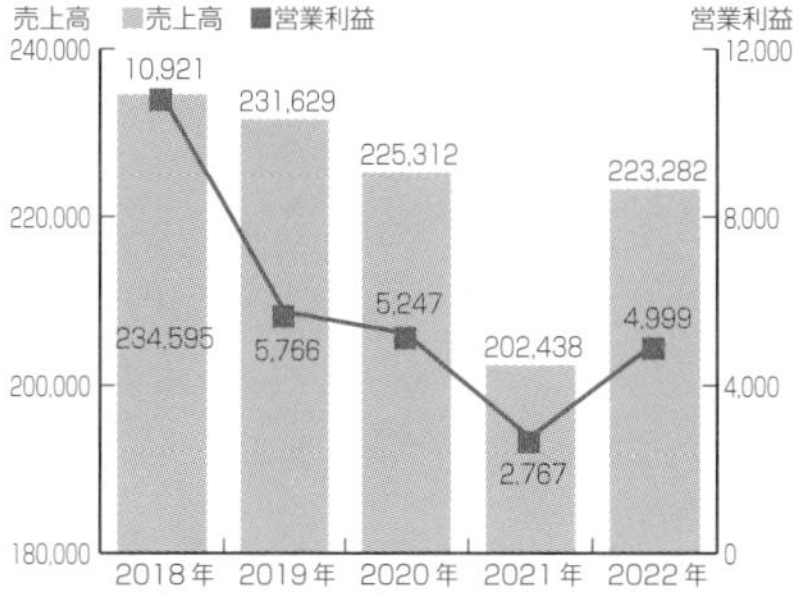

※2022年3月期から収益認識関する会計基準を適用
出典：同社決算短信

ゼビオHDの商品別売上シェア（2022年3月期）

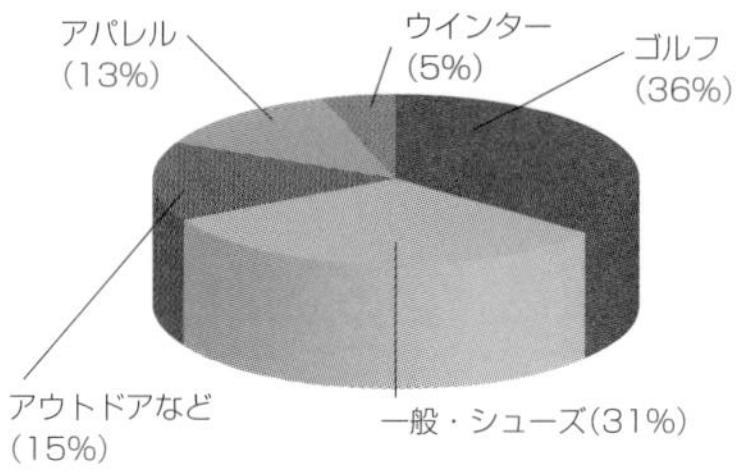

※2022年3月期から収益認識関する会計基準を適用
出典：同社決算短信

アルペンの業績推移／各年度6月期（単位：百万円）

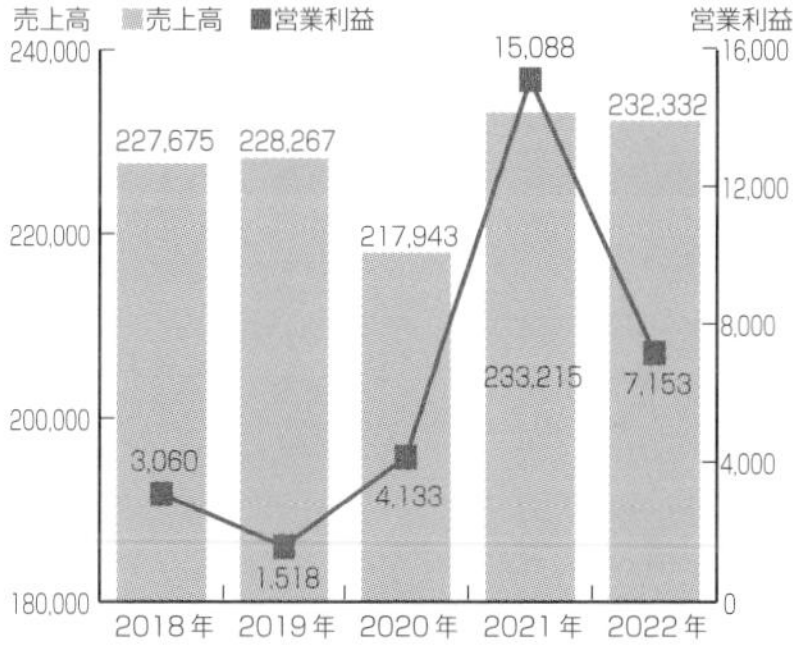

出典：同社決算短信

アルペンの商品別売上シェア（2022年6月期）

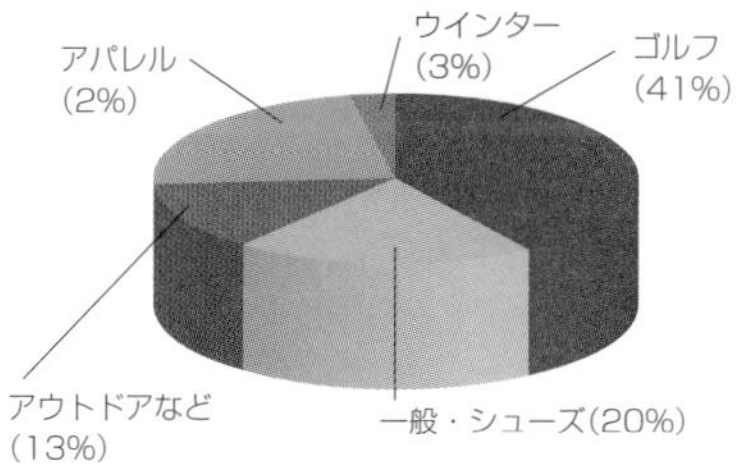

出典：同社決算短信

ヒマラヤの業績推移／各年度3月期（単位：百万円）

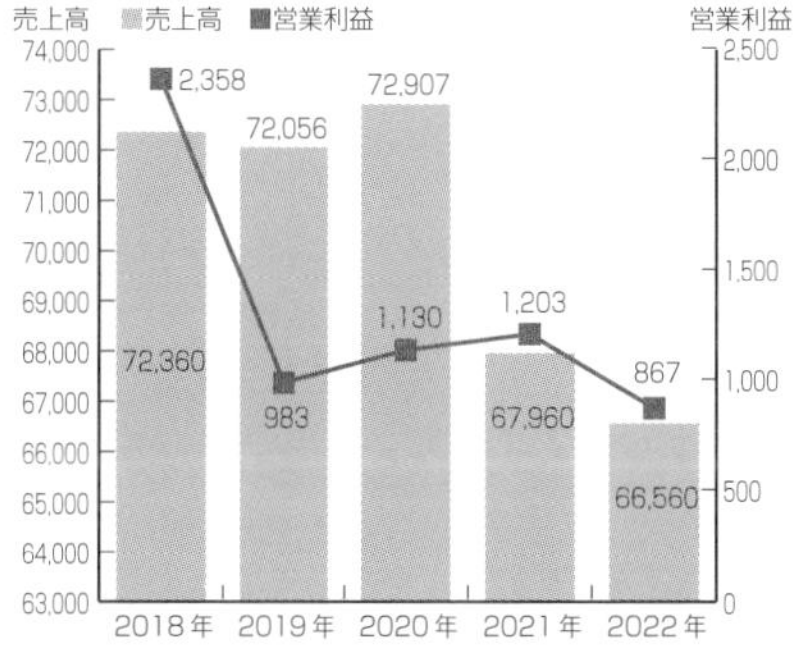

出典：同社決算説明資料

ヒマラヤのの商品別売上シェア（2022年8月期）

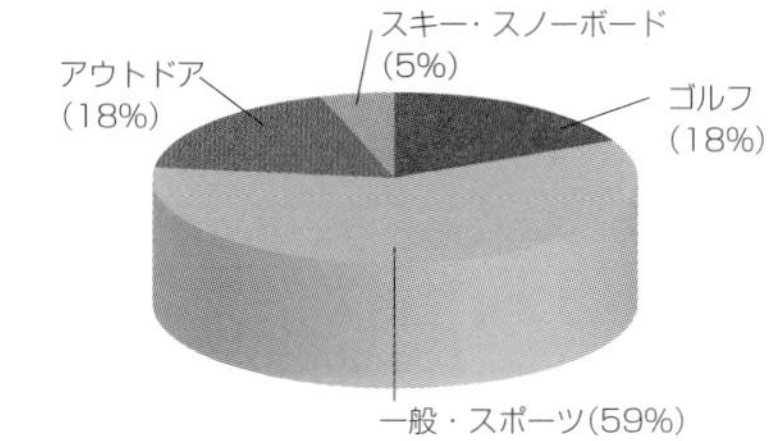

出典：同社決算説明資料

6 コロナ禍で一一兆円市場に拡大（通信販売業界）

コロナ禍で通販市場は拡大を続け、二〇二一年には一一兆円を突破しました。主力チャネルはカタログからインターネットやテレビへと移り、取り扱い商品も年々拡大しています。

公益社団法人日本通信販売協会（ＪＡＤＭＡ）の推計によると、通信販売の市場規模は二〇一二年の売上高五・四兆円から二一年には一一・四兆円へと倍増しています。売上高の伸長率を見ると、二〇年は二〇・一%と過去最高を記録しましたが、二一年は七・八%とコロナ禍前の水準に戻っています。巣ごもり需要やテレワークの一服感による反動と思われます。市場の成長要因は、楽天、アマゾン、ヤフーショッピングなどのインターネットショッピングモールや大手ＥＣ企業がけん引役となっていることや、シニア市場拡大に伴うメーカー通販（健康食品、化粧品）、宅配事業の堅調な伸びなどが挙げられます。

近年はカタログに代わり、インターネットやテレビを利用する消費者が増えています。テレビ通販最大手のジャパネットたかたの売上高（二一年一二月期）は二五〇六億円で過去最高を記録。国内最大のネットショッピングモールを運営する楽天グループは一兆六八一七億円（同）、アマゾンジャパンは二兆五三七八億円（同）、ヤフー（**Ｚホールディングス**＊）が一兆五六七四億円（二二年三月期）。ＪＡＤＭＡの推定値とこれら大手各社の業績を合計すると、インターネット通販の市場規模は一七兆円を超えていると思われます。

アスクルは一九六三年、事務用品中堅のプラス社が設立。二〇一七年に埼玉県の倉庫で火災が発生し、顧客離れを起こしましたが、その後持ち直しています。衣料品を中心に販売するベルーナは一九六八年に埼玉県上《あげ》尾《お》市で創業。八六年に総合カタログ「ベルーナ」を創刊し、四年後に社名としました。

用語解説

＊**Ｚホールディングス**　ヤフーやLINEの親会社。韓国のネイバー社とソフトバンクの共同出資で2019年に設立。2023年度中にヤフー、LINEと合併の予定。

アスクルの業績推（単位：百万円）

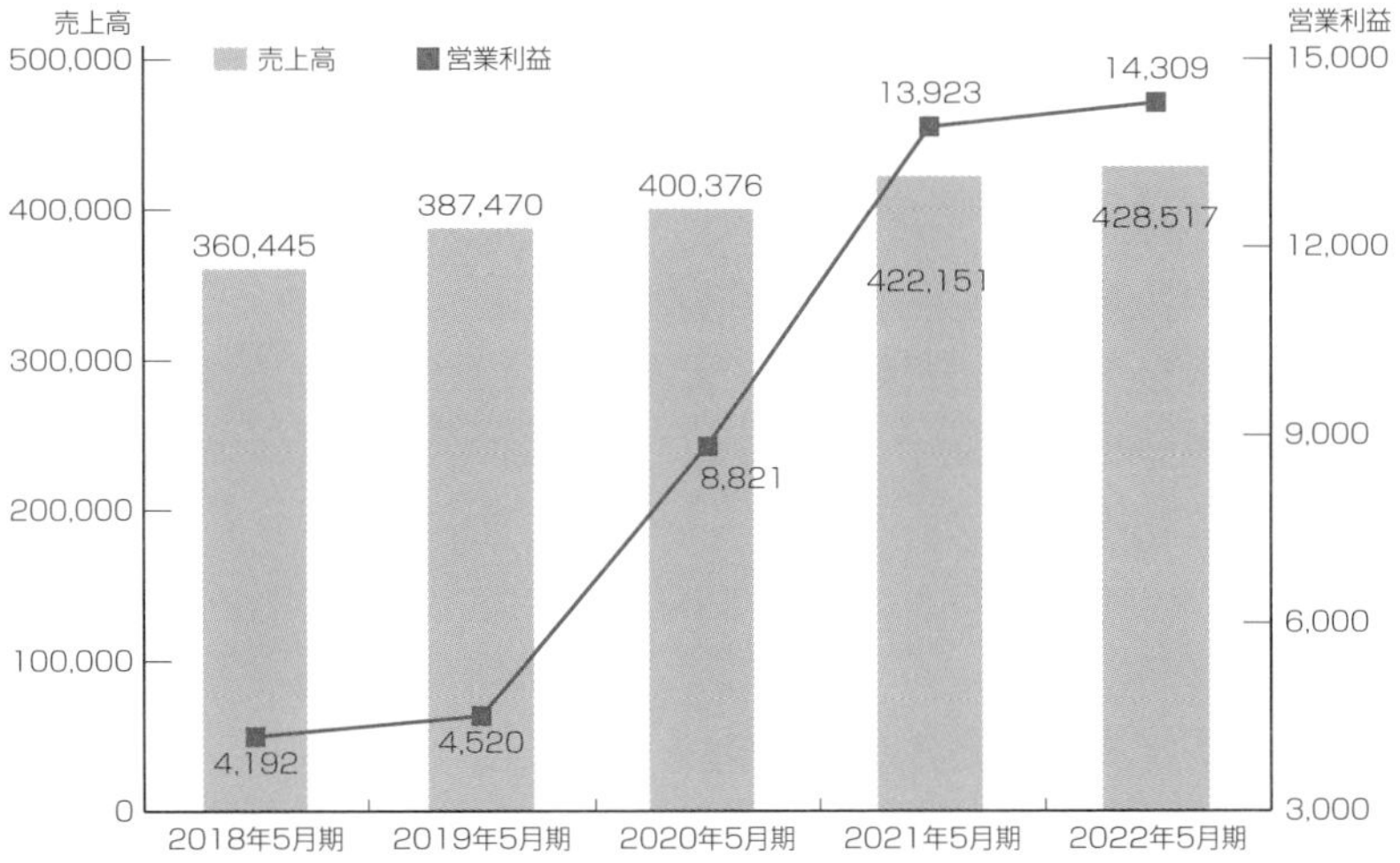

出典：同社決算短信

ベルーナの業績推移（単位：百万円）

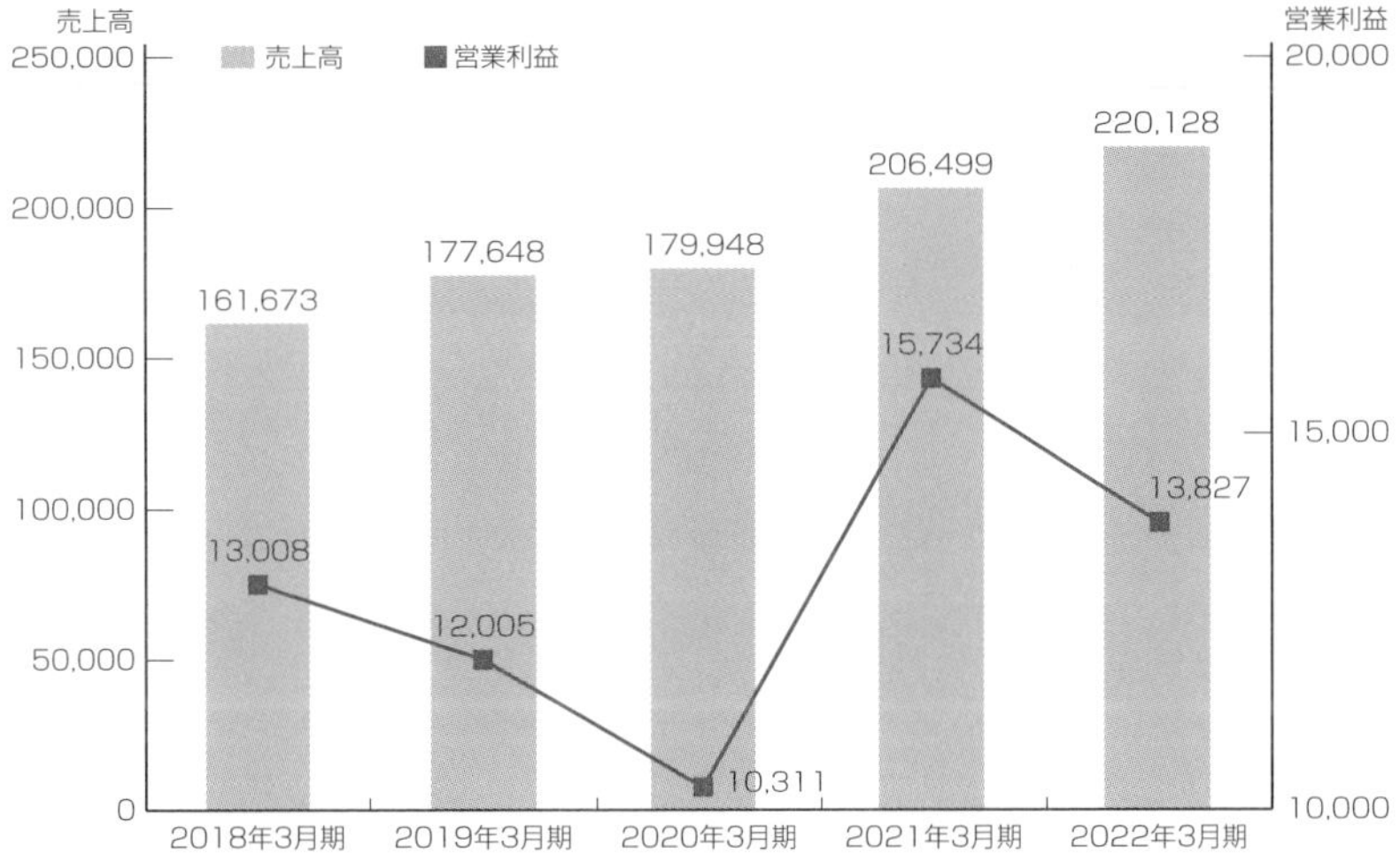

出典：同社決算短信

column

業界、業種、業態

「業種」は事業活動の中身を区分したものです。国内業種は「農業」「製造業」「金融業」「不動産業」「サービス業」などに分類されており、総務省が発行している資料などに詳細な分類項目が掲載されています。上述の例は「大分類」であり、その下に「中」「小」「細」といったレベルの細かい分類項目が設定されています。製造業の中は、食料品や自動車、繊維など製造する製品ごとに分かれています。

「業界」は産業構造に基づいて分類されています。モノを作る（製造）、モノを消費者に売る（小売業）、サービスを提供する（サービス業）といった具合です。「業態」は営業・店舗形態などで区分けします。小売業ではスーパーマーケット、コンビニ、百貨店など。本書のような業界研究本では便宜的に業界としていますが、正確には業態と呼ぶのが適切でしょう。

「ドラッグストアが食品の品揃えを強化し、スーパーやコンビニなどと同質化しつつある」、「百貨店が不動産開発に注力してサバイバルレースを展開している」といった現状では、こうした区分はあまり意味を持たなくなっています。業界（業態）区分が曖昧なのがディスカウントストア。最大手のドン・キホーテは小型店舗を多数出店し、コンビニと見まがうほどです。人気急上昇の「業務スーパー」は固有名詞であり、普通名詞化してもいますが、低価格スーパーとして見るならばディスカウントストアのくくりが妥当かもしれません。比較的低価格の家具・インテリアを販売するニトリは、ホームセンター最大手と形容されますが、どこかしっくりきません。

それぞれの業態が、他の業態の扱う商品分野を侵食し、境界線がなくなりつつあります。どの業態においても、家電量販大手ヤマダHDのような、“暮らし全般の商品”を取り扱う傾向が強まっていくのではないでしょうか。

Data

資料編

小売業界主要企業一覧

株式会社近鉄百貨店
（あべのハルカス近鉄本店）
〒545-8545　大阪市阿倍野区阿倍野筋 1-1-43
TEL:06-6624-1111
https://www.d-kintetsu.co.jp

株式会社東急百貨店
〒150-8019　東京都渋谷区道玄坂 2-24-1
TEL：03-3477-3111
https://www.tokyu-dept.co.jp

株式会社東武百貨店
〒171-8512　東京都豊島区西池袋 1-1-25
TEL：03-3981-2211
https://www.tobu-dept.jp

株式会社小田急百貨店
〒160-8001　東京都新宿区西新宿 1-5-1
https://www.odakyu-dept.co.jp

株式会社京王百貨店
〒151-0061　東京都渋谷区初台 1-53-7
京王初台駅ビル
https://www.keionet.com

＜スーパー＞

株式会社イズミ
〒732-0057　広島県広島市東区二葉の里 3-3-1
TEL：082-264-3211
https://www.izumi.co.jp

株式会社ライフコーポレーション
〒532-0004　大阪府大阪市淀川区西宮原 2-2-22
TEL：06-6150-6111
http://www.lifecorp.jp

ユナイテッド・スーパーマーケット・
ホールディングス株式会社
〒101-0029　東京都千代田区神田相生町1
TEL：03-3526-4761
https://www.usmh.co.jp

＜イオンとセブン＆アイ＞

イオン株式会社
〒261-8515　千葉県千葉市美浜区中瀬 1-5-1
TEL：043-212-6000
https://www.aeon.info

株式会社セブン＆アイ・ホールディングス
〒102-8452　東京都千代田区二番町 8-8
TEL：03-6238-3000
https://www.7andi.com

＜百貨店＞

株式会社三越伊勢丹ホールディングス
〒160-0023　東京都新宿区新宿 3-2-5
三菱伊勢丹西新宿ビル
TEL：03-6730-5016
https://www.imhds.co.jp

J. フロントリテイリング株式会社
〒108-0075　東京都港区港南 1-2-70
品川シーズンテラス
TEL：03-6865-7621
https://www.j-front-retailing.com

株式会社高島屋
〒542-8510　大阪府大阪市中央区難波 5-1-5
TEL：06-6631-1101
https://www.takashimaya.co.jp

エイチ・ツー・オー リテイリング株式会社
〒530-0017　大阪府大阪市北区角田町 8-7
TEL：06-6365-8120
https://www.h2o-retailing.co.jp

株式会社 そごう・西武
〒171-0022　東京都豊島区南池袋 1-18-21
西武池袋本店 書籍館
https://www.sogo-seibu.co.jp

株式会社丸井グループ
〒164-8701　東京都中野区中野 4-3-2
TEL：03-3384-0101
https://www.0101maruigroup.co.jp

株式会社ファミリーマート
〒108-0023　東京都港区芝浦 3-1-21
msb Tamachi 田町ステーションタワー S 9F
TEL：0120-079-188
https://www.family.co.jp

ミニストップ株式会社
〒261-8540　千葉県千葉市美浜区中瀬 1-5-1
イオンタワー
TEL：043-212-6471
https://www.ministop.co.jp

株式会社セコマ（セイコーマート）
〒064-8620　札幌市中央区南 9 条西 5-421
TEL：011-511-2796
https://www.secoma.co.jp

株式会社 JR 東日本クロスステーション（ニューデイズ）
〒151-0051　東京都渋谷区千駄ヶ谷 5-33-8
サウスゲート新宿ビル 6F
https://www.jr-cross.co.jp

山崎製パン株式会社（デイリーヤマザキ）
〒101-8585　東京都千代田区岩本町 3-10-1
TEL：03-3864-3111
https://www.yamazakipan.co.jp

株式会社ポプラ
〒731-3395　広島県広島市安佐北区安佐町大字久地 665-1
TEL：082-837-3500
https://www.poplar-cvs.co.jp

株式会社スリーエフ
〒231-8507　神奈川県横浜市中区日本大通 17
TEL：045-651-2111
https://www.three-f.co.jp

＜ドラッグストア＞
株式会社ツルハホールディングス
〒065-0024　札幌市東区北 24 条東 20-1-21
TEL：011-783-2755
https://www.tsuruha-hd.com

株式会社バローホールディングス
〒507-0062　岐阜県多治見市大針町 661-1
TEL：0572-20-0860
https://valorholdings.co.jp

株式会社アークス
〒064-8610　札幌市中央区南 13 条西 11-2-32
TEL：011-530-1000
http://www.arcs-g.co.jp

株式会社平和堂
〒522-8511　滋賀県彦根市西今町 1
TEL：0749-23-3111
https://www.heiwado.jp

株式会社ヤオコー
〒350-1124　埼玉県川越市新宿町 1-10-1
TEL：049-246-7000
https://www.yaoko-net.com

株式会社フジ・リテイリング
〒790-8567　愛媛県松山市宮西 1-2-1
TEL：089-926-7111
https://www.the-fuji.com

株式会社オークワ
〒641-8501　和歌山県和歌山市中島 185-3
TEL：073-425-2481
https://www.okuwa.net

＜コンビニエンスストア＞
株式会社セブン - イレブン・ジャパン
〒102-8455　東京都千代田区二番町 8-8
TEL：03-6238-3711
https://www.sej.co.jp

株式会社ローソン
〒141-8643　東京都品川区大崎 1-11-2
ゲートシティ大崎イーストタワー
TEL：03-6635-3963
https://www.lawson.co.jp

株式会社エディオン
〒530-0005　大阪府大阪市北区中之島 2-3-33
大阪三井物産ビル
TEL：06-6202-6011
https://www.edion.co.jp

株式会社ヨドバシカメラ
〒160-8486　東京都新宿区新宿 5-3-1
https://www.yodobashi.com

株式会社ケーズホールディングス
〒310-0803　茨城県水戸市城南 2-7-5
TEL：029-224-9600
https://www.ksdenki.co.jp

株式会社ノジマ
〒220-6126　神奈川県横浜市西区みなとみらい
2-3-3 クイーンズタワー B26 階
TEL：045-228-3546
https://www.nojima.co.jp

＜ディスカウントストア＞

株式会社パン・パシフィック・インターナショナルホールディングス（株式会社ドン・キホーテ）
〒153-0042　東京都目黒区青葉台 2-19-10
TEL：03-5725-7532
https://ppih.co.jp

大黒天物産株式会社
〒710-0841　岡山県倉敷市堀南 704-5
TEL：086-435-1100
https://www.e-dkt.co.jp

株式会社 G-7 ホールディングス
〒654-0161　兵庫県神戸市須磨区弥栄台 3-1-6
TEL：078-797-7700
https://www.g-7holdings.co.jp

株式会社ミスターマックス・ホールディングス
〒812-0064 福岡県福岡市東区松田 1-5-7
TEL：092-623-1111
https://www.mrmax.co.jp

ウエルシアホールディングス株式会社
〒101-0021　東京都千代田区外神田 2-2-15
ウエルシアビル
TEL：03-5207-5878
https://www.welcia.co.jp

株式会社コスモス薬品
〒812-0013　福岡県福岡市博多区博多駅東 2-10-1
第一福岡ビル S 館
TEL：092-433-0660
https://www.cosmospc.co.jp

株式会社サンドラッグ
〒183-0005　東京都府中市若松町 1-38-1
TEL：042-369-6211
https://www.sundrug.co.jp

株式会社マツキヨココカラ＆カンパニー
〒113-0034　東京都文京区湯島 1-8-2
MK 御茶ノ水ビル 7F
TEL：03-6845-0005
https://www.matsukiyococokara.com

スギホールディングス株式会社
〒474-0011　愛知県大府市横根町新江 62-1
TEL：0562-45-2700
https://www.sugi-hd.co.jp

＜家電量販店＞

株式会社ヤマダホールディングス
〒370-0841　群馬県高崎市栄町 1-1
TEL：0570-078-181
https://www.yamada-holdings.jp

株式会社ビックカメラ
〒171-0022　東京都豊島区南池袋 2-49-7
池袋パークビル
TEL：03-3987-8785
https://www.biccamera.co.jp

株式会社コジマ
〒320-8528　栃木県宇都宮市星が丘 2-1-8
TEL：028-621-0001
https://www.kojima.net

＜カジュアル衣料専門店＞

株式会社ファーストリテイリング（ユニクロ）

【山口本社】

〒754-0894　山口県山口市佐山 10717-1

TEL：083-988-0333

【六本木本部】

〒107-6231

東京都港区赤坂 9-7-1　ミッドタウン・タワー

TEL：03-6865-0050

https://www.fastretailing.com

株式会社しまむら

〒331-9550　埼玉県さいたま市北区宮原町 2-19-4

TEL：048-652-2111

https://www.shimamura.gr.jp

株式会社ワールド

〒650-8585　兵庫県神戸市中央区港島中町 6-8-1

TEL：078-302-3111

https://corp.world.co.jp

株式会社オンワードホールディングス

〒103-8239　東京都中央区日本橋 3-10-5

オンワードパークビルディング

TEL：03-4512-1020

https://www.onward-hd.co.jp

株式会社アダストリア

〒150-8510　東京都渋谷区渋谷 2-21-1

渋谷ヒカリエ 27F

TEL：03-5466-2010

https://www.adastria.co.jp

株式会社ワコールホールディングス

〒601-8530 京都府京都市南区吉祥院中島町 29

TEL：075-694-3111

https://www.wacoalholdings.jp

＜紳士服量販店＞

青山商事株式会社

〒721-8556　広島県福山市王子町 1-3-5

TEL：084-920-0050

https://www.aoyama-syouji.co.jp

株式会社 Olympic グループ

〒185-0012　東京都国分寺市本町 4-12-1

TEL：042-300-7200

https://www.olympic-corp.co.jp

＜ホームセンター＞

株式会社ニトリホールディングス

【東京本部】

〒115-0043　東京都北区神谷 3-6-20

TEL：03-6741-1235

【札幌本社】

〒001-0907　北海道札幌市北区新琴似七条 1-2-39

TEL：011-330-6200

https://www.nitorihd.co.jp

DCM ホールディングス株式会社

〒140-0013　東京都品川区南大井 6-22-7

大森ベルポート E 館

TEL：03-5764-5211

https://www.dcm-hldgs.co.jp

株式会社カインズ

〒367-0030　埼玉県本庄市早稲田の杜 1-2-1

https://www.cainz.co.jp

株式会社コメリ

〒950-1492　新潟県新潟市南区清水 4501-1

TEL：025-371-4111

https://www.komeri.bit.or.jp

コーナン商事株式会社

〒532-0004　大阪府大阪市淀川区西宮原 2-2-17

TEL：06-6397-1621

https://www.hc-kohnan.com

株式会社ナフコ

〒802-0006　福岡県北九州市小倉北区魚町 2-6-10

7F

TEL：093-521-5155

https://www.nafco.tv

株式会社 AOKI ホールディングス
〒224-8588　神奈川県横浜市都築区葛が谷 6-56
TEL：045-941-1888
https://www.aoki-hd.co.jp

株式会社コナカ
〒244-0801　神奈川県横浜市戸塚区品濃町 517-2
TEL：045-825-1111
https://www.konaka.co.jp

株式会社はるやまホールディングス
〒700-0822　岡山県岡山市北区表町 1-2-3
TEL：086-226-7111
https://www.haruyama.co.jp

＜スポーツ用品店＞

ゼビオホールディングス株式会社
〒963-8024　福島県郡山市朝日 3-7-35
TEL：024-938-1111
https://www.xebio.co.jp

株式会社アルペン
〒460-8637　愛知県名古屋市中区丸の内 2-9-40
アルペン丸の内タワー
TEL：052-559-0120
https://store.alpen-group.jp

株式会社ヒマラヤ
〒500-8630　岐阜県岐阜市江添 1-1-1
TEL：058-271-6622
https://www.himaraya.co.jp

＜通信販売＞

アスクル株式会社
〒135-0061　東京都江東区豊洲 3-2-3
豊洲キュービックガーデン
TEL：03-4330-5001
https://www.askul.co.jp

株式会社ベルーナ
〒362-8688　埼玉県上尾市宮本町 4-2
TEL：048-771-7753
https://www.belluna.co.jp/

索　引

INDEX

あ行

か行

さ行

な行

は行

た行

アルファベット

数字

ま行

や行

ら行

●著者紹介

平木　恭一（ひらき・きょういち）

1955年生まれ。明治大学文学部卒。経済ジャーナリスト。金融業界の取材歴30年。週刊誌や経済専門誌に執筆多数。主な著書に『図解入門業界研究 最新クレジット／ローン業界の動向とカラクリがよ～くわかる本』、『改革・改善のための戦略デザイン 金融業DX』（以上、秀和システム）など。

https://www.k-hiraki.com/

図《ず》解《かい》入《にゅう》門《もん》業《ぎょう》界《かい》研《けん》究《きゅう》
最《さい》新《しん》小《こ》売《うり》業《ぎょう》界《かい》の動《どう》向《こう》とカラクリがよ～くわかる本《ほん》[第《だい》４版《はん》]

発行日　2023年4月1日　第1版第1刷

著　者　平《ひら》木《き》　恭《きょう》一《いち》

発行者　斉藤　和邦
発行所　株式会社　秀和システム
〒135-0016
東京都江東区東陽2-4-2　新宮ビル2F
Tel 03-6264-3105（販売）Fax 03-6264-3094
印刷所　三松堂印刷株式会社　Printed in Japan

ISBN978-4-7980-6888-6 C0033